Hamed Abdel-Samad
Der Preis der Freiheit

Hamed
Abdel-Samad

Der Preis der Freiheit

Eine Warnung an den Westen

dtv

MIX
Papier | Fördert
gute Waldnutzung
FSC® C083411
FSC
www.fsc.org

Satz: Fotosatz Amann, Memmingen
Gesetzt aus der Minion Pro
Druck und Bindung: CPI books GmbH, Leck
Printed in Germany · ISBN 978-3-423-28441-7

»Die Unfreiheit hassen wir nun.
Wann fangen wir an, die Freiheit zu lieben?«
Nikolaus Cybinski

Statt einer Einführung: Gefangen in der Freiheit

Es gibt in meinem Leben keinen normalen Tag. Seit zehn Jahren keinen normalen Tag, obwohl an jedem einzelnen alles nach Plan läuft. Nach einem strengen Plan. Ich weiß heute, was ich an jedem Tag der nächsten vier Wochen machen werde, von morgens bis abends. Und das weiß auch das Landeskriminalamt Berlin. Denn für Spontaneität ist in meinem Leben kein Platz mehr. Ich muss den Beamten, die mich rund um die Uhr bewachen, alle meine Unternehmungen Wochen im Voraus mitteilen, denn jeder Schritt, den ich vor die Wohnung setze, muss abgesprochen und vorbereitet sein. Selbst wenn ich nur Brot kaufen oder zum Friseur gehen will, fährt ein Aufklärungsteam aus LKA-Beamten vor mir dorthin.

Alles begann im Juni 2013 in Kairo, als ich dort einen Vortrag über den islamischen Faschismus hielt. Damals wurde das Land von der Muslimbruderschaft regiert, und Kritik am Islamismus wurde als Kritik an der herrschenden Elite verstanden. Die säkularen Kräfte in Ägypten versuchten, sich gegen die Alleinherrschaft der Islamisten zu wehren und luden mich zu diesem Vortrag ein. Ich sprach dort, als wäre ich noch in Deutschland, kritisierte die Muslimbrüder als eine faschistoide Bewegung, die Ideologie, Struktur und Ziele mit dem Faschismus teile. Wenig später verhängten drei prominente Islamisten im ägyptischen Fernsehen eine Todesfatwa gegen mich, weil ich angeblich den Propheten beleidigt hätte. Dabei hatte ich nur Taten und Aussagen des Propheten zitiert, die in den authentischen islamischen Quellen niedergeschrieben sind und die bis heute einen starken Einfluss auf die Islamisten haben. Kurz darauf überschlugen sich die Ereignisse: Islamisten veröffentlichten meine Kairoer Adresse in den sozialen Medien und schrieben »Wanted Dead!«. Der damalige deutsche Botschafter in Ägypten rief mich an und forderte mich auf, mein Geburtsland sofort zu verlassen, da mein Leben in Gefahr sei. Als ich auf Umwegen in Berlin ankam, wartete ein Personenschutzteam des LKA auf mich. Seitdem stehe ich unter permanentem Polizeischutz. Ich fahre nur noch in gepanzerten Fahrzeugen und vermeide jeden Kontakt zu Menschen, mit denen ich nicht eng befreundet bin.

Als ich 2015 mein Buch »Mohamed. Eine Abrechnung« veröffentlichte, wurde meine Sicherheitsstufe erhöht. Denn diesmal kam die Gefahr aus Deutschland selbst. Deutsche Islamisten, die in Syrien gegen das Regime von Baschar al-Assad kämpften, schickten an Islamisten in Deutschland einen Mordauftrag gegen mich. »Tötet Abdel-Samad, weil er den Propheten beleidigt hat«, lautete die Botschaft. Zum Glück gelang es den deutschen Sicherheitsbehörden, die Nachricht abzufangen, und sie entschieden, dass ich ab sofort die höchste Sicherheitsstufe habe. Das bedeutet Überwachung rund um die Uhr und ständige Begleitung durch bewaffnete Polizisten, auch im Flugzeug.

Ich war auf dem Weg zum Flughafen, um mein Buch auf der Frankfurter Buchmesse vorzustellen. Es sollte der bisherige Höhepunkt meiner Karriere als Autor werden. Das Buch war gerade auf Platz 1 der »Spiegel«-Bestsellerliste gelandet, und mein Verlag wollte das mit mir auf der Messe feiern. Doch all das geriet in den Hintergrund, als mir der Kommandoführer meines Personenschutzteams am Flughafen eine kugelsichere Weste überreichte. »Die sollten Sie immer tragen, wenn Sie in der Öffentlichkeit auftreten!« Die Weste war extrem schwer, ich konnte kaum darin atmen. Vielleicht war es aber auch die neue Dimension der Angst, die mir die Luft nahm und mich bedrückte. Der Kommandoführer fragte mich, ob ich meine Reise absagen wolle. »Sie müssen wissen, dass die Gefahr diesmal sehr real ist«, sagte er. Ich musste mich schnell entscheiden, denn das Flugzeug stand kurz vor dem Start.

Jetzt befand ich mich inmitten des Freiheitsdilemmas: Ich musste eine Entscheidung treffen und die Konsequenzen tragen. Zwanzig Jahre zuvor war ich nach Deutschland gekommen, um in Freiheit zu leben, um zu sagen und zu schreiben, was ich in Ägypten nicht einmal zu denken wagte. Europa erschien mir als eine Oase der Rationalität und der Meinungsfreiheit. Religionskritik war für mich Teil der Aufklärung und neben der Religionsfreiheit die Voraussetzung für das Zusammenleben von Säkularen und Religiösen. Hier konnte ich auch sehr kontroverse Bücher veröffentlichen, die bis dahin in den Medien diskutiert wurden. Die einen mochten meine Analysen, die anderen hielten sie für unbegründete Panikmache. Das hat mich nie gestört, denn kontroverse Texte polarisieren und irritieren die Leser. Ich habe meine Aufgabe als Autor nie darin gesehen, die Menschen zu beruhigen, sondern sie herauszufordern, die Dinge aus einer anderen Perspektive zu betrachten. Aber jetzt muss ich einen Preis für meine Meinungsfreiheit bezahlen, indem ich auf meine Bewegungsfreiheit verzichte oder in den Untergrund gehe und für immer schweige. Niemand konnte mir die Last dieser Entscheidung abnehmen. Ich musste dieses Paradox der Freiheit ertragen oder es auflösen.

Ich atmete tief durch und betrachtete jede Option, die sich mir bot, als wäre sie ein Freund oder ein Feind, dem ich in die Augen sehen müsste. Es gab nur drei Möglichkeiten. Entweder die Reise antreten und riskieren, nie wieder nach Hause zu kommen, oder die Reise absagen und eine Weile untertauchen, bis sich die Lage beruhigt hatte und die Geheimdienste mehr über das Netzwerk wussten, das mich töten wollte. Oder ich könnte mich öffentlich für meine Kritik am Islam entschuldigen und von nun an keine Bücher mehr über Religion veröffentlichen.

Tatsächlich begann ich in meinem Kopf einen Text zu schreiben, in dem ich mich bei den Muslimen für meine Bücher entschuldigte und versprach, mich nie wieder über den Islam zu äußern. Es war die Stimme meines Vaters, die in mir sprach. Mein Vater, der fromme Imam, der meine Thesen über den Islam für Gotteslästerung hielt. Die Stimme, vor der ich in eine andere Welt geflohen bin, die mich aber nie wirklich verlassen hat. Die Stimme meiner frühen Kindheit, die mir immer wieder sagte, dass ich schuldig sei und eine harte Strafe verdiene. Mein Vater war nur zwei Wochen vor der Buchmesse gestorben, aber die Angst vor ihm und vor allem, wofür er stand, war in meinem Unbewussten lebendiger denn je. Denn diese Angst aus meiner Kindheit war das Fundament meiner Psyche. Die Angst und die Flucht vor dieser Angst waren wesentliche Teile meiner Identität. Das autoritäre System, in dem ich aufwuchs, pflanzte in mir die Erzählung ein, dass ich es nie schaffen würde, außerhalb dieses Systems zu bestehen. Es hat mir immer eingeflüstert, dass ich mich für jeden Schritt, den ich ohne die Führung dieses Systems lebe, entschuldigen muss.

Ich war erschrocken über mich selbst und strich diese Möglichkeit sofort aus meinen Überlegungen. Die Stimme der Vernunft flüsterte mir zu: Eine Entschuldigung wäre ein Verrat an allem, was du bist, und eine Belohnung der Terroristen, die jeden zum Schweigen bringen wollen, sofern er ihrem starren Weltbild widerspricht. Selbst wenn ich mich wirklich entschuldigt hätte, wären die Todesurteile nicht zurückgenommen worden, denn nach islamischer Theologie kann die Reue von jemandem, der Gott beleidigt hat, akzeptiert werden, aber jemand, der den Propheten beleidigt hat, muss getötet werden, selbst wenn er seine Aussage zurücknimmt. Das hat der Al-Azhar-Professor, der die Todesfatwa gegen mich ausgesprochen hat, im ägyptischen Fernsehen unmissverständlich klargemacht.

Aus heutiger Sicht wäre die zweite Option die klügere gewesen.

Ich hätte die Reise absagen und abwarten sollen, wie sich die Situation entwickelt. Aber ich habe mich entschieden, wohl auch aus Eitelkeit, mein Kreuz oder besser gesagt meine kugelsichere Weste zu tragen und nach Frankfurt zu fliegen. Ich wusste damals nicht, dass die große Bedrohung nicht nur meine existenzielle Angst, sondern auch meine Selbstüberschätzung förderte. Ich wollte das Ganze als Mut interpretieren. Eigentlich war ich voller Unsicherheit und Frustration, aber eine innere Stimme sagte mir, ich sei extrem wichtig, deshalb trachte man mir nach dem Leben. Aber diese Eitelkeit hatte wohl auch eine Schutzfunktion. Sie sollte meine Angst in Adrenalin umwandeln und mein Selbstbild gegen meine Dämonen stärken. Sie sollte mich zum Helden und nicht zum Opfer machen. Sie sollte mir helfen, dem Ungeheuer in die Augen zu sehen: der Angst, die mich seit Jahren umgibt und die nun ihren Höhepunkt erreicht hat. Ich wollte auch diese Grenze überschreiten.

Ich betrat die Buchmesse und bemerkte, dass die schwer bewaffneten Leibwächter besonders angespannt waren. Ich stellte fest, dass nicht nur mein Personenschutzteam, sondern auch die Bundespolizei, die Frankfurter Polizei und der Staatsschutz anwesend waren. Pistolen, Langwaffen und kugelsichere Schilde waren im Einsatz. Ich schwitzte heftig unter der Schutzweste und hatte das Gefühl, mich verstecken zu müssen. Niemand durfte meine Angst riechen, denn als Kind hatte ich gelernt, dass dann Straßenhunde noch aggressiver werden. Ich trat ans Rednerpult und sprach ruhig und besonnen wie immer, aber innerlich weinte ich, weil ich es als Angriff auf meine Würde als Autor empfand, dass ich Angst hatte und während meines Vortrags eine kugelsichere Weste tragen musste. Ich hielt es für eine Travestie der offenen Gesellschaft und eine Niederlage der westlichen Kultur, dass ein Intellektueller mitten in Europa im 21. Jahrhundert um sein Leben fürchten muss, wenn er eine Rede hält. Die Angst wechselte an diesem Tag ständig in mir und nahm verschiedene Formen an:

Mal war ich wütend auf die Politiker, die auf meine früheren Warnungen vor Islamisten in Deutschland nicht gehört hatten, mal auf junge deutsche Muslime, die in Freiheit geboren und hier zur Schule gegangen sind und dennoch glauben, im Kielwasser terroristischer Bewegungen Befreiung und Lebenssinn finden zu können. Nach und nach verwandelte sich die Wut in Trauer und Verzweiflung.

Nach mehreren Interviews und Gesprächen, in denen ich Selbstbewusstsein vortäuschte, kehrte ich erschöpft ins Hotel zurück, um mich für die abendliche Feier frisch zu machen. Als ich mein Zimmer betrat, hatte ich einen Kloß im Hals und das Bedürfnis zu weinen und zu fluchen. Meine Eitelkeit wich und überließ mich meiner Angst und Verzweiflung. Aber ich wusste, wenn ich mich von meinen Gefühlen überwältigen ließ, würde ich zusammenbrechen.

Ich duschte, setzte die Maske des tapferen Autors wieder auf und ging zur Party. Die Verlagsleiterin war stolz auf die Platzierung des Buches auf der »Spiegel«-Liste. Eine Champagnerflasche nach der anderen wurde geöffnet. Einige Schriftstellerkollegen und Journalisten gratulierten mir herzlich, andere schauten mich neidisch oder misstrauisch an. Einer fragte: »Und wer bezahlt diesen Spaß hier?« Er meinte nicht das rauschende Fest, sondern die Kosten für die vielen Sicherheitsleute, die mich begleiteten. Ich versuchte, die Fassung zu wahren. Ich durfte zu diesem Zeitpunkt nichts über meine Bedrohungssituation sagen. Ich lächelte ihn an und sagte: »Wenn Sie über eine Brücke fahren, fragen Sie dann immer, wer sie bezahlt hat? Wahrscheinlich nicht. Denn man geht davon aus, dass die Brücke wichtig ist, um von A nach B zu kommen. Auch die Meinungsfreiheit ist ein wichtiger Teil der Infrastruktur einer Demokratie, eine Brücke, die dafür sorgt, dass wir den Weg zueinander finden. Wir alle zahlen dafür, der Staat, Sie und ich, denn Meinungsfreiheit ist sehr wertvoll, und das ist gut so.« Ich sagte das und ging, um mir weitere Kommentare dieses Herrn zu ersparen, der sehr arrogant wirkte und keine Ahnung hatte, was los war.

In den letzten zehn Jahren sind mir immer wieder solche Menschen begegnet, die mir nicht einmal Personenschutz gegönnt haben. »Ist das wirklich nötig?«, fragen die einen. »Sind Sie wirklich so gefährdet, dass Sie so viele Bewacher brauchen?«, fragen andere. »Sie müssen sich wichtig fühlen, wenn Sie so viele Bodyguards haben wie die Kanzlerin«, sagte einer. Selbst bei der Islamkonferenz in Berlin fragte mich eine Muslima, die vom Staat mit Fördergeldern und Integrationspreisen überhäuft wird: »Was machen Sie hier für eine Show mit den Bodyguards?« Als Steuerzahlerin wollte sie wissen, ob diese Schutzmaßnahmen für mich nicht übertrieben seien. Sie packte mich am Arm und fragte, ob meine Polizisten sie jetzt angreifen würden. Der Journalist Ulrich Kienzle warf mir in einer Talkshow vor, ich sei selbst schuld an den Morddrohungen, weil ich die Fundamentalisten mit meinen islamkritischen Thesen provoziert hätte.

Diese und andere Reaktionen auf meine Situation haben mir gezeigt, dass wir in Deutschland Probleme haben, die gravierender sind als Islamismus und Terrorismus. Vier dieser Probleme sind: vorauseilende Angst, Stammesdenken, mangelnde Empathie und Verachtung für die Freiheit des Andersdenkenden. Jeder verwendet den Begriff »Freiheit« gerne als exklusives Recht für sich selbst. Jeder kämpft für die Freiheit oder die Privilegien seiner Gruppe, nicht für die Freiheit aller und nicht für das Gemeinwohl. Hinter der Verachtung der Freiheit der anderen verbirgt sich der autoritäre Charakter, den Adorno beschrieben hat. Ob rechts, links oder in der Mitte der Gesellschaft, immer wieder bin ich Menschen begegnet, die sich danach sehnen, in einem autoritäreren System zu leben, das bestimmt, was der Einzelne tun und sagen darf.

Ich hätte nicht damit gerechnet, dass es 70 Jahre nach dem Ende des »Dritten Reiches« und 26 Jahre nach dem Fall der Mauer in Deutschland so viel Lust auf Unterwerfung geben würde. Ich hätte nie gedacht, dass man einem mit dem Tode bedrohten Schriftsteller mit so viel Häme, Schadenfreude und einem solchen Mangel an Empathie begegnen kann. Ich habe immer verstanden, warum Muslime meine Thesen nicht mögen, weil das, was ich schreibe, das infrage stellt, was sie für absolut wahr halten. Aber ich habe nie verstanden, warum manche Journalisten und Intellektuelle mich fast hassen. Vielleicht, weil ich ausspreche, was sie sich nicht zu sagen trauen. Vielleicht, weil ich sie an ihre Angst erinnere, die sie als Toleranz tarnen. Vielleicht, weil ich mich weigere, vor dem Altar der linksliberalen, progressiven Orthodoxie niederzuknien, und meinen muslimischen Hintergrund nicht dazu benutze, einen Opferstatus zu beanspruchen. Vielleicht, weil ich ihnen zeige, dass sie Schafe sind, die sich der herrschenden Ideologie des Multikulturalismus unterwerfen und alles, was sie sagen und schreiben, durch den Filter dieser Ideologie laufen lassen. Vielleicht provoziert sie die Tatsache, dass ich mich nicht darum kümmere, was meine Kollegen aus dem Kulturbereich über mich denken, während sie damit beschäftigt sind, ihr eigenes Image in ihrem eigenen Milieu zu pflegen. Vielleicht steckt manchmal auch nur ein latenter Rassismus dahinter, weil einige von ihnen denken müssen: Wer ist dieser Ägypter, der uns über Meinungsfreiheit und Aufklärung belehren will?

Diese Leute feiern in Artikeln und Gesprächen den Multikulturalismus, aber für mich, einen deutsch-ägyptischen Schriftsteller, der in Ägypten, Deutschland und Japan gelebt hat, fünf Sprachen spricht und dessen Bücher in 15 Sprachen übersetzt wurden, war kein Platz auf der Multikultiparty. Denn ihre Vielfalt ist eine Vielfalt der Ethnien und Religionen, nicht der Meinungen und politischen Ansichten. Ein multikultureller Mensch gilt nur dann als multikulturell, wenn er seine Herkunft verherrlicht, seine Community verteidigt und sich ständig als Opfer des weißen Mannes darstellt. Mit Multikulturalismus meine ich nicht das Zusammenleben von Menschen aus verschiedenen Kulturen –

das ist eine wertvolle Errungenschaft der modernen, offenen Gesellschaft. Das ist Multikulturalität, nicht Multikulturalismus. Während Multikulturalität farbenblind ist und Menschen nicht nach ihrer Herkunft unterscheidet, betont Multikulturalismus Hautfarbe, Ethnie und Religion und erhebt sie zu politischen Kategorien, die den Umgang mit Menschen bestimmen. Dieser Multikulturalismus ist nichts anderes als ein Machtinstrument der neuen Linken zur Durchsetzung ihrer Agenda und zur Ausgrenzung ihrer politischen Gegner. Er nutzt weder den Migranten noch den Opfern von Rassismus. Freiheit ist weder Motivation noch Ziel dieses Multikulturalismus. Es geht lediglich darum, die Kontrolle und Deutungshoheit über den gesellschaftlichen Diskurs zu gewinnen und abweichende Haltungen und Meinungen zum Thema Migration als Rechtspopulismus zu denunzieren.

Kaum einer der Multikultiapostel weiß, wie es sich anfühlt, seit zehn Jahren unter Polizeischutz zu leben, welche Belastungen und Entbehrungen das mit sich bringt. Niemand weiß, was es bedeutet, so viele Freunde und Familienmitglieder zu verlieren, weil sie anderer Meinung sind als man selbst. Niemand weiß, wie es sich anfühlt, wenn die Ehe unter dem Druck der Angst zerbricht und man in zehn Jahren ein Dutzend Mal den Wohnort wechselt, weil man ihn nicht mehr geheim halten kann. Keiner von ihnen musste wie ich auf Theater- und Kinobesuche verzichten, um sich und seiner Frau »unnötigen« Stress zu ersparen. Kaum jemand weiß, wie oft ich bei Lesungen oder auf offener Straße trotz Polizeischutz angegriffen, beschimpft oder bespuckt wurde. Niemand muss jedes Mal mit dem Gedanken ans Rednerpult treten, es könnte das letzte Mal sein. Aber viele maßen sich an, über meine Schutzmaßnahmen zu urteilen, ohne sich die Mühe zu machen, beim Innenministerium nachzufragen, das diese Schutzmaßnahmen beschlossen hat, ohne dass ich je darum gebeten hätte. Aber ich bin dankbar für den Schutz, den ich in diesem Land, meinem Heimatland, genieße.

Wenige Tage nach der Buchmesse erhielt ich eine Vorladung der Berliner Staatsanwaltschaft. Gegen mich wurde Anklage wegen Volksverhetzung erhoben. Meine Thesen über Mohamed würden Hass gegen Muslime schüren, hieß es. Ich fand es merkwürdig, dass sich ein Autor im Jahr 2015 mitten in Europa vor der Staatsanwaltschaft für die Thesen seines Buches rechtfertigen muss. Das habe ich am Ende auch nicht getan. Ich habe nur mein Buch zur Verteidigung vorgelegt und gesagt, dass alles, was ich darin über Mohamed geschrieben habe, auf anerkannten Texten des Islam basiere, die in jeder Moschee zu finden seien. Ich fragte den Staatsanwalt, ob ich eine Vorladung bekommen hätte, wenn mein Buch »Jesus. Eine Abrechnung« heißen würde. Meine Frage war rhetorisch und ich erwartete keine Antwort.

Das Verfahren wurde eingestellt, aber Ruhe konnte ich offenbar nicht haben. In derselben Woche wollte mir ein Kölner Hotel den Aufenthalt verweigern und meine Veranstaltung dort absagen, weil ich »die Sicherheit der anderen Gäste gefährde«. Erst als ich dem Geschäftsführer mit rechtlichen Konsequenzen und einer großen Schadensersatzklage drohte, lenkte er ein und die Sicherheit der anderen Gäste war ihm plötzlich egal. In derselben Woche wurde ich in München vor einer Lesung von einer Gruppe linker Antifaschisten mit brennenden Kerzen angegriffen. Ein junger deutscher Aktivist beschimpfte mich als »Faschist« und versuchte, mir mit der Faust ins Gesicht zu schlagen, wurde aber von meinen Bodyguards und der bayerischen Polizei gestoppt. Dieser junge Mann hatte wohl keines meiner Bücher gelesen, maßte sich aber an, über mich zu urteilen.

Er glaubte, die Freiheit zu verteidigen, indem er einen Autor daran hinderte, einen Vortrag zu halten. Das ist ein Phänomen, das ich zunehmend bei jungen Menschen im Westen beobachte: Viele wissen wenig, urteilen aber sehr schnell und sind nicht bereit, sich auf eine kontroverse Diskussion einzulassen. Sie moralisieren lieber und versuchen, ihre Gegner nicht mit Argumenten, sondern mit Maulkörben zum Schweigen zu bringen. Viele von ihnen kommen vielleicht mit ihrem eigenen Leben nicht zurecht, wollen aber die Welt retten. Ihre Unsicherheit, ihr heiliger Zorn und ihre Diskursunfähigkeit sind Vorboten des Totalitarismus. Ihr Mangel an Wissen ist der Ausdruck von Faulheit und Arroganz, denn ich erwarte, dass sie meine Schriften zur Kenntnis nehmen, bevor sie mich verdammen.

Im September 2015 wurde ich in die Talksendung »Hart, aber fair« eingeladen, um über mein neues Buch zu sprechen. Die Flüchtlingskrise war auf ihrem Höhepunkt und Hunderttausende Migranten aus Syrien, Afghanistan und Nordafrika drängten nach Deutschland. Ich habe in der Sendung gesagt, dass ich das Recht auf Asyl nicht infrage stelle, aber dass das Land sich fragen müsse, ob die Gesellschaft auf so viele neue Zuwanderer vorbereitet ist. Ich habe gewarnt, dass das Land auf Phänomene wie Terrorismus, Kriminalität und massenhafte sexuelle Belästigung, die mit Massenmigration einhergehen werden, nicht vorbereitet sei, übrigens drei Monate vor den Ereignissen der Silvesternacht in Köln. Nur wenn man dafür Konzepte hätte, könnte man so viele Menschen ins Land lassen, merkte ich in der Sendung an. Dafür wurde ich im Internet als Rassist beschimpft. So verlor ich in diesem Monat meinen Vater, ohne ein letztes Gespräch mit ihm geführt zu haben, verlor meine Bewegungsfreiheit und wurde als »Faschist«, »Volksverhetzer« und »Rassist« beschimpft. Ich spielte mit dem Gedanken, Deutschland für immer zu verlassen, wollte aber keine Entscheidung aus Wut und Enttäuschung treffen.

Die einen nennen mich mutig, die anderen provokativ. Für die einen bin ich ein Aufklärer, für die anderen ein Aufwiegler. Für die Islamisten bin ich ein Feind des Islam, der getötet werden muss; für Teile der deutschen Linken ein Islamhasser, der die multikulturelle Utopie stört; für die Rechten ein Kronzeuge gegen Muslime; für das Berliner Landeskriminalamt bin ich 708, eine Nummer, die meine Identität verschleiern soll, wenn die Beamten über Funk mit mir sprechen. Für die Hotels, in denen ich übernachte, bin ich mal Mark Vedal, mal Raul Lopez, zwei von vielen Pseudonymen, die verhindern sollen, dass man erfährt, dass ich in diesem oder jenem Hotel übernachte. Aber ich kämpfe jeden Tag gegen die Fragmentierung, gegen Fremdzuschreibung, auch meine Eitelkeit und meine Angst kämpfen jeden Tag in mir. Mal gewinnt die eine, mal die andere Seite die Oberhand, und ich versuche, mein Gleichgewicht nicht zu verlieren. Gegen falschen Beifall kämpfe ich mit der gleichen Vehemenz wie gegen Beschimpfungen und Anfeindungen. Denn ich bin nicht das, was andere von mir denken oder erwarten.

Ich bin viel mehr als ein Schriftsteller, der seit Jahren unter Polizeischutz lebt. Freiheit bedeutet für mich nicht nur die Abwesenheit von Zwängen oder das Recht auf Selbstverwirklichung, sondern auch, mich gegen jede Vereinnahmung, Überhöhung oder Herabsetzung zu wehren und auch unter großem Druck meine Authentizität zu bewahren. Freiheit bedeutet, jeden Schritt in meinem Leben bewusst zu tun und nicht nur als Reaktion auf die Handlungen, Meinungen oder Erwartungen anderer. Freiheit bedeutet nicht nur, meine Angst zu überwinden, sondern auch meine Eitelkeit, meine Konditionierung und meine Vorurteile.

Anfang 2023 erschien mein Buch »Islam. Eine kritische Geschichte« und ich sollte es im Pfefferberg Theater in Berlin vor großem Publikum vorstellen. Die erste Hälfte des Tages verlief ganz normal. Ich ging mit meiner Frau einkaufen, wir waren frisch verheiratet. Meine Ex-Frau hat den Stress und die Angst nicht ausgehalten, die mit der Fatwa gegen mich einhergingen. Islamisten fanden ihre Identität heraus und belästigten sie über Facebook, woraufhin sie alle ihre Social-Media-Konten löschte und nach Japan flog. Sie wollte ein Kind, aber ich hielt es für unverantwortlich, unter diesen Umständen eines in die Welt zu setzen. Schließlich entschieden wir uns für die Scheidung. Nach einer langen Fernbeziehung kommt meine neue Frau nun aus dem Ausland zu mir und erfährt zum ersten Mal, wie mein Leben unter Polizeischutz aussieht. Ich habe ihr davon erzählt, aber es live zu erleben, ist etwas anderes. Aber vorher mussten wir noch einkaufen gehen.

Wie immer sollte der Laden weit weg von dem Viertel sein, in dem ich wohne, damit niemand meinen Einkaufsort mit meinem Wohnort in Verbindung bringen kann. Aber eigentlich wohne ich nirgendwo. Ich ziehe regelmäßig um und lebe seit zehn Jahren wie ein Nomade. Ich lebe zwischen Kartons, die unausgepackt in meiner Wohnung stehen. Ich habe kein Stammrestaurant, keine Lieblingsbäckerei, keine Freunde, die ich jedes Wochenende treffe. Und selbst wenn ich spazieren gehe, begleiten mich immer sechs Beamte des Landeskriminalamtes Berlin. Sie sind auch heute bei mir.

Ich betrete ein türkisches Lebensmittelgeschäft. Zu riskant, sagt meine Frau, denn da kaufen bestimmt auch Islamisten ein und die würden ausflippen, wenn sie mich sehen. Sie weiß, dass ich oft von jungen Muslimen auf der Straße erkannt und verbal oder körperlich angegriffen werde. In Berlin darf ich nicht einmal bestimmte Viertel besuchen. Vor einer Woche wollte ich mit meiner Frau in ein libanesisches Restaurant gehen, aber das Aufklärungsteam, das das Restaurant vor meiner Ankunft inspiziert hatte, stellte fest, dass sich dort bewaffnete Mitglieder eines kriminellen arabischen Clans aufhielten. Mein Team riet mir, nicht in das Restaurant zu gehen, da es sonst zu einer Auseinandersetzung kommen könnte, ich hatte auch oft die arabischen Clans und den Umgang des Staates mit ihnen kritisiert. So musste die Polizei den Kriminellen ausweichen und nicht umgekehrt.

Das ist die Welt, in der ich lebe. Das ist das Europa des Jahres 2023, in dem Islamisten und Kriminelle ungestört einkaufen oder essen gehen und ihre Hassreden im Freien halten, während ein Autor sich verstecken muss und mehrere schwer bewaffnete Leibwächter braucht, um Gemüse und Brot zu kaufen. Ich habe mich daran gewöhnt, dass ich nicht überall hingehen kann, dass die Beamten immer da sind, aber ich weigere mich, das als Normalzustand zu akzeptieren. In Deutschland läuft etwas schief, und das schon seit Jahren, nicht nur im Umgang mit Islamisten, sondern auch im Umgang mit Freiheit und Streitkultur. Unsere Demokratie wird immer weicher und verliert langsam ihre Zähne. In einer Zeit, in der der Westen von allen Seiten angegriffen wird, lässt er es zu, dass er auch im Inneren infrage gestellt und unterwandert wird. Alles im Namen von Vielfalt und Toleranz.

Ein junger Mann erkennt mich im Supermarkt und zeigt seinem Freund, dass ich es bin. Wenn Blicke töten könnten, wäre ich längst tot. Aber die beiden Jungs haben wahrscheinlich noch nie ein Buch von mir gelesen. Vermutlich haben sie ein Bild von mir in einem islamistischen Forum im Internet gesehen, wo ich als Kafir bezeichnet werde, als ein Ungläubiger, der den Islam beleidigt; die Islamisten nennen mich in diesen Foren Abdel-Schaitan, was auf Arabisch Teufelsdiener bedeutet. Die sozialen Netzwerke, eigentlich eine späte Frucht des Fortschritts und der Freiheit, wimmeln nun von solchen Plattformen, die bei jungen Muslimen sehr beliebt sind und in denen gegen mich und andere Islamkritiker oder Kritiker des türkischen Präsidenten Erdoğan gehetzt wird. Das ist ein Paradox der Freiheit, denn solche Foren fallen unter die Meinungsfreiheit.

Sowohl im Kulturbetrieb als auch in der Politik hat sich die Auffassung durchgesetzt, dass nur eine Minderheit Ziel von Hetze sein kann, nicht aber die Quelle des Hasses selbst. Dabei gelten längst nicht für alle die gleichen Kriterien. Man ist kein Hassprediger, nur weil man Hasstiraden gegen andere verbreitet, sondern man muss erst einmal schauen, wer man ist und an wen sich die Hasstiraden richten. Wenn du einer religiösen, ethnischen oder sexuellen Minderheit angehörst, dann bist du schutzbedürftig und darfst andere beschimpfen und beleidigen, die du für privilegiert oder kulturell unsensibel hältst. Wenn du aber die AfD wählst, den Islam kritisierst oder einfach nur weiß bist, dann bist du ein legitimes Ziel für Verunglimpfung, Verachtung und Hetze. Selbst körperliche Angriffe auf dich werden verschwiegen, relativiert oder gerechtfertigt, denn deine Angreifer müssen ja Gründe gehabt haben. Auch das haben wir der Multikultidoktrin und der linken Identitätspolitik zu verdanken.

Die LKA-Beamten, die mich in den Laden begleitet haben, haben längst bemerkt, dass die beiden jungen Männer mich beobachten und über mich sprechen. Drei Beamte bilden einen Schutzwall um mich, die anderen drei stehen am Anfang der Gänge, die zu mir führen. Meine Frau zittert und hält meine Hand, ich beruhige sie mit den Worten: »Keine Sorge, es wird nichts passieren.« Und es ist nichts passiert. Das Prinzip des Polizeischutzes hat wieder einmal funktioniert: Die Beamten sind ständig bei mir, nicht nur, um Angriffe auf mich abzuwehren, sondern auch, um potenzielle Angreifer abzuschrecken, damit sie es gar nicht erst versuchen. Meist hat das auch funktioniert. Nur ein paar Mal haben übereifrige, unvorsichtige junge Muslime versucht, mich körperlich anzugreifen, und wurden sofort von der Polizei gestoppt. Oft begnügen sie sich damit, mich zu beschimpfen oder anzuspucken. Ich schüttle dann nur den Kopf oder lächle sarkastisch. »Wenigstens lebe ich noch«, tröste ich mich nach jedem Angriff. Aber oft überwiegt der Geschmack von Verzweiflung und Bitterkeit. Oft hatte ich keine Antwort auf die Angst in den Augen meiner Frau, bevor ich zu einer Lesung ging.

Und heute ist so ein Tag. Am Abend findet die Premiere meines neuen Buches statt, und meine Frau hat beschlossen, dabei zu sein. Die Tatsache, dass die Polizei in großer Zahl anwesend ist und die Taschen der Zuschauer gründlich durchsucht werden, beruhigt sie nicht im Geringsten. Sie will nicht auf dem ihr zugewiesenen Platz in der ersten Reihe sitzen, sondern setzt sich in die hinteren Reihen. Sie möchte das ganze Publikum im Blick haben.

Aus meiner Sicht verläuft der Abend relativ reibungslos, aber mir fällt auf, dass die Polizeibeamten am Rande des Saales energischer hin und her laufen und oft über Funk kommunizieren. Erst gegen Ende der Veranstaltung wird mir klar, warum. Ein junger bärtiger Mann steht auf, zeigt, dass er eine Frage stellen möchte, und greift nach dem Saalmikrofon. Er stellt keine Frage, sondern zählt in perfektem Deutsch eine Reihe von Vorwürfen gegen mich auf. Ich hätte seinen Propheten beleidigt, seine Religion mit Faschismus gleichgesetzt und gefordert, der Westen solle die Muslime vernichten. Bevor ich ihn fragen kann, wo ich so etwas gesagt hätte, nennt er mich »krank« und »Kafir« und sagt, ich wolle das Licht Allahs auslöschen. Die Stimmen im Publikum werden lauter und fordern den Mann auf, die Beleidigungen zu lassen und seine Frage zu stellen. Ich bitte die Zuhörer, den Mann ausreden zu lassen, denn auch wenn seine Rede die Grenzen der Meinungsfreiheit überschreitet, möchte ich nicht in seine Freiheit des hässlichen Wortes eingreifen. Mit einem Mal stehen über 20 andere junge Muslime auf, applaudieren dem jungen Mann und rufen religiöse Parolen und weitere Schmähungen. Bevor ich auf diese absurden Anschuldigungen reagiere, suche ich meine Frau im Publikum und finde sie in einer Reihe direkt vor den islamistischen Störern. Ich mache mir Sorgen um sie.

Der junge Mann und seine Begleiter warten nicht einmal meine Antwort ab, sondern verlassen demonstrativ den Raum. An einer Diskussion sind sie überhaupt nicht interessiert. Sie sind eigens aus Hamburg angereist, wollten mich beleidigen und ein Video davon ins Internet stellen, um sich als Helden des Islam zu feiern. Sie gehören zu Hizb ut-Tahrir, einer islamistischen Gruppe, die in Deutschland zwar verboten ist, aber ungestört arbeitet, missioniert und die Terrororganisation Hamas unterstützt. Wie gefährlich diese Gruppe ist, erfährt die deutsche Gesellschaft erst Monate später, als sie während des Gazakrieges Tausende Demonstranten in Hamburg und Essen mobilisiert, islamistische Parolen skandiert und die Errichtung eines Kalifats fordert.

Erst dann werden sich deutsche Politiker über das Ausmaß des Islamismus und Antisemitismus in Deutschland wundern, obwohl ich seit Jahren davor warne, dass genau dies im Schatten der multikulturellen Utopie wächst und gedeiht. Ironischerweise wird der Multikulturalismus oft mit der deutschen Schuld an den Juden gerechtfertigt, während die hier lebenden Juden kaum von der neuen Ideologie profitieren. Ganz im Gegenteil. Viel mehr profitieren ihre Angreifer. Heute verstecken Juden auf deutschen Straßen ihre Kippa und ihren Davidstern, jüdische Kinder haben Angst, zur Schule zu gehen, weil sie dort oft von muslimischen Kindern angegriffen oder beschimpft werden. Erst während des Gazakrieges wurden meine Analysen, für die ich jahrelang als islamophob und rassistisch gebrandmarkt wurde, wieder aufgegriffen. Leider viel zu spät!

Mir war das alles egal. Ich wollte die Veranstaltung so schnell wie möglich beenden und mit meiner Frau nach Hause fahren, denn wie ich sie kenne, war sie mit den Nerven am Ende. Wir saßen im Polizeiauto und ich versuchte, sie zu beruhigen, aber sie fragte mich: »Was wäre, wenn einer von ihnen eine Waffe dabei gehabt hätte? Die Polizei durchsucht nur Rucksäcke und Handtaschen, nicht aber Hosen- und Jackentaschen.« Sie brach in Tränen aus und fragte mich, ob es sich lohne, mein Leben für die Meinungsfreiheit zu opfern. Salman Rushdie verlor einige Monaten davor ein Auge, als ihn ein Muslim in New York mit einem Messer angriff, andere verloren im Laufe der Jahre ihr Leben, weil sie den Islam kritisierten. »Was, wenn dir das Gleiche passiert?«, fragte sie. Ich hatte keine Antwort auf diese Frage und konnte nichts sagen und nichts tun, außer sie zu umarmen.

Als wir nach Hause kamen, schlief meine Frau bald ein, nachdem ich sie beruhigt hatte, aber ich lag noch lange wach. Ich dachte an die jungen Männer, die mich heute beschimpft hatten.

Sie erinnerten mich an den jungen Antifaschisten, der mir vor Jahren ins Gesicht schlagen wollte. Auch sie glauben, im Namen der Freiheit gehandelt zu haben. Auch sie urteilten über mich, ohne mein Buch gelesen zu haben, schrien mich an, wollten aber nicht mit mir diskutieren. Es scheint eine Epidemie zu sein, die sich vor allem unter den jungen Leuten ausgebreitet hat. Sie sind unsicher, treten aber selbstbewusst auf und versuchen, ihre Gegner zum Schweigen zu bringen. Sie leben in Freiheit, unterwerfen sich aber freiwillig einem Ideal oder einer Gruppe, weil sie diese Unterwerfung als Zugehörigkeit zu einer Elite empfinden.

Auch ich war vor dreißig Jahren Mitglied der Muslimbruderschaft in Ägypten, weil ich glaubte, dass diese islamistische Gruppe für Freiheit und Gerechtigkeit am Nil kämpfte. Auch ich konnte damals nicht akzeptieren, dass jemand den Islam oder den Propheten kritisiert, und war bereit, mein Leben für meine Religion zu opfern. Dann wurde ich desillusioniert und verließ die Bruderschaft, auch im Namen der Freiheit, weil ich erkannte, dass sie mich als Individuum nicht ernst nahm und blinden Gehorsam von mir erwartete. Ich verließ Ägypten und kam nach Deutschland, um meine wahre Meinung über Religion und Politik sagen zu können, und nun muss ich meine Bewegungsfreiheit gegen meine Meinungsfreiheit eintauschen.

Als ich nach Deutschland kam, hoffte ich, die starren Denkstrukturen und Zwänge hinter mir gelassen zu haben, die meine Freiheit in Ägypten eingeschränkt hatten. Ich dachte, Europa hätte nach Religions- und Weltkriegen, nach der Aufklärung und nach dem Ende des kommunistischen Imperiums eine Form des Zusammenlebens gefunden, frei von Konformismus, Einschüchterung und Gruppenzwang. Doch ich bin in ein Europa eingewandert, in dem unfreie Denk- und Verhaltensmuster nicht nur vorhanden sind, sondern auch Politik, Medien, Aktivismus und gesellschaftliche Debatten prägen. Religiöse Kategorien wie »absolute Wahrheiten«, »Gut und Böse«, »Schuld und Sühne«, »Erbsünde und Erlösung«, »Gebote und Verbote« spielen im politischen Geschehen und im medialen Diskurs eine wesentliche Rolle. Tribalismus, Personenkult und totalitäre Tendenzen gibt es auf allen Seiten des politischen Spektrums, vor allem bei jungen Menschen. Ich erlebe das Wiederaufleben der gleichen Zwänge, die ich in meiner alten Heimat hinter mir gelassen habe, wenn auch unter anderen Bezeichnungen, die moderner oder progressiver klingen.

Der Freiheitsgedanke ist für viele nicht mehr erfüllend, weil diese Freiheit keine Konturen mehr hat und nicht mehr sinnstiftend wirkt. Deshalb erleben alte Ideologien eine Renaissance und polarisieren die Gesellschaft. Dem Westen fehlt ein starkes Gegennarrativ zum Rechts- und Linkspopulismus und zum islamischen Fundamentalismus. Autoritäres Denken und totalitäre Tendenzen kehren unter dem Deckmantel von Progressivität, Multikulturalität und Identitätswahrung nach Europa zurück. Frustration und Wut wachsen in allen Lagern, die Toleranz gegenüber unliebsamen Meinungen nimmt ab. In den Medien und im politischen Diskurs werden aus falsch verstandener Toleranz die wirklichen Probleme verschwiegen, die wir in diesem Land haben. Nur wenn etwas Schlimmes passiert, wie ein Terroranschlag oder die Silvesterkrawalle, wird eine Zeit lang in den Medien darüber diskutiert, dann werden die Ereignisse schnell wieder relativiert, weil diejenigen, die an den Schaltstellen in Medien und Politik sitzen, kein Interesse an einer tiefgreifenden Debatte haben.

Die fehlende Debatte verhärtet die Fronten und fördert die Entstehung von Feindbildern. Die Rechten haben das Feindbild »Asylbewerber« geschaffen, die Linken das Feindbild »AfD«. Wir erleben einen Zickenkrieg, der die Gesellschaft zersetzt und den Hass in neue Dimensionen treibt. Die Verengung des Diskurskorridors zeigt eine Schwäche unserer politischen Kultur und eine Erosion der Demokratie. Identitäre von rechts und links vergiften das öffentliche Klima, Antisemiten und Staatsfeinde haben ihre Masken fallen lassen. Nicht Freiheit, sondern Ideologie, grassierende Angst und zunehmende Gereiztheit bestimmen das Denken und Handeln der Menschen und der Politik.

Diese jungen Männer, die mich beleidigt haben, sind zwar in Freiheit geboren, aber sie nehmen sich von der Freiheit nur das, was ihnen passt, und lehnen jene Aspekte der Freiheit ab, die ihren Dogmen widersprechen. Sie genießen die Früchte der Demokratie, aber sie verachten die Grundprinzipien dieser Demokratie zutiefst. Sie reduzieren Freiheit auf Glaubensfreiheit und entwickeln damit eine Anspruchsmentalität, die man nicht nur bei Islamisten findet. Viele in diesem Land glauben, ein Recht darauf zu haben, keine kritischen Meinungen über ihre eigene Lebensauffassung, politische Einstellung, ethnische Gruppe oder religiöse Überzeugung zu hören. Selbst an den Universitäten betrachten viele Studenten die Hörsäle nicht mehr als Orte der Kontroverse und des freien Diskurses, sondern als Schutzräume für ihre Gefühle und Empfindlichkeiten. Sie wollen nicht mit Positionen belästigt werden, die ihren Überzeugungen nicht entsprechen, und sie wollen kritische Bücher zu diesen Themen aus den Bibliotheken entfernen. Später werden diese Studenten Lehrer, Journalisten und Politiker sein, die die Debatten und die Zukunft des Landes bestimmen. Keine guten Aussichten.

Ich dachte an die seltsame Dialektik der Freiheit im Westen. Nach dem Scheitern der Utopien von Faschismus und Kommunismus, die im Namen von Befreiung und Gerechtigkeit entstanden waren und die Gesellschaften in Geiselhaft genommen hatten, erfand der Westen eine neue Utopie namens Multikulturalismus. Im Namen von Vielfalt und Toleranz entstand ein neues Dogma, das Kritik an Minderheiten verbietet und Andersartigkeit in jeder Hinsicht als Bereicherung feiert. Neue Taburäume wurden errichtet, die nicht betreten werden dürfen. Alles im Namen von Freiheit, Partizipation und Toleranz. Für mich war das nichts anderes als die Flucht von einer Form der Bevormundung in eine andere.

Ob im Faschismus, im Kommunismus oder unter der Flagge des Multikulturalismus, immer waren es einige wenige Eingeweihte, die den Diskurs führten und bestimmten, wer gut und wer böse ist, was gesagt und was nicht gesagt werden darf.

Der Faschismus entstand im Namen der Befreiung der eigenen Rasse, der Kommunismus im Namen der Befreiung der Arbeiterklasse. Und der Multikulturalismus kämpft für die scheinbare Befreiung ethnischer Minderheiten, denn sind die denn in Deutschland unfrei? Keine dieser Ideologien kämpfte für die Freiheit aller in der Gesellschaft. Es ging immer nur um die eigene Gruppe. Auch der Multikulturalismus fördert nicht die Emanzipation des Individuums von den Zwängen seiner ethnischen oder religiösen Gemeinschaft, denn er sieht sowohl das unterdrückte Individuum als auch die unterdrückende religiöse oder ethnische Gruppe als Opfer des weißen Mannes. Und so ist der Multikulturalismus auch zu einem Machtinstrument der neuen Linken geworden. Er befähigt die Minderheiten nicht, sondern zementiert ihren Opferstatus und löst damit Verteilungskämpfe zwischen allen Opfergruppen in der Gesellschaft aus. Diese Kämpfe fördern eher den Totalitarismus als die Freiheit.

Multikulturalismus ist zur neuen Leitideologie der Gegenwart geworden. In dieser Ideologie soll die Begegnung mit anderen Kulturen möglichst ohne Konflikte verlaufen, aber in der Realität ist die Begegnung mit dem anderen nie konfliktfrei, deshalb müssen die Konflikte sowohl medial als auch politisch geleugnet oder relativiert werden. Aus Angst vor der Intoleranz der Rechten wird die Utopie der Toleranz verabsolutiert und in ihr Gegenteil verkehrt. Aus Angst vor den eigenen Feinden der Freiheit toleriert man die Feinde der Freiheit aus anderen Kulturkreisen, was wiederum die Feinde der Freiheit in den eigenen Reihen stärkt und sie als die wahren Verteidiger der Freiheit erscheinen lässt. Diese Pervertierung der Idee der Freiheit entsteht, wenn Ehrlichkeit und Reflexionsbereitschaft fehlen.

Der Sinn der Freiheit geht verloren, wenn wir immer neue goldene Kälber schaffen, sie verabsolutieren und das Ganze am Ende mit einem humanistischen oder aufklärerischen Anstrich versehen. Es ist zwar zu beobachten, dass sich immer mehr Menschen politisieren und ihre Unzufriedenheit öffentlich artikulieren, aber die meisten Protestbewegungen, die im Namen der Freiheit lautstark auf die Straße gehen, haben keinen wirklich emanzipatorischen Kern. Sie demonstrieren nicht für die gemeinsame Freiheit, sondern gegen die Konkurrenz, die sie als Bedrohung empfinden. Das gilt für die Rechte wie für die Linke. Das gilt für die Demonstrationen von PEGIDA ebenso wie für Teile der von den Regierungsparteien organisierten Proteste gegen die AfD, die selbst die »rechten« Anhänger der CDU/CSU ausschließen. Das gilt für die letzte Generation ebenso wie für viele Demonstrationen gegen den Gazakrieg. Vielmehr basieren diese Proteste auf diffusen Ängsten, vagen Wut- und Rachegefühlen, die sich an einem konstruierten Feindbild entladen. Eine Revolution bahnt sich an, aber sie hat keine Konzepte, keinen Wertekanon und keine klaren Ziele. Es sind Aufstände, die weder aus der Not heraus noch im Namen der Freiheit stattfinden, sondern nur Begleiterscheinungen eines Wohlstands sind, der sein Glücksversprechen nicht mehr einlösen kann. Das kann gefährlich werden für den Westen, der im Moment mit vielen äußeren und inneren Herausforderungen zu kämpfen hat. Es vergeudet viele Energien und Ressourcen, die wir dringend für die Lösung der vielen Probleme brauchen, mit denen wir konfrontiert sind.

Ich denke an die iranischen Frauen, die mutig auf die Straße gehen, ihr Kopftuch ablegen und unter Einsatz ihres Lebens gegen das Mullah-Regime protestieren, und ich denke an die jungen Frauen aus Deutschland und Österreich, die freiwillig Europa verlassen haben, um sich dem IS in Syrien anzuschließen. Beide handelten im Namen der Freiheit und der Freiwilligkeit. Ich denke an meine Mutter und was ihr widerfahren ist. Ich denke an meine lange Reise auf der Suche nach Freiheit in einem ägyptischen Dorf, dann als Student in Kairo, dann von Kairo nach Deutschland, dann nach Japan und zurück. Immer war ich auf der Flucht vor einem äußeren oder inneren Zwang. Und immer führte die Flucht zur nächsten Flucht.

Wie oft handeln wir im Namen der Freiheit und sind doch nur Getriebene? Wie oft verwechseln wir reflexartige Reaktionen mit freiem Willen? Wie oft treffen wir eine Entscheidung oder vertreten eine Meinung und lassen uns dabei von unserer Erziehung, unseren Traumata, unseren ethnischen, politischen oder sozialen Vorurteilen beeinflussen? Für mich bedeutet Freiheit deshalb nicht nur, so zu sein, wie ich sein will, oder zu sagen, was ich sagen will, sondern zuerst mich selbst zu kennen und ein Bewusstsein dafür zu entwickeln, was ich wirklich will und wer mich auf meinem Weg zur Freiheit zu vereinnahmen oder zu manipulieren versucht.

Wir sind ständig von Feinden der Freiheit umgeben, und viele von ihnen sind in Wirklichkeit unsere besten Freunde. Die eigene politische, ethnische, ideologische oder religiöse Sippe, die von uns Loyalität und Konformität verlangt, versperrt uns den individuellen Weg zur Freiheit. Wir integrieren uns in eine Gruppe nicht aus Liebe, sondern aus Angst vor Vereinzelung, Ausgrenzung oder Diffamierung. Religion, die uns Mythen als absolute Wahrheiten verkauft und blinden Gehorsam verlangt, ist ein Hindernis für Selbsterkenntnis und damit für Freiheit. Wir verteidigen unsere Religion, nicht weil uns die Gedanken dieser Religion sinnvoll erscheinen, sondern weil wir diese Gedanken mit der Muttermilch aufgesogen haben und sie als Grundlage unserer Existenz betrachten.

Alles, was uns Angst macht und ein schlechtes Gewissen bereitet, führt zu Unsicherheit und Unfreiheit. Jede exklusive Identität, die nicht offen ist für Veränderungen und für die Integration anderer, macht uns nicht nur unfreier, sondern auch dümmer. Jede

Heilsideologie raubt uns die Chance, uns selbst zu erkennen und unsere eigenen Potenziale zu entfalten, egal ob diese Heilsideologie Islamismus, Evangelikalismus, Nationalismus, Zionismus, Neoliberalismus oder Multikulturalismus heißt.

Jede Identität, die das Kollektiv über das Individuum stellt, ist ein Feind der Freiheit. Jede Konditionierung und Voreingenommenheit ist ein Feind der Freiheit. Wo jede Form von Hierarchie auf Gehorsam und Kritiklosigkeit trifft, geht die Freiheit den Bach runter. Das geschieht nicht nur in Diktaturen, sondern auch in Gruppen, die meinen, die Welt retten zu wollen oder für mehr Freiheit und Vielfalt in der Gesellschaft zu kämpfen. Es geschieht auch in uns persönlich, wenn wir uns weigern, ehrlich mit unseren Ängsten, Hoffnungen, Erwartungen und Enttäuschungen umzugehen. Die diffuse, frei schwebende Angst in uns ist der Rohstoff, aus dem Diktaturen gemacht sind. In der Verunsicherung, die mit dem rasanten Wandel einhergeht, in der geistigen Obdachlosigkeit, die aus der Verdinglichung der Freiheit resultiert, wächst die Ohnmacht, die den Nährboden für radikale Ideologien bildet.

Im Vergleich zu unseren Vorfahren sind wir heute im rechtlichen Sinne viel freier. Wir können mehr tun und sagen, als sie es je konnten. Frauen, ethnische und sexuelle Minderheiten genießen heute Freiheiten, von denen frühere Generationen nur träumen konnten. Aber wir leiden auch unter vielen äußeren und inneren Zwängen, die frühere Generationen nicht kannten. Jeder von uns baut in seinem Kopf ein Ideal von sich selbst und vom Leben auf, dem er wohl niemals gerecht werden kann. Auf der persönlichen Ebene sind wir alle unsicher und glauben, nicht zu genügen, aber auf der politischen Ebene versucht jeder, diese Unsicherheit zu überwinden, indem er glaubt, der beste Politiker und der beste Analytiker zu sein, und indem er sich im Recht sieht, während der Rest der Welt irrt.

Wir neigen oft dazu, uns selbst zu überschätzen, und im Umkehrschluss überschätzen wir auch die Feindseligkeit der anderen uns gegenüber. Wir steigern uns in unsere innere Unruhe, in unsere Wut und Ohnmacht hinein und scheitern oft an uns selbst, deshalb verstecken wir uns gern hinter einer großen Sache, weil wir uns nicht mit unserer eigenen Ohnmacht konfrontieren wollen.

Wir alle sind besessen von der Idee der Erlösung. Manche wollen das eigene Volk retten, andere gleich die ganze Welt. Die einen ergeben sich den Dogmen ihrer Religion und sehen darin die wahre Befreiung, die anderen fliehen vor den inneren Zwängen, indem sie sich dem Kampf für die Meinungsfreiheit verschreiben, wobei sie allerdings oft nur die eigene Meinungsfreiheit im Auge haben, nicht die der Andersdenkenden. Diese Meinungssicherheit ist so elementar im Kampf gegen Selbstzweifel, dass Menschen die eigene Meinung verteidigen, als ginge es um ihr Leben. Deshalb werden viele wütend, wenn andere diese Meinung ablehnen oder ihr widersprechen, sie reagieren emotional und existenziell, als ob sie persönlich abgelehnt würden.

Wir Menschen, namentlich in den westlichen Gesellschaften, in denen vermeintlich der Individualismus zelebriert wird, sind uns viel ähnlicher, als wir denken. Jeder von uns ist berauscht von seiner eigenen Community, Ideologie oder noblen Sache, für die er kämpft, aber er glaubt, dass nur die anderen unfrei sind. Wir sind alle konditioniert und voreingenommen, aber wir glauben, dass nur die anderen ungerecht und uneinsichtig sind. Unser Weg zur Freiheit beginnt nicht damit, dass wir laut schreien können, was uns nicht gefällt, sondern damit, dass wir unsere eigenen Begrenzungen, Konditionierungen und Vorurteile erkennen, bevor wir sie bei anderen erkennen und analysieren können. Wir sind alle nur begrenzt frei. Wir sind alle Kinder unserer Eltern, unserer Umgebung, unserer Mängel, unserer Welt mit all ihren Grenzen, Widersprüchen und Möglichkeiten.

Immer wieder muss ich mich aus meiner Lethargie reißen: Ich muss mich daran erinnern, dass ich mich selbst in diese Lage gebracht habe, weil ich schreibe, was ich denke. Ich erinnere mich daran, dass Schreiben das Einzige ist, was ich kann, und dass ich gut schreibe, weil ich scharf denke, gut beobachte und mich nicht zensiere. So gesehen sind mein Talent und meine Leidenschaft mein Schicksal. Meine Befreiung besteht darin, aus meiner Begrenztheit eine Chance und aus meinem Dilemma einen Befreiungsschlag zu machen. Ich muss weiter schreiben, um nicht der Verzweiflung zu verfallen. Ich muss schreiben, solange ich lebe. Und während ich schreibe, sollte ich jeden Tag etwas Neues lernen.

Wissen war schon immer ein Bollwerk gegen Unfreiheit, und der freie Diskurs war schon immer ein Garant für den Austausch von Wissen. Der Wettbewerb der Ideen war und ist ein Garant für die Stärke des Westens. Ideen sind wie Gene. Sie pflanzen sich fort, werden besser und verbreiten sich weiter, wenn sie sich an anderen Gedanken reiben. Eine gute Idee wird durch Widerspruch und Kritik stärker und setzt sich im Wettbewerb der Ideen durch.

Die rationale Idee braucht keine Ideologie, um sich in der Welt zu verbreiten. Sie braucht nur die Freiheit, sich zu bewegen, und die Rationalität derer, die sich mit ihr auseinandersetzen. Die irrationale Idee hingegen kann sich in einer freien Debatte nicht durchsetzen, deshalb braucht sie Autorität, Angst, Gehorsam, Tradition, moralische Keulen und Schuldgefühle, um von der Gesellschaft umarmt zu werden. Aber die Umarmung irrationaler Ideen verarmt die Gesellschaft, denn eine statische Gesellschaft steht sich nur selbst im Weg, und Unfreiheit hemmt die Kreativität und tötet das Potenzial. Alle Fortschritte in der Welt verdanken wir dem Wettbewerb der Ideen.

Deshalb beobachte ich mit Bedauern, dass die westlichen Gesellschaften langsam vom rationalen zum irrationalen Denken übergehen. Gefühle zählen heute oft mehr als Vernunft. Die Diskursräume werden enger, gerade auch an den Universitäten. Immer mehr Menschen lassen sich von Wut, Hass und Verschwörungstheorien leiten. Deshalb sehe ich die Kultur des Wissens in Gefahr. Denn die Emotionalisierung des Wissens und die Relativierung der Fakten sind der Anfang vom Ende der Freiheit und des Fortschritts. Und wie Nancy Friday sagte: Wir verlieren die Kontrolle über unser Leben, wenn wir aufhören, die Dinge beim Namen zu nennen!

Ich könnte die ganze Welt verfluchen und ihr die Schuld an meiner misslichen Lage geben. Oder ich könnte wie Don Quichotte idealistisch durch die Welt ziehen und die Ungerechtigkeit der Windmühlen beklagen. Oder ich könnte über meinen eigenen Beitrag zu dieser Misere nachdenken. Letztlich muss ich meine Fragmentierung, meine Begrenztheit und meine eigene Verwirrung akzeptieren. Ich bin nicht Opfer, sondern Teil des Konflikts. Ich teile aus und muss daher auch einstecken. Nicht Angst und Todesnähe sollen mein Dasein bestimmen, sondern mein Glaube an die Freiheit und meine Zuwendung zu den Menschen. Ja, ich bin manchmal eitel, aber oft auch mutig. Und ich habe auch Angst. Aber Mut heißt nicht, ohne Angst durchs Leben zu gehen, sondern trotz Angst nicht zurückzuweichen.

Diese Gedanken haben mir geholfen, in schweren Nächten einzuschlafen.

Diese Gedanken haben mir in den letzten zehn Jahren geholfen, nicht den Verstand zu verlieren und nicht in Verzweiflung zu versinken.

Kapitel 1

Gefangen in der Schimpansenkolonie: Gott, die Sippe und die Haare meiner Mutter

Es gibt einen Grad an Unterdrückung, der als Freiheit empfunden wird (Heiner Müller). Diese Form der Freiheit kann sehr bequem sein, denn man muss sie nicht erkämpfen und man muss sich auch nicht mit ihr herumschlagen. Diese Form der Freiheit findet man in Diktaturen, die ihren Bürgern mehr persönliche Freiheiten einräumen, aber auch in müden Demokratien, die ihre Bürger an den wichtigsten Entscheidungen nicht mehr beteiligen. In beiden Fällen ist das Leiden an dieser Unfreiheit nicht stark genug, um sich dagegen aufzulehnen. Freiheit, geschenkt oder geschickt entzogen, ist billig, sodass man sie nicht genießt, wenn sie da ist, und kaum vermisst, wenn sie fehlt. Wahre Freiheit aber ist sehr teuer, wenn man sie nicht als bloßen Luxus, sondern als Voraussetzung für ein erfülltes Leben betrachtet. Ich habe mich daran gewöhnt, auf vieles zu verzichten, um meine Meinungsfreiheit zu verteidigen, weil ich sie als Teil meiner Identität betrachte. Einen Teil, den ich nicht geerbt, sondern mir selbst erarbeitet und erkämpft habe.

Auch meine Familie wurde oft wegen meiner Ansichten angefeindet. Nach meinem Vortrag in Kairo 2013 riefen zwei salafistische Fernsehsender meinen Vater an und forderten ihn auf, meine Thesen über den Islam auf ihren Kanälen zu kritisieren. Mein Vater, selbst Imam, rügte die Anrufer und weigerte sich, mich öffentlich zu kritisieren. »Wenn ich Kritik an den Thesen meines Sohnes üben wollte, dann lieber unter vier Augen. Und wenn Sie an seinen Aussagen etwas auszusetzen haben, schreiben Sie einen Artikel darüber, statt gegen ihn zu hetzen«, empörte er sich. Auch in meinem Heimatdorf mussten sich meine Eltern unangenehme Kommentare über mich anhören, zum Beispiel, dass ich von den Zionisten bezahlt würde, um den Islam schlechtzumachen, oder dass ich mein Land verraten hätte, um dem Westen zu gefallen.

Den höchsten Preis für die Freiheit zahlte ich im November 2019, als meine Mutter auf dem Sterbebett lag. Ihr letzter Wunsch war, sich persönlich von mir zu verabschieden. Wir hatten uns sechs Jahre nicht gesehen. Ich kaufte Flugtickets und setzte mich mit meinem Personenschutzteam vom LKA Berlin in Verbindung, um die Reise nach Ägypten zu planen. Das Auswärtige Amt setzte sich mit dem ägyptischen Außenministerium in Verbindung und bat um die Erlaubnis, dass deutsche Personenschützer mich nach Ägypten begleiten dürfen. Doch die ägyptischen Behörden lehnten ab und erklärten mich zur unerwünschten Person in Ägypten. Dabei ging es nicht nur um meine Kritik am Islam, sondern auch um einen Vortrag, den ich im Sommer 2018 im US-Kongress gehalten hatte und in dem ich über die Menschenrechtslage und die Unterdrückung der christlichen Kopten in Ägypten gesprochen hatte.

Die ägyptische Regierung verweigert jedem die Einreise, der sie im Ausland kritisiert. Oft werden sogar Familienmitglieder im Land verhaftet, wenn sich ihr Verwandter im Ausland kritisch über General al-Sisi äußert. Das Traurige daran: Fast alle, denen die Einreise verweigert wurde oder deren Familienmitglieder verhaftet wurden, standen 2011 auf dem Tahrir-Platz, um für ein freies Ägypten zu kämpfen. Auch ich. Paradoxerweise trugen die Demonstrationen damals zum Sturz des langjährigen Diktators Mubarak bei, und erst dieser Sturz ebnete den Islamisten den Weg an die Macht, die später eine Todesfatwa gegen mich verhängten. Gegen diese Islamisten habe ich auch in Kairo demonstriert, bis die Armee eingriff, die Herrschaft der Muslimbrüder beendete und General al-Sisi an die Macht kam, dessen Regierung meinen Abschied von meiner Mutter verbot.

Die beiden Enttäuschungen, die ich nach dem Sturz Mubaraks und nach dem Sturz der Muslimbrüder erlebte, haben mir gezeigt, dass Freiheit und politische Umwälzungen zwei verschiedene Dinge sind. Man kann das politische Regime so oft ändern, wie man will, aber eine Gesellschaft wird erst dann frei, wenn sie die Freiheit als Geisteshaltung und Richtschnur verinnerlicht. Geschieht dies nicht, kommt es immer wieder zu einem teuflischen Pakt zwischen den Massen und den Eliten eines Landes. Dieser Pakt ist die Voraussetzung für die Entstehung des Totalitarismus, wie Hannah Arendt schreibt.

Ich rief damals meine Mutter an und konnte ihr nicht sagen, dass ich nicht nach Ägypten fliegen konnte. Ich konnte ihr nicht sagen, dass mein Beharren auf meiner Meinungsfreiheit unserem letzten Abschied im Wege stand. Ich sagte ihr, dass ich sie in ein paar Tagen besuchen würde. Am nächsten Tag starb sie. Sie starb in der Hoffnung, mich ein letztes Mal umarmen zu können, und ich durfte auch nicht ihrer Beerdigung beiwohnen. Später erzählte mir mein Bruder, dass sie in den letzten Tagen ihres Lebens ständig meine arabischen Videos auf YouTube angeschaut hat, weil sie mich vermisste. Obwohl sie gläubige Muslimin war, nutzte sie meine islamkritischen Videos, um mich zu sehen und meine Stimme zu hören.

Der Tag, an dem meine Mutter starb, war der schmerzhafteste Tag meines Lebens als Erwachsener. Bis zu diesem Tag war ich immer in der Lage gewesen, meine Bitterkeit und meine Selbstzweifel abzuschütteln und weiterzumachen. Aber an diesem Tag fragte ich mich, ob meine Freiheit das alles wert war. Meine Mutter hatte mich oft angefleht, keine islamkritischen Bücher zu veröffentlichen, nicht weil es ihre religiösen Gefühle verletzte, sondern weil sie Angst um mich hatte. Ich antwortete ihr: »Ich kann nicht anders.« An ihrem Todestag saß ich allein in Berlin, weinte und dachte über diesen Satz nach: »Ich kann nicht anders.« Bedeutet das, dass ich getrieben bin und keine Kontrolle über mein Handeln habe? Wie kann man vom Kampf für die Freiheit getrieben sein? Widerspricht das nicht dem Wesen der Freiheit? Tue ich das, was ich tue, weil ich es tun will oder weil ich es tun muss? Ist das nicht ein innerer Zwang? Ist die Freiheit jetzt eine neue Religion, eine Heilsideologie, die ich absolut setze und der ich blind folge, ohne Rücksicht auf Verluste? In dieser langen Nacht dachte ich über die Geschichte meiner Mutter nach, in der Freiheit und Unfreiheit immer zentrale Rollen spielten.

Ich weiß nicht, warum mir zuerst eine Szene aus meiner Kindheit einfiel. Ich war damals sieben oder acht Jahre alt. Wir hatten eine neue Kunstlehrerin aus Kairo. Kunst- und Musikunterricht gab es an unserer Schule so gut wie nie. Denn die Kunst- und Musiklehrerinnen kamen oft aus der Großstadt und hielten es nicht lange bei uns aus, weil es im Dorf an allen Annehmlichkeiten fehlte, die es in Kairo gab.

Aber die neue Kunstlehrerin verliebte sich in unser Dorf am Nil und blieb länger. Ich mochte sie, weil sie meiner Mutter ähnelte, die ebenfalls aus Kairo stammte und denselben Dialekt sprach. Eines Tages, kurz vor Muttertag, forderte uns die Lehrerin auf, ein Bild zu malen, das zeigen sollte, was wir unseren Müttern zum Muttertag schenken würden. Wie alle Kinder malte ich einen Blumenstrauß, obwohl ich meiner Mutter eine Handtasche schenken wollte. Während wir malten, fragte die Lehrerin jeden von uns, was wir später werden wollten. Die meisten Antworten lagen zwischen Arzt, Architekt und Polizist. Als sie vor mir stand und mich fragte, was ich in der Zukunft werden wolle, zögerte ich einen Moment, dann kam die Antwort aus mir heraus, unwillkürlich wie ein Niesen. »Eine Erdbeere«, sagte ich. Die Kinder brachen in Gelächter aus, und ich verbarg mein Gesicht vor Scham mit beiden Händen. Die Lehrerin legte ihre Hand auf meine Schulter, um meine Verlegenheit zu mildern, und fragte: »Warum gerade eine Erdbeere?« – »Ich weiß nicht«, antwortete ich.

Damals wusste ich nicht, woher diese Antwort kam. Jahrelang habe ich über diese Antwort nachgedacht und versucht, sie zu entschlüsseln. Erst an dem Tag, an dem ich mein Dorf verließ, um in Kairo zu studieren, erinnerte ich mich an eine Szene, die alles erklärte. Ich war vielleicht fünf Jahre alt, kam gerade aus dem Haus meiner Großmutter und sah meine Mutter strahlend lachen. Sie saß mit meinem Vater im Wohnzimmer und er steckte ihr eine Erdbeere in den Mund, sie biss hinein und mein Vater hat den Rest aufgegessen. Diese Szene erfüllte mich mit einem Glück, das ich in diesem Haus selten erlebt hatte. Nie zuvor und nie danach habe ich meine Mutter glücklicher und meinen Vater zärtlicher gesehen. Oft, wenn ich nach Hause kam, hoffte ich auf eine Wiederholung dieser Szene und wurde enttäuscht. Entweder war mein Vater nicht zu Hause oder er schrie meine Mutter an. Entweder war meine Mutter mit Kochen beschäftigt oder sie hörte sich die Anweisungen meines Vaters an. Das pure Glück, das in meiner Erinnerung mit einer Erdbeere identisch ist, habe ich in den Augen meiner Mutter nie wieder gesehen.

Eine Geschichte über die Freiheit meiner Mutter spielt in Kairo, in der Zeit vor der Heirat mit meinem Vater. Bis heute weiß ich nicht, ob es sich dabei um eine Legende oder um die Wahrheit handelt. Alles begann mit einem Bild, das meine Mutter in ihrem Nachttisch versteckt hatte. Als ich es entdeckte, wurde in mir der Mythos der Freiheit geboren. Sie war 16 Jahre alt, trug Shorts und eine ärmellose Bluse und streckte beide Arme in die Luft, als wollte sie jemanden umarmen. Rechts von ihr stand eine Freundin im Minirock, links eine andere mit einer Zigarette in der Hand. Die Haare der drei Mädchen wehten im Wind, hinter ihnen floss der Nil und ragte der Kairo Tower in die Höhe. Dieses Schwarz-Weiß-Bild brannte sich in mein Gedächtnis ein und wurde zum Inbegriff dessen, was ich viele Jahre später »Freiheit« nennen sollte. Ich stellte mir vor, meine Mutter war eine freie, glückliche Frau in Kairo, bis sie meinen Vater kennenlernte und in unser Dorf zog. Und ich wusste, ich werde erst frei sein, wenn ich das Dorf verlasse. Ihr Lächeln, nachdem sie die Erdbeere gegessen hatte, wurde mir zum Synonym für Glück. Auch mein Glück hing von einer geheimnisvollen Erdbeere ab, die irgendwo auf der Welt auf mich wartete, nur nicht in diesem Dorf am Nil, in dem ich zwischen väterlicher Gewalt, einem allmächtigen Allah und dem Missbrauch durch Nachbarn groß wurde.

Wie frei bin ich wirklich, wenn diese beiden Momentaufnahmen ein Leben lang darüber bestimmen, wie ich über Glück und Freiheit denke? Wie frei sind wir wirklich, wenn alte Traumata, Erfahrungen, Enttäuschungen, Hoffnungen alles bestimmen, wie wir das Leben interpretieren und was wir von ihm erwarten?

Meine Mutter wurde für meine Freiheit bestraft, so wie sie als junge Frau für ihre eigene Freiheit bestraft wurde. Noch einmal wurde die Freiheit in ihrem Leben zum Fluch. Sie wuchs in den 1950er und 1960er Jahren in Kairo auf. Die Hauptstadt war damals sehr modern, meine Mutter trug Shorts oder einen Minirock und fühlte sich wohl dabei. Das war keine Ausnahme. Kopfbedeckungen sah man in den großen Städten selten. Sie war sehr gut in der Schule, hörte gerne Musik und hatte eine schöne Singstimme. Auch ihre Schwestern waren relativ emanzipiert, gingen mit ihr ins Kino und rauchten gerne. Das alles habe ich aus ihren wenigen Fotos herausgelesen, die sie sorgfältig in einem Fotoalbum aufbewahrt hat. Sie selbst sprach nur ungern über ihr Leben in Kairo, bevor sie ins Dorf kam. Aus diesen Bildern gewinnt man den Eindruck, dass Ägypten damals wie ein europäisches Land war, was die Freiheit und Selbstbestimmung der Frauen betraf. Tatsächlich aber war Ägypten damals kein freies Land im politischen Sinne, sondern stand unter der Militärdiktatur Gamal Abdel Nassers. Aber die Mittelschicht in den Großstädten genoss viele Freiheiten, die es heute im Land nicht mehr gibt. Die Frauen kleideten sich gerne westlich, und es gab keine Tugendwächter, die das beanstandet hätten.

Dann lernte meine Mutter meinen Vater kennen, einen jungen Korangelehrten aus einem Dorf im Nildelta, aus dem ihre Eltern stammten. Sie war damals mit einem anderen Mann verlobt, und mein Vater war selbst verheiratet und hatte ein Kind, aber sie verliebten sich ineinander und beschlossen, trotz des Widerstands ihrer beiden Familien zu heiraten. Im Namen der Liebe und der Freiheit verließ meine Mutter die Hauptstadt mit all ihren Vorzügen, um mit meinem Vater in einem Haus in einem Dorf ohne Strom und fließendes Wasser zu leben. Sie musste sogar mit seiner ersten Frau und seiner sehr konservativen Mutter unter einem Dach leben. Aber das alles machte meiner Mutter nichts aus, denn für sie war wichtig, dass sie tun konnte, was sie wollte, und dass sie keine Zwänge akzeptierte. Als Gegenleistung für ihre Aufopferung verlangte sie von meinem Vater, dass niemand in der Familie bestimmen dürfe, wie sie sich kleide und wann sie nach Kairo fahre. Mein Vater willigte ein und erlaubte meiner Mutter, kein Kopftuch zu tragen und einmal im Monat allein nach Kairo zu fahren, um ihre Familie zu besuchen. Auch mein Vater war ein freiheitsliebender Mensch, hatte eine schöne Singstimme und interessierte sich für Musik. Aber er stammte aus einer Gelehrtenfamilie und sollte wie schon sein Vater und sein Großvater Imam werden. Daher war er zu einem Spagat gezwungen: Einerseits wollte er den Lebensstil seiner neuen Frau tolerieren, andererseits die konservative Dorfgemeinschaft nicht verärgern.

Menschen in ländlichen Gemeinschaften Ägyptens sind gastfreundlich und tolerant gegenüber Fremden, aber sie neigen dazu, dem Fremden, dem anderen mit Skepsis zu begegnen, vor allem wenn Menschen, die anders denken und leben, dauerhaft auf dem Land leben. Eine Dorfgemeinschaft wird von fünf Prinzipien bestimmt: Zusammenhalt, Uniformität, Solidarität, Religiosität und eine klare Hierarchie. Ein Mann repräsentiert nicht nur sich selbst, sondern auch seine Familie und seinen ganzen Clan. Fast alle Männer tragen die gleiche Kleidung, alle Frauen eine Kopfbedeckung. Der Preis für Anerkennung und Solidarität sind Konformität und soziale Kontrolle. Jeder überwacht jeden. Abweichler, anders Denkende und anders Aussehende gelten als Störenfriede. Geistig Behinderte wurden zu Hause eingesperrt, um den Ruf der Familie nicht zu schädigen, Frauen ohne Kopfbedeckung galten als unmoralisch, und der Mann, der seiner Frau erlaubte, sich modern zu kleiden, galt als unehrenhaft. Selbst die christlichen Frauen in meinem Dorf trugen eine Kopfbedeckung.

Doch meine Mutter war keine dieser Frauen. Sie war eine Rebellin und ließ sich nicht davon abbringen, sich wie eine Schauspielerin zu kleiden, obwohl die Familie meines Vaters Druck auf sie ausübte, damit aufzuhören. In meinen frühesten Kindheitserinnerungen war meine Mutter eine schöne Frau mit einem starken Auftreten und einem strahlenden Lachen. Sie machte sich sogar über Frauen lustig, die ihre Schuhe auszogen, wenn sie an Männern vorbeigingen, und sagte: »Warum muss eine Frau barfuß in Kuhmist treten, damit sich ein Mann wichtig fühlt?«

Vielleicht war es meine Mutter, die mir das Konzept der Freiheit durch Taten und nicht durch Worte beibrachte. Vielleicht war es ihr Foto vom Nil, das mich geprägt hat. Sie war mein Vorbild, weil sie nicht nur frei war, sondern auch stark und voller Lebenswillen. Der Besuch ihrer Schwestern aus Kairo war immer ein großes Ereignis im Dorf, denn die schönen Frauen aus Kairo liefen in ihren kurzen Röcken durch die Straßen des Dorfes, saßen zusammen am Nil, rauchten, sangen und lachten. Meine Mutter war eine Inspiration für viele junge Frauen im Dorf, die sie um Rat fragten, wie sie sich schminken sollten und welche Kleidung sie für ihre Hochzeit und die Flitterwochen brauchten.

Aber das währte nicht lange. Sie hielt den Druck der Familie meines Vaters und der ganzen Gemeinde nur ein paar Jahre aus, dann gab sie auf. Irgendwann konnte sie die Feindseligkeit der älteren Frauen und deren lästerlichen Worte nicht mehr ertragen. Das Wort »emanzipiert« bedeutete im Dorf »Schlampe«, und meine Mutter musste sich dieses Wort oft anhören, wenn sie allein über die Straßen ging. Die Nachbarinnen verbreiteten Gerüchte, dass sie sich in Kairo allein mit anderen Männern treffe. Sie merkte, dass auch mein Vater darunter litt, wenn er in der Moschee und bei Zusammenkünften der Großfamilie lästerliche Worte über sie hörte. Irgendwann wollte meine Mutter dazugehören und konnte die Verleumdungen nicht mehr ertragen. Sie legte einen Schleier an, hörte auf, sich zu schminken, und gab sogar ihren Kairoer Dialekt auf. Sie ließ sich von einem Kollektiv vereinnahmen, das Anderssein als unmoralisch ansieht. Sie hat ihre Selbstbestimmung gegen soziale Anerkennung eingetauscht.

Ich erinnere mich, dass ich sehr verwirrt war, als ich meine Mutter zum ersten Mal mit dem Schleier auf dem Kopf sah. Es war, als hätte man sie ausgetauscht, ihre Haare waren ein Teil ihrer Identität. Eine der schlimmsten Erfahrungen für ein Kind ist es, die eigene Mutter nicht mehr zu erkennen. Natürlich wusste ich, dass sie immer noch meine Mutter war, aber als ich sie mit dem Schleier sah, fühlte ich eine Mauer zwischen uns, denn nicht nur ihr Aussehen hatte sich verändert, sondern auch ihre Körperhaltung und ihre Stimme. Sie nahm den Schleier an, und sofort waren ihre Ausstrahlung, ihr Lächeln und ihre Lebensfreude verschwunden.

Mit der Uniformierung verlor meine Mutter auch die Gleichberechtigung in ihrer Ehe. Davor hatte sie eine starke Position in der Familie inne. Sie verhandelte regelmäßig mit meinem Vater und setzte oft ihre Meinung durch. Insgesamt war die Beziehung vor der Verschleierung romantischer und ausgeglichener. Sie war die hübsche junge Frau aus Kairo, die das bequeme Leben in der Großstadt aufgab, um mit dem Mann zusammen zu sein, den sie liebte. Und er war der Mann, der sie gegen ihre eigene Mutter verteidigte und ihr erlaubte, sich so zu kleiden, wie sie es wollte. Aber nachdem sie sich gefügt hatte und das Kopftuch trug, wurde die Beziehung zwischen ihnen asymmetrisch. Oft schrie mein Vater sie an, und sie blieb stumm.

Als ich zum ersten Mal sah, wie mein Vater meine Mutter

schlug, brach für mich eine Welt zusammen. Sie kniete auf dem Boden und verbarg ihr Gesicht in den Händen, während er sie schlug und trat. Sie schrie nicht und bat ihn nicht, damit aufzuhören. Meine Mutter war für mich eine Quelle der Sicherheit und des Vertrauens. Sie in diesem erbärmlichen Zustand zu sehen, erschütterte mein Vertrauen in das Leben. Wenn ich zur Schule ging, fragte ich mich, warum ich lernen und Erfolg haben sollte, wenn ich meine Mutter nicht beschützen konnte. Ich fragte mich, wo die Stimme meiner Mutter geblieben war, und war enttäuscht, dass sie sich nicht gewehrt hatte. An diesem Tag lernte ich, dass Schweigen uns nicht schützt, sondern nur die Aggressivität unserer Angreifer steigert. Ich lernte, dass Konformität uns nicht Respekt und Sicherheit gibt, sondern uns zum Spielball der Gemeinschaft macht.

Als Kind suchte ich nach einer einfachen Erklärung für die Veränderung meiner Mutter. Ich fragte mich, warum sie nicht mehr sang und rauchte und warum ihr Lächeln verwelkte wie eine Blume. Zuerst machte ich den Schleier für diese Verwandlung verantwortlich. Ich glaubte, der Schleier habe meiner Mutter ihre Schönheit, ihre Kraft und ihre Lebensfreude genommen. Tief in meinem Inneren dachte ich, dass meine Mutter sich selbst und mich verraten hatte, weil sie dieses Stück Stoff hätte ablehnen müssen. Ich dachte, sie hätte für uns stark bleiben müssen, weil sie mein Vorbild war. Aber als ich älter wurde, erkannte ich, dass das Problem riesig war. Der Schleier war nur das Symbol eines Systems, das die Frauen nicht nur vereinnahmte, sondern sie auch gegen sich selbst und gegen andere Frauen aufbrachte. Ein System, das auf Angst und Misstrauen gegenüber der Freiheit basiert.

Ich wurde in eine Gemeinschaft hineingeboren, in der jeder seinen Platz in der Hierarchie kannte. Mein Dorf war wie jede europäische Gemeinschaft vor der Aufklärung, wo die Gesellschaft von Adel und Klerus geführt wurde. Oben eine dünne Schicht von Großgrundbesitzern und religiösen Führern, in der

Mitte eine noch dünnere Schicht von gebildeten Leuten wie Ärzten, Lehrern und so weiter. Dann kommt die große Schicht der Bauern und ganz unten in der Hierarchie die Frauen und Kinder. Der Frieden in meiner Gemeinschaft wurde durch einen Pakt zwischen der Elite und den Massen gesichert. Die Elite zwang den Massen durch die Macht des Geldes und die Macht der Religion ihren Willen auf und die Massen fügten sich.

Wie in einer afrikanischen Schimpansenkolonie gab es in meinem Dorf klare Rollen: Die Männer gehen auf Nahrungssuche und verteidigen ihr Territorium gegen Eindringlinge, die Frauen kümmern sich um die Kinder. Jede Gruppe organisiert sich in einem geschlossenen Clan, Überläufer werden verachtet und angefeindet. Innerhalb eines Clans gibt es immer Rivalitäten um die Position des Alphatiers. Aber es gibt immer einige wenige, die versuchen, die Gruppe zu führen. Der Rest wartet darauf, dass sich der stärkste Schimpanse durchsetzt, um sich ihm freiwillig zu unterwerfen. Die Unterwerfung erfolgt aus Angst vor dem Alphatier, aus Angst, aus der Gruppe ausgeschlossen zu werden, oder aus Angst vor Eindringlingen, die einzelne Schimpansen angreifen. Um das Alphatier zu sein, reicht es nicht aus, der Älteste zu sein. Der Schimpanse muss stark genug sein und seine Stärke gelegentlich durch aggressives Verhalten unter Beweis stellen. Er muss sich auch die Loyalität anderer starker Schimpansenmännchen sichern, indem er Konflikte mit der benachbarten Schimpansenkolonie provoziert. Nach der Jagd belohnt er seine Günstlinge mit größeren Fleischmengen. Außerdem muss er seine Gene an mehrere Weibchen weitergeben, damit sein Erbe auch nach seinem Tod weiterlebt. Dieses Alphatier ist vermutlich der Vorläufer des Stammesführers bei den Menschen und Vorbild des Gottes, den die Menschen später erfanden, um ihre Ängste und Hoffnungen auf eine höhere Instanz zu projizieren.

Wenn wir uns die Dynamik vieler menschlicher Gesellschaften anschauen, wie Religion und Politik funktionieren und warum

Kriege geführt werden, dann erkennen wir, dass unser Leben mit wenigen Ausnahmen einer sich zivilisiert gebenden Schimpansenkolonie gleicht. Im Mittelpunkt stehen die strenge Hierarchie und der Zusammenhalt des Clans. Im Mittelpunkt steht der Pakt zwischen Elite und Masse, der selbst totalitäres Denken und Verhalten als Freiheit tarnt. In den modernen Schimpansenkolonien sind die Instinkte immer noch stärker als die Ideen, obwohl unser Fortschritt und unser Wohlstand das Ergebnis unserer Ideen sind und obwohl unsere Instinkte uns in die Höhle unseres Clans zurückführen. Die Schimpansenkolonie zeigt uns, wie Gruppendynamik funktioniert und warum sich die Masse einem Anführer unterordnet.

Das Streben nach Freiheit und Selbstbestimmung erscheint aus der Sicht der Evolution als nicht vorgesehene Rhythmusstörung, eine Rebellion gegen unsere Vorfahren und Verwandten aus der Tierwelt, gegen unsere DNA und gegen den Lauf der Geschichte. Wie ein Gedicht das im Kopf eines Dichters entsteht, wie eine geniale Idee, die die Welt verändert, wie ein schwarzer Schwan, der als Ausnahme auftaucht, um die Regel zu bestätigen, so ist auch unsere Freiheit ein schöner Fehler der Schöpfung innerhalb der Primaten. Viele sehnen sich nach ihr, viele genießen ihre Früchte oder ruhen in ihrem Schatten, aber nur wenige entwickeln eine Leidenschaft für sie und sind bereit, sie zu verteidigen, wenn sie bedroht ist. Genau das hat Europa in der Vergangenheit einzigartig gemacht, denn die wenigen, die eine Leidenschaft für die Freiheit entwickelten, schufen eine mächtige Strömung namens Aufklärung, die sowohl die Massen als auch die Eliten mitriss und die Welt für immer veränderte. Und genau diese Strömung leidet heute darunter, dass sie kaum neue Zuflüsse hat, die ihr Weiterfließen garantieren. Zudem versuchen viele Gruppierungen des rechten und linken politischen Spektrums, den Strom auszutrocknen oder umzuleiten, um ihn ihren Ideologien und Agenden anzupassen.

Mein Vater war Gott, das Alphatier in religiöser und familiärer Hinsicht. Er bestimmte alles, nicht nur in unserem Haus. Er sicherte sich die Loyalität der wichtigsten Leute im Dorf, der Bürgermeister und der anderen Landbesitzer. Auch innerhalb der Großfamilie betrieb er die Schimpansenpolitik: Er verteilte das Fleisch beim Festessen selbst, belohnte ihm ergebene junge Verwandte, indem er sie gelegentlich zum Gebet in die Moschee rufen ließ, und bestrafte Personen, die seine Autorität infrage stellten, indem er sie von den Zusammenkünften der Großfamilie ausschloss. Aggressivität und Gewalt waren seine Mittel, um seine Autorität zu Hause zu sichern. Die Dorfbewohner suchten seinen religiösen Rat in allen Lebenslagen: Essen, Trinken, Kleidung, Geld leihen und sogar beim Geschlechtsverkehr. Selbst ihre Träume schütteten sie vor ihm aus und baten ihn um religiöse Deutung. Er stellte nie die wirtschaftliche Macht der Großgrundbesitzer infrage und sie niemals seine religiöse Autorität. Und so blieb der Frieden im Dorf erhalten.

Ein Frieden, der auf Gehorsam, Konformität und Interessenausgleich beruhte. Für die große Mehrheit der Dorfbewohner gab es auch keinen Grund, an diesem System zu zweifeln. Nur eine Außenseiterin wie meine Mutter konnte am Anfang die Ungerechtigkeit erkennen, weil sie früher ein anderes Leben geführt hatte, und deshalb versuchte sie, sich dagegen zu wehren. Die Nachbarn konnten ihr nicht verzeihen, dass sie anders war. Sie konnten ihr nicht verzeihen, dass sie schön war, dass sie es gewagt hatte, den jahrhundertealten Kodex der Gemeinschaft zu brechen. Sie konnten ihr nicht verzeihen, dass sie einen Hauch von Freiheit und Selbstbestimmung in das Dorf gebracht hatte. Deshalb musste sie bestraft werden, zuerst durch Verleumdung und später durch den Zwang, die Uniform des Schleiers zu tragen. Schon in meinem Dorf, schon am Beispiel meiner Mutter habe ich gelernt, was Totalitarismus und Untertanengeist bedeuten.

Über Generationen hinweg hat sich unser Dorf kaum verändert. Die Kinder wurden, was ihre Väter waren oder was die Väter für sie wählten. Das Kind des Zimmermanns wurde in der Regel auch Zimmermann, das Kind des Bauern wurde Bauer. An den Familiennamen konnte man sofort den sozialen Status und den Beruf der Menschen erkennen und ihre Zukunft voraussagen. Die wenigen Gebildeten schickten ihre Kinder auf die Universität nach Kairo, aber nach dem Abschluss kehrten sie ins Dorf zurück, heirateten eine Verwandte und arbeiteten im Dorf.

Es gab nur eine Ausnahme: Ein Bauernsohn brillierte in der Schule und schaffte es aus eigener Kraft, in Kairo zu studieren, ging dann in die Schweiz, promovierte dort, arbeitete an der Universität und heiratete eine Schweizerin. Was überall auf der Welt als Erfolgsgeschichte erzählt werden kann, wurde bei uns als Warnung erzählt. Denn der Professor kam viele Jahre später in einem erbärmlichen Zustand ins Dorf zurück. Er litt unter Depressionen, saß vor seinem Elternhaus und sprach mit niemandem. Niemand wusste genau, was mit ihm los war und warum er so enttäuscht und gebrochen ins Dorf zurückgekehrt war. Aber die Nachbarn rekonstruierten seine Geschichte, um die nächste Generation, die auch meine war, vor dem Schicksal des gebrochenen Mannes zu bewahren. Sie sagten, der Professor sei ein reicher Mann in der Schweiz gewesen, aber seine Frau habe ihn auf verschiedene Weise betrogen. Zuerst habe sie mit einem anderen Mann geschlafen (was Europäer oft tun), dann habe sie sich vom Professor eine Vollmacht geben lassen und sein ganzes Vermögen an sich gezogen, woraufhin der Professor den Verstand verloren habe und mittellos nach Ägypten zurückgekehrt sei. Die Moral von der Geschichte: Man sollte nie das Revier seiner Eltern verlassen, sonst wird man von den anderen Schimpansenclans in Stücke gerissen. Vor allem den Menschen aus dem Westen darf man nie trauen, denn sie haben uns während ihrer Kolonialherrschaft ausgebeutet, und selbst wenn wir als Migranten in ihren Ländern leben, sind wir nie vor ihren Hinterhalten sicher.

Ich weiß nicht, warum ich als Jugendlicher diese Version der Geschichte nicht geglaubt habe. Ich dachte, vielleicht hat er seine Frau betrogen und nicht umgekehrt, vielleicht hat er in der Schweiz etwas verbrochen und ist vor der Strafe geflohen. Trotzdem war er mir sehr sympathisch. Ich grüßte ihn, wenn ich ihm begegnete, und er winkte mir zu. Ich versuchte, mich mit ihm zu unterhalten, aber seine Antworten ergaben für mich keinen Sinn. Ich habe nie die große Erzählung von der Ungerechtigkeit des Westens gegenüber dem Süden infrage gestellt. Aber etwas in mir lehnte die totale Verteufelung des Westens ab. Nach meiner Mutter war der gebrochene Akademiker mein zweites Vorbild, nicht weil er den Verstand verloren hatte, sondern weil er seinem Schicksal entkommen und nach Europa gegangen war. Europa, verhasstes Feindbild und erhofftes Ziel zugleich. Der einstige Unterdrücker und der Traum derer, die selbstbestimmt leben wollen. Der Professor repräsentierte für mich den umgekehrten Weg meiner Mutter. Er verließ die enge kleine Welt und floh in die Weite. Er wagte es, das Territorium der Schimpansenkolonie zu überschreiten und sein Schicksal selbst in die Hand zu nehmen. Seltsamerweise erschreckte mich sein Ende nicht, denn ich betrachtete seine Zerbrochenheit als einen kleinen Preis für die Vorzüge des Lebens, die er außerhalb der Mauern unseres Dorfes genießen durfte. Seit meinem dreizehnten Lebensjahr war ich fest davon überzeugt, dass das Verlassen unseres Dorfes an sich schon ein Erfolg war, unabhängig von den Folgen.

Die Verwandlung, ja die Niederlage meiner Mutter brachte mich dazu, über den Zusammenhang zwischen Religion und Unfreiheit nachzudenken. Meine Mutter fügte sich nicht nur in das patriarchalische religiöse System ein, sie wurde selbst zu einem Instrument dieses Systems. Sie war gezwungen, sich zu unterwerfen, aber ein Teil dieser Unterwerfung war freiwillig. Sie deutete diese Unterwerfung so um, dass sie nicht als Niederlage, sondern als Aufstieg in die Liga der religiösen und moralischen Menschen erschien. Sie machte aus der Not eine Tugend und betrachtete ihre Konversion im Nachhinein als eine Art Erleuchtung. Plötzlich war sie stolz auf ihren Schleier. Einige Jahre später war sie sogar überzeugt, den Schleier freiwillig angelegt zu haben, und zwang ihre beiden jungen Töchter, ihn ebenfalls zu tragen. Sie sorgte dafür, dass wir Kinder regelmäßig beteten, dass wir vor dem Essen »Im Namen Allahs« und nach dem Essen »Allah sei Dank« sagten. Sie war es auch, die darauf bestand, dass meine beiden Schwestern die schmerzhafte Prozedur der Genitalverstümmelung über sich ergehen lassen mussten.

Als es in unserem Dorf endlich Strom gab, kaufte meine Mutter einen Fernseher, aber meine ältere Schwester durfte keine Spielfilme ansehen, weil sie Tanz, Liebe, Küssen und andere teuflische Dinge zeigten. Ich dagegen durfte bis spät in die Nacht aufbleiben und unmoralische Filme anschauen. Meine Schwester wartete in ihrem Bett auf mich, damit ich ihr die Handlung erzählen konnte. Schon als ich ihr von dem Film erzählte, wurden ihre Augen immer größer und ich konnte an der ungleichen Behandlung von Jungen und Mädchen in der Familie erkennen, dass etwas mit dem System nicht stimmte. Meine Schwester war eine kluge, neugierige junge Frau mit einer schönen Stimme, aber meine Mutter hatte ihr das Singen verboten, weil es *haram* war. Außerhalb unseres Dorfes wäre sie vielleicht eine erfolgreiche Akademikerin oder eine berühmte Sängerin geworden. Aber sie hatte das Pech, die Tochter eines Imams zu sein, für den Singen eine Sünde ist und der die Stimme einer Frau als Scham betrachtet, die es zu verbergen gilt. Sie trug einen Schleier, heiratete mit 16 Jahren, gebar sechs Kinder und wurde mit 34 Jahren Großmutter. Sie hat die Geschichte meiner Mutter wiederholt, so wie ich die Geschichte meines Vaters wiederholen sollte: Zerstörung des Potenzials um der Kontinuität willen; Freiheitsberaubung, damit das Kollektiv statisch bleibt.

Geografie ist Schicksal, sagt man. Dies trifft in hohem Maße auf das kollektive Schicksal der Menschen zu, das durch die Zwänge der Umwelt, durch Erziehung, Kriege und wirtschaftliche Bedingungen geprägt wird. Aber die Geschichte meiner Mutter und die des Professors haben mir gezeigt, dass man sein Schicksal durch eigene Leidenschaften und persönliche Entscheidungen ändern und die Vorbestimmung der Geografie überwinden kann. Beide waren Rebellen, und beide mussten für ihre Rebellion bezahlen. Vielleicht war auch meine spätere Rebellion geografisch und genetisch bedingt. Vielleicht entsprang meine Leidenschaft für die Freiheit nicht meiner freien Entscheidung, sondern war eine ganz individuelle Reaktion auf meine Familiengeschichte oder entsprang einem Schuldgefühl gegenüber meiner Mutter, die um ihre Freiheit betrogen wurde. Wie frei sind wir wirklich, wenn unsere Art zu leben und zu denken nur eine Fortsetzung oder Ablehnung dessen ist, was unsere Eltern dachten oder wollten? Wie vertragen sich Freiheit und Schuldgefühle überhaupt? Ist das der Grund, warum ich Islamkritiker geworden bin? Ist das der Grund, warum ich mich immer dagegen gewehrt habe, von einer Gruppe, einer Idee oder einer Ideologie vereinnahmt zu werden?

Eines Tages, als mein Vater verreist war, weckte mich meine Mutter um 4 Uhr morgens, um das Morgengebet in der Moschee zu verrichten. Es war Winter, ich hatte keine Lust aufzustehen und mich vor dem Gebet mit eiskaltem Wasser zu waschen. Außerdem wollte ich nicht allein durch die dunklen Straßen des Dorfes laufen und von den Straßenhunden angefallen werden. Also sagte ich zu meiner Mutter: »Ich möchte dir ein Geheimnis verraten: Ich bin ein Kafir, also ein Ungläubiger.« Sie war schockiert über meine Worte und schrie mich an: »Sag das nie wieder!« Ich war überrascht über meine eigenen Worte, denn ich war erst 13 Jahre alt und hatte meinen Glauben noch nicht verloren. Aber später habe ich verstanden, dass ich ihr nur sagen wollte, dass ich gegen das System bin, das uns bevormundet und uns unsere Rechte nimmt. Ich wollte ihr sagen, wie leid es mir tat, dass sie ihren Kampf aufgegeben und ihren Willen, ihre Schönheit und ihre Würde gegen die Anerkennung einiger Heuchler im Dorf eingetauscht hatte. Aber auch ich war ein Heuchler. Ich hätte meinem Vater sagen sollen, dass ich nicht an Gott glaubte, aber ich vertraute dieses Geheimnis nur meiner Mutter an, weil ich sie für schwach hielt.

Stattdessen begann ich, über die Ähnlichkeiten zwischen meinem Vater und dem Gottesbild des Islam nachzudenken. Beide waren allmächtig, jähzornig und kontrollsüchtig. Beide hassten offene Haare bei Frauen, kritische Fragen, romantische Filme und Fußball. Beide waren Stammesführer, die ihre Stärke aus der Schwäche ihrer Untertanen zogen. Unwissenheit, Einsamkeit, Angst, die Unfähigkeit, selbst zu denken, und der blinde Gehorsam der Gläubigen waren die Zutaten, die jede Religion brauchte, um Menschen zu beherrschen. Sie waren auch das Herrschaftsinstrument jedes Diktators im Nahen Osten, der im Namen Gottes, im Namen der Vaterlandsliebe oder im Namen des Clans herrschte.

Kapitel 2

Gefangen in der Schuld: Gott liebt die Sünder mehr als die Tugendhaften

Wenn ich auf die Verwandlung meiner Mutter zurückblicke, wird mir klar, dass die Werkzeuge der Religion, um die Freiheit der Menschen einzuschränken, nicht nur Gebote und Verbote und körperliche Züchtigung sind, sondern auch psychologische Werkzeuge, die den Menschen gegen sich selbst und gegen die Idee der inneren Befreiung wenden: die göttliche Kontrolle, die Angst vor der Hölle, die soziale Kontrolle durch Sittenwächter und die Angst vor Rufmord, die Selbstkontrolle und das Misstrauen gegen sich selbst. Mit anderen Worten: die Angst vor dem Versagen. Diese vorgegebenen oder selbst auferlegten Instanzen und Ängste bilden die vier Wände eines Gefängnisses, das man dann Identität nennt und notfalls mit dem eigenen Leben verteidigt. Das sind die Werkzeuge des Narzissmus, der sich im Laufe der Menschheitsgeschichte entwickelt hat. Aus dem narzisstischen Schimpansen wurde der narzisstische vormoderne Stammesführer. Aus dem alles bestimmenden Stammesführer wurde ein himmlischer Gott, der die Menschen beobachtet, ihnen Schuldgefühle einredet und sie bestraft. Später wurden die Aufgaben Gottes auf andere gesellschaftliche Instanzen verteilt: Staat, Gemeinde, Familie, Schule.

In einer modernen Gesellschaft, die von einem verwahrlosten Individualismus heimgesucht wird, sind das Ideal, das jeder von sich selbst hat, und die Schuldgefühle, die er diesem Ideal gegenüber empfindet, die neuen Hüter des Narzissmus. Dieser Narzissmus wiederum treibt das Individuum in die Hände einer neuen

Ideologie, die ihm Gemeinschaft und ein schützendes Alphatier verspricht. Die Philosophin Isolde Charim sieht in der freiwilligen Unterwerfung eine Form des Narzissmus, da der Unterworfene in seiner Hingabe eher eine Berufung und einen moralischen Sieg sieht. Dies ist ein Phänomen, das wir zunehmend bei Minderheiten, aber auch bei Aktivisten beobachten, wo Schuld und Ohnmacht in eine Tugend verwandelt werden.

Konformität, Gruppendynamik, Schuldgefühle und Angst waren und sind die Werkzeuge jedes Unterdrückungssystems, ob es nun auf Religion, Nation oder einer modernen Heilsideologie basiert. Die gefährlichsten dieser Werkzeuge sind Selbstzensur, Selbstgeißelung und die Scheu, seinen eigenen Weg zu gehen. Selbst wenn man sich später von der Religion oder Ideologie befreit, bleiben diese selbst geschaffenen Kontrollmechanismen und Zweifel aktiv und führen einen zurück an den Ausgangspunkt, auch wenn man Tausende von Kilometern von zu Hause entfernt lebt. Vielleicht kam der Professor deshalb gebrochen aus der Schweiz zurück. Vielleicht konnte er damals die Schimpansenkolonie verlassen, aber die Kolonie hatte ihn nicht wirklich verlassen und machte ihm das Leben in der Fremde schwer.

Ich erinnere mich an eine Freitagspredigt, in der mein Vater sagte: »Allah liebt die Sünder mehr als die Tugendhaften.« Diese Aussage hat mich sehr überrascht, weil ich bis dahin dachte, dass Allah nicht will, dass wir sündigen. Aber mein Vater sagte, dass die Tugendhaften kein Schuldgefühl und keine Reue haben und deshalb nicht demütig um Vergebung bitten. Aber Allah vergibt gerne, also will er, dass die Menschen sündigen, damit sie sich demütig vor ihm niederwerfen, weinen und um Vergebung bitten. Ich war noch zu jung, um das wirklich zu begreifen. Aber später verstand ich, wie wichtig die Asymmetrie in der Beziehung zwischen Gott und Mensch ist. Gott (oder wer auch immer ihn erfunden hat) ist ein Narzisst, er liebt keine selbstbewussten, sondern gebrochene Menschen, die ihre Beziehung zu ihm aus Angst und Schuldgefühlen leben. Nur so lassen sie sich kontrollieren und bleiben abhängig.

So funktioniert es in jeder toxischen Beziehung. Und so kontrolliert und manipuliert jede Sekte und jede Heilsideologie ihre Anhänger. Auch in säkularen Gesellschaften wird Schuld immer wieder instrumentalisiert, um politische Ziele zu erreichen: Schuld gegenüber der Umwelt, gegenüber der Heimat, gegenüber der eigenen Ethnie, gegenüber Minderheiten, gegenüber der Dritten Welt, gegenüber der eigenen Gesundheit etc. Deshalb sind Schuld und Angst heute im Westen zwei politische Kategorien, die mehr Gewicht haben als Vernunft und Freiheit. Gott ist im Westen tot, aber seine Zügel und Fesseln leben in uns weiter, und um uns herum wimmelt es von Ersatzgöttern und Alphatieren.

Ich habe lange über die Verbindung zwischen monotheistischen Religionen und Stammeskulturen nachgedacht. Abraham, der große Patriarch, verkörpert den Totalitarismus im Namen des Glaubens. Er wollte seinen eigenen Sohn opfern, nur weil er die Eingebung hatte, Gott wolle es so. Dieser blinde Gehorsam ist die Kernidee des Faschismus, denn der Führer und seine Befehle sind wichtiger als der Mensch und die Menschlichkeit. Nicht Gott schuf den Menschen nach seinem Ebenbild, sondern der Stammesführer Abraham schuf Gott nach seinem Ebenbild und nach den Regeln der Stammeskultur.

Jede der drei abrahamitischen Religionen entstand aus einem Stammesbewusstsein heraus und zielte darauf ab, den eigenen Stamm von äußeren Zwängen zu befreien, schuf aber für die eigenen Gläubigen mehr innere Zwänge. Man könnte sogar sagen, dass alle drei Religionen im Wesentlichen soziale Revolutionen waren, die sich dann unterschiedlich entwickelt haben. Alle drei Religionen haben die gleiche Geschichte: Sie hatten große Ziele, scheiterten aber immer wieder am eigenen Stammesbewusstsein und an der Erbsünde des eigenen Glaubens.

Das Judentum entstand inmitten der Stammeskultur der Hebräer, die sowohl in Ägypten als auch im babylonischen Exil extremen Benachteiligungen ausgesetzt waren. Diese Religion konzentrierte sich daher auf drei Ideen: Befreiung, Gerechtigkeit und Gesetz. Auf die immer wieder erlebten Demütigungen reagierten die Hebräer mit dem Mythos von der Auserwähltheit des jüdischen Volkes. Das Stammesbewusstsein, das Sendungsbewusstsein des Andersseins, die Exklusivität ihrer Identität, die quasi durch Geburt und nicht durch Konversion erworben wurde, die Gesetzlichkeit und Geschlossenheit der Gemeinschaft gaben den Juden alles andere, nur keine Befreiung, weder äußerlich noch innerlich. Sie lebten fast immer als unterdrückte oder geduldete Minderheit und waren fast immer der Willkür und Gewalt der Mehrheit ausgesetzt. Ihre ständig bedrohte Identität und die exzessive Gewalt gegen die jüdischen Gemeinden führten zu einer immer stärkeren Abschottung und Ausgrenzung dieser Gemeinden. Die Verfolgung und die Reaktionen darauf bildeten den Kern dieser Identität. Das »andere« war für die Identitätsbildung noch entscheidender als das »Eigene«. Nicht die Befreiung, sondern die Bedrohung gab den Ton an. Selbst die jüdische Reformation und die Emanzipation vieler Juden im Zuge der Aufklärung in Europa waren eine Reaktion auf den wachsenden Antisemitismus im nationalistischen Europa.

Auch diese Emanzipation konnte die Juden kaum von Unterdrückung und Antisemitismus befreien. Auch in ihrem eigenen Staat Israel stützten sich die Juden auf eine exklusive, sippenhafte und teilweise rassistische Staatsideologie, den Zionismus, der zwar für die Staatsgründung wichtig war, aber das Zusammenleben von Juden, Christen und Muslimen immer wieder erschwerte. Die Araber reagierten darauf mit einem aggressiven Islamismus und einem rassistischen arabischen Clan-Nationalismus. Der schreckliche Terroranschlag vom 7. Oktober 2023 und der anschließende Vergeltungskrieg in Gaza waren der traurige Höhepunkt dieser unversöhnlichen Stammeskulturen. Keine der Kriegsparteien konnte sich von den alten Traumata und der Schuld gegenüber den eigenen Vorfahren befreien. Keine Seite konnte sich in die andere einfühlen, um den Teufelskreis von Gewalt und Gegengewalt zu durchbrechen.

Das Christentum entstand als Revolution gegen das starre jüdische Gesetz. Aus der Religion der Gesetzlichkeit sollte eine Religion der Liebe und des Mitgefühls werden. Jesus' Ausspruch »Der Sabbat ist für den Menschen gemacht, nicht der Mensch für den Sabbat« war eine Art kopernikanische Wende in der Geschichte des Monotheismus. »Nicht das Gesetz, sondern der Mensch steht im Mittelpunkt« war eine Konterrevolution gegen die Stammeskultur und ihre Gesetze. Doch Jesus wollte keine neue Religion gründen, sondern nur die »verlorenen Schafe des Volkes Israel« von den starren Riten befreien. Die revolutionäre Idee des individualistischen Glaubens war geboren. Doch die Idee der Erbsünde und die Macht der absoluten Wahrheit sollten das Christentum stärker prägen als die Autonomie des Individuums. Drei Jahrhunderte später erkannte das Römische Reich, das das Christentum lange bekämpft hatte, das integrative Potenzial dieses Glaubens als Herrschaftsideologie. Kaiser Konstantin verstand es, die Religion der Liebe als Bindemittel für sein Großreich zu nutzen. Die Religion, die als Befreiung des Stammes Israel begann, wurde zum größten Unterdrücker der Juden in der Geschichte. An die Stelle der Überlegenheit des Stammes trat die Überlegenheit des Imperiums. Kreuzzüge, Pogrome, die Inquisition und mehrere Religionskriege, die Europa erschütterten, waren die Folge.

Der Islam entstand auch als Revolution gegen die soziale Ungerechtigkeit der reichen Kaufleute Mekkas, die die Armen und Sklaven unterdrückten. Theologisch war die neue arabische Religion eine Revolution gegen das deformierte Christentum, das zur imperialen Ideologie des Oströmischen Reiches geworden war. Auf Stammesebene versprach die neue Religion dem Stamm des Propheten die Herrschaft nicht nur über Arabien, sondern über die ganze Welt. Das neue arabische Weltreich löste das byzantinische Reich als neue Weltmacht ab und bestimmte die Spielregeln in weiten Teilen der Welt. Die Religion, die ursprünglich im Namen der Sklaven und Unterdrückten eine Revolution gegen die Reichen und das Oströmische Reich begonnen hatte, wurde von reichen arabischen Kaufleuten übernommen und selbst zu einem Weltreich, das aggressive Eroberungen betrieb, ethnische und religiöse Minderheiten unterdrückte und Millionen von Menschen versklavte. Das ist die Dialektik jeder Befreiungsideologie, die mit einer edlen Idee von Gerechtigkeit beginnt und sich dann in ein narzisstisches Herrschaftssystem verwandelt, das eine neue Rebellion provoziert.

Kapitel 3

Gefangen im Patriarchat: Warum sich die Unterdrückung von Frauen durch die gesamte Geschichte zieht

Es ist eine weitverbreitete These, dass die Unterdrückung der Frau durch den Mann eine geschichtliche Konstante seit dem Erscheinen des Menschen auf der Erde ist, ebenso wie Kriege, Sklaverei und Rassismus. Die Wahrheit ist jedoch, dass die systematische Unterdrückung der Frau historisch mit einem kulturellen Rückschritt verbunden ist, der wiederum das Ergebnis eines wirtschaftlichen und religiösen Wendepunkts in der Geschichte war. Als Jäger waren die Männer auf die Natur angewiesen, um sich und ihre Familien zu ernähren. Natur und Gott waren damals ein und dasselbe Phänomen. Die Menschen verehrten und fürchteten alles, was ihr Überleben sicherte: die Sonne, die Bäume, die Flüsse und sogar die Tiere. Die Frau war ein Synonym für die Natur, denn sie verkörperte die Fruchtbarkeit und den Kreislauf des Lebens. In dieser Zeit entstand auch die Vorstellung von der Frau als Göttin, und in vielen früheren Schöpfungsgeschichten stand die Frau im Mittelpunkt der Schöpfung.

Die alten Sumerer stellten die Göttin Ishtar mit großen Brüsten und einem breiten Gesäß dar, die Fülle und Gaben symbolisierten, und die Ägypter stellten Statuen der Göttin Isis mit großen Brüsten her, die Barmherzigkeit und Liebe symbolisierten. Auch Buddha wurde mit großen Brüsten als Symbol des Gebens dargestellt. Der Schöpfungsmythos der japanischen Shinto-Religion erzählt, dass sich die Göttin Amaterasu aus Protest gegen die Gewalttätigkeit ihres Bruders Susanoo in eine Höhle einschloss. Daraufhin verschwand das Licht aus dem Universum und die

Menschen versammelten sich um ihre Höhle, trugen einen riesigen Spiegel und richteten ihn auf Amaterasu. Die Schönheit Amaterasus wurde nach außen reflektiert und das Licht kehrte in Form der Sonne zur Erde zurück. Tatsächlich war auch diese Phase patriarchalisch, aber die Frauen genossen damals mehr Respekt. Eine historische Phase mit dem Namen Matriarchat hat es zwar nie gegeben, aber es gab Zeiten in der frühen Geschichte, in denen Frauen mehr Respekt genossen als in späteren Phasen. Die Verachtung und sogar Dämonisierung der Frau kam danach als Folge eines Paradigmenwechsels.

Zwei Entdeckungen des Menschen veränderten die Stellung der Frau von der Göttin zur Dienerin im Tempel oder gar zur Komplizin des Satans: die Landwirtschaft und der Himmelsgott. Mit Bewässerungslandwirtschaft und Vorratshaltung emanzipierte sich der Mensch in Teilen von der Natur und ihren Überraschungen. Er konnte selbst entscheiden, welche Pflanzen er anbauen wollte, und wusste, wann er ernten würde. Er baute Kanäle, leitete das Wasser vom Fluss zum Feld, lagerte das Getreide und war nicht mehr so stark von den Launen des Wetters abhängig. Er wurde zunehmend Herr über die Natur und damit auch Herr über die Frau. Die Landwirtschaft führte zur Bildung größerer Gemeinschaften, vor allem entlang der Flüsse. Die Gemeinschaften wurden immer größer und es entstanden die ersten Ideen für staatliche Strukturen. An die Stelle mehrerer Stämme mit mehreren Stammesfürsten trat die Idee des Königs, des Alleinherrschers. In Mesopotamien war der König Prophet und Repräsentant einer göttlichen Autorität. In Ägypten war der König selbst Gott. Die ersten Spuren des Monotheismus finden sich in Ägypten, als Pharao Echnaton die Lehre von dem einen Gott mit Gewalt durchsetzte.

Die Juden lebten zunächst in Ägypten und später im babylonischen Exil in Mesopotamien. Aus Ägypten übernahmen sie die Vorstellung von dem einen Gott. Aus Babylon die Idee der Propheten und des Gesetzes. Eines der Gesetze in Babylon war, dass eine Prostituierte ihr Gesicht verhüllen musste. Ein anderes Gesetz Hammurabis besagte, dass eine Frau, die außerehelichen Geschlechtsverkehr hatte, ertränkt werden musste, da die Frau Eigentum ihres Vaters war und dieses Eigentum durch Zahlung eines Brautgeldes an den Vater auf den Ehemann übergegangen war. Die neue, auf Landwirtschaft basierende Wirtschaft veränderte das politische Denken der Menschen und auch ihre spirituelle Orientierung. So wurde auch die Frau ökonomisiert und von einer Göttin zum Besitz des Mannes degradiert. Aus dem Pharao wurde ein erhabener Himmelsgott, aus den Gesetzen Hammurabis die jüdischen Zehn Gebote.

Mit dem Aufkommen der Idee des einen und einzigen Gottes verlagerte sich der Schwerpunkt der Suche der Menschheit nach Erlösung und Unsterblichkeit von der Erde in den Himmel. Und so gingen die Zügel der Macht an den gewalttätigen Bruder über, der sich zum Hüter des einen Gottes und seiner Gesetze erklärte. Isis, Ischtar und Amaterasu mussten den Bauern und Kriegern weichen. So wurde die Frau zur Außenseiterin in einem von Männern dominierten wirtschaftlichen und religiösen System. Sie wurde zur Verursacherin der Sünde und sogar zur Agentin Satans, da sie in der jüdischen Schöpfungsgeschichte den Mann verführte und zur Vertreibung aus dem Paradies beitrug.

Die Juden übernahmen eines der Gesetze Hammurabis, das die Tötung einer Ehebrecherin vorsah. Allerdings sollte sie nicht ertränkt, sondern gesteinigt werden. Auch ein anderes Gesetz wurde übernommen. Die Frau musste ihr Gesicht verhüllen, nicht weil sie Prostituierte war, sondern weil sie eine Frau war. Der Islam übernahm dieselben Gesetze aus dem Judentum, weil sie gut in die Clan-Kultur Arabiens passten. Die Frau sollte ihr Gesicht bedecken und sterben, wenn sie außerehelichen Sex hatte. In Arabien achteten die Menschen auf die Reinheit ihres Stammbaums. Das Verbot des außerehelichen Geschlechtsverkehrs war ein Mittel, den Stolz des Stammes auf seine Blutlinie zu bewahren. Das Wort »Nikah« bedeutet im Arabischen sowohl »heiraten« als auch »Sex haben«. Mit dem Islam kamen arabische Krieger an die Macht, eroberten die Welt und setzten überall dort, wo sie als Eroberer herrschten, ihre Sexualmoral durch – auch in Ägypten. Damit ging die Sonne der Göttinnen unter, und die Bühne war bereitet für den gewalttätigen Mann und seine Clan-Kultur. Und so gelang es der Schimpansenkolonie trotz aller zivilisatorischen Errungenschaften immer wieder, ihre Denk- und Lebensweise durchzusetzen.

Die monotheistischen Religionen sind nicht notwendigerweise gegen Liebe oder Sex, denn der Mann braucht beide. Aber so wie sie die göttliche Liebe monopolisiert haben und sie durch die Kanäle von Angst und Schuld fließen lassen, so haben sie auch die menschliche Liebe monopolisiert und lassen sie durch dieselben Kanäle fließen. Alle Religionen wussten bereits, dass derjenige, der kontrolliert, was im Schlafzimmer geschieht, alles kontrolliert, was in der Gesellschaft geschieht. Sie erlauben Liebe und Sex, solange dies im Rahmen der Religion und unter ihrer Kontrolle geschieht. Gelegentlich werden die Gesetze zugunsten der Männer angepasst. Beispielsweise lehnt die islamische Religion Prostitution und Vergewaltigung von Frauen ab, akzeptiert aber Formen von Prostitution und Vergewaltigung, wenn sie unter dem Deckmantel der Religion stattfinden. Im Islam ist es einem Mann erlaubt, mehrere Frauen zu heiraten. Er kann auch Frauen als Sklavinnen kaufen und mit ihnen sexuell verkehren. Selbst im Krieg kann ein Mann Frauen zur Kriegsbeute machen und mit ihnen Sex haben. Im schiitischen Islam kann ein Mann eine Frau für ein paar Stunden heiraten und sich nach dem Sex sofort wieder scheiden lassen. Selbst im Paradies stehen ihm mehrere Paradiesjungfrauen zur Verfügung, um sein Geschlechtsleben abwechslungsreich zu gestalten. Im Rahmen der Religion kann ein Mann also alle seine Begierden und wilden Wünsche befriedigen, solange er sich an die Buchstaben des heiligen Textes hält.

Wenn aber ein Mann oder eine Frau außerhalb der Mauern der Religion liebt oder Sex hat, sieht er oder sie sich dem Zorn Gottes, den Sanktionen der gesamten Gesellschaft und schließlich eigenen Schuldgefühlen ausgesetzt. Das ist aus meiner Sicht das Hauptvergehen der Religionen, dass sie dafür gesorgt haben, dass sich Mann und Frau nie als gleichberechtigte Partner begegnen, sondern dass sie den Mann zum Haupt der Frau gemacht haben, wie es in der Bibel heißt, dass sie den Mann zum Vormund der Frau gemacht haben, wie es im Koran heißt, und dass sie den jüdischen Mann beten und sagen lassen: »Ich danke dir, Gott, dass du mich als Mann erschaffen hast.« Eine Frau hat in der Religion nur dann eine höhere Stellung, wenn sie wie Maria auf ihre Sexualität verzichtet.

So zerstörten die monotheistischen Religionen die natürliche, intuitive Beziehung zwischen Mann und Frau, die auf Gleichheit, Rücksichtnahme und gegenseitiger Abhängigkeit beruhte, und spalteten die Frau in eine heilige, leidende Mutter und eine sündige, verführerische Hure. Die Religionen verteufelten jede Beziehung eines Mannes zu einer Frau, die nicht seine Mutter oder Gattin ist, und schufen so einen von Komplexen und Ängsten geplagten Mann, der alle Frauen als potenzielle Verräterinnen ansieht und sich vor ihnen in Acht nehmen und sie präventiv unterdrücken muss. Diese Skepsis gegenüber der Frau findet ihren Ausdruck in Sure 4:34 des Korans, die es dem Mann erlaubt, seine Frau zu schlagen, wenn er befürchtet, dass sie ungehorsam sein wird, also noch bevor sie ungehorsam ist. Diese Skepsis hat die Beziehung zwischen meinem Vater und meiner Mutter zerstört.

Vielleicht begann die Dämonisierung der Frau und die Enteignung ihres Körpers durch die Religionen unbeabsichtigt aufgrund der Verbindung der Religion mit der politischen und sozialen Autorität und dem vorherrschenden Wirtschaftssystem, aber diese Dämonisierung und Enteignung der Frau wurde im Laufe der Zeit bewusst betrieben, um Liebe und Sex auf die Ehe als religiöse Praxis und ihren Zweck auf die Fortpflanzung und die Vermehrung der Zahl der Gläubigen in dieser Religion zu beschränken. Dahinter steht das Ziel, durch die Monopolisierung von Sex und Liebe eine gehorsame Herde zu schaffen und den Markt zu regulieren. Wer den Preis kontrollieren will, muss die Ware monopolisieren. Das ist eine ökonomische Regel, die sich bis heute bewährt hat. Deshalb muss die Familie der Frau die Unversehrtheit der Ware garantieren und sie ohne Mängel an den Käufer liefern.

Man könnte meinen, dass die westliche Frau all diese Probleme hinter sich gelassen hat, da sie nun gesetzlich dem Mann gleichgestellt ist. Sie müsse nur in einigen Bereichen mehr Gleichberechtigung einfordern, wie gleiche Bezahlung und das Recht auf sichere Räume. Tatsächlich leiden aber auch im Westen viele Frauen unter Bevormundung und Gewalt in der Familie. Laut Statistik des Bundesministeriums des Innern ist die Zahl der Fälle häuslicher Gewalt im Jahr 2022 auf 240 547 Fälle gestiegen. Das ist ein Anstieg von fast 100 Prozent gegenüber 2012. 80 Prozent der Opfer sind Frauen. Dies sind nur die gemeldeten Fälle. Die Dunkelziffer dürfte um ein Vielfaches höher liegen, da sich viele Frauen aus Angst vor weiterer Gewalt nicht trauen, Übergriffe bei der Polizei anzuzeigen.

Die Gesetze im Westen, in Deutschland, haben sich zwar geändert, aber die alten Bilder von Mann und Frau sind noch immer virulent, in denen der Mann herrscht und befiehlt und die Frau schön zu sein hat. Auch heute noch werden ihr Körper und ihre Weiblichkeit oft gegen Frauen eingesetzt, sei es am Arbeitsplatz, in der Werbung oder in ihrer Rolle als Mutter. Auch hier übt das Schönheitsideal der Männer Druck auf sie aus, sodass viele sich entweder einer Schönheitsoperation unterziehen oder an Depressionen leiden, wenn sie diesem Ideal nicht entsprechen können. Frauen werden im Netz wegen ihres Aussehens gemobbt. Und heute noch müssen Frauen Angst haben, nachts alleine spazieren zu gehen. Auch leiden nicht wenige berufstätige Frauen unter

Schuldgefühlen gegenüber den eigenen Kindern, weil sie ihnen nicht genug Aufmerksamkeit schenken. Mit der Migration kehrt auch das Patriarchat verstärkt nach Europa zurück und belebt auf westlicher Seite alte Männlichkeitsbilder, die längst verblasst schienen.

Der Feminismus hat in der Vergangenheit viel erreicht und den Frauen im Westen und weltweit immer mehr Rechte erkämpft. Vom Recht auf Arbeit über das Wahlrecht bis hin zur sexuellen Freiheit und dem Recht auf Abtreibung war der Feminismus immer freiheitlich und fortschrittlich. Doch heute geht es einem Teil des westlichen Feminismus nicht mehr um die Belange der Frauen, sondern um die Bedürfnisse sexueller Minderheiten. Für sie bleibt der Mann ein Mann, aber die Frau ist keine Frau mehr, sondern nur noch eine »menstruierende Person«. Der Vater bleibt Vater, aber die Mutter ist nur noch eine »gebärende« Person. Man könnte meinen, dass solche Bezeichnungen, die Frauen auf Menstruation und Gebären reduzieren, nur von einer kleinen Gruppe verwendet werden, aber mittlerweile findet man diese Begriffe in der Tagesschau und in Texten der Bundeszentrale für politische Bildung.

In dem Bestreben, die kleine Gruppe der Transmänner und Menschen mit Gender-Deformationen zu inkludieren, wird die gesamte weibliche Erfahrung von Frauen ausgeblendet, ja ausgelöscht. Während Frauen im Iran mit dem Ruf »Frauen, Leben, Freiheit« gegen den Kopftuchzwang der Mullahs auf die Straße gehen und dabei ihr Leben riskieren, verklären manche westliche Feministinnen das muslimische Kopftuch zum Zeichen weiblicher Selbstbestimmung. Themen wie Gewalt gegen Frauen werden von manchen Feministinnen vernachlässigt, stattdessen beschäftigt man sich mit Gendersternchen und neu erfundenen Pronomen, die die Selbstdefinition einer kleinen Minderheit unterstreichen sollen. Nach den Übergriffen auf Hunderte von Frauen in der Silvesternacht 2016/17 in Köln gab es keinen Aufschrei der linken Feministinnen. Die postkoloniale Ideologie und der Multikulturalismus waren wichtiger als die Sicherheit der Frauen. Schließlich handelte es sich bei den Tätern um »schutzbedürftige Asylsuchende«. Das war ein Rückschritt für die Frauenrechte und hatte nichts mit Toleranz und Inklusion zu tun. Es war ein Verrat an den Frauen und ein Kniefall vor dem aggressiven Patriarchat.

Ich wollte immer die Religion, die Tradition, die Wirtschaft und die Männer für die Verwandlung meiner Mutter verantwortlich machen, weil ich sie schonen wollte. Die Frage nach ihrer eigenen Verantwortung für das, was ihr widerfahren ist, habe ich ignoriert. Ich habe sie lieber als Opfer gesehen, weil ich ihr nicht böse sein wollte. Erst Jahrzehnte später habe ich mich getraut, die Frage zu stellen: Hatte sie wirklich keine Wahl? War sie nicht Teil des Deals? Ist es nicht möglich, dass auch sie Teil der Unterdrückungsmaschinerie wurde, indem sie sich mit dem Unterdrücker identifizierte, die Mauern ihres Gefängnisses als ihr Zuhause akzeptierte und den Schleier als wesentlichen Teil ihrer Identität verherrlichte?

Ja, meine Mutter machte sich mit ihren Peinigern gemein, indem sie zuließ, dass die Männer eine Mauer zwischen ihr und ihren eigenen Stärken errichteten: ihrer Klugheit, ihrer emotionalen und sozialen Intelligenz, ihrer rebellischen Natur und ihrer Fähigkeit zu lieben. Sie kooperierte mit ihnen, als sie glaubte, dass es egoistisch wäre, ihre Stärken für ihr eigenes Glück einzusetzen. Sie glaubte an die größte Täuschung, als man ihr sagte, dass die Ehre der ganzen Familie in ihrem bedeckten Haar liege, und sie begann, sich wichtig zu fühlen, als ob die Familie ihr mit dem Kopftuch einen Ehrenplatz zugewiesen hätte. Das Kopftuch, die Schuldgefühle, die soziale Kontrolle, die Angst, ausgestoßen zu werden – meine Mutter kooperierte mit den Wächtern, indem sie ihnen erlaubte, ihre Unsicherheiten und Ängste auszunutzen, nachdem sie ihren Körper als Waffe gegen sie eingesetzt hatten.

Aber der Kern dieser Komplizenschaft war ihr Gefühl, dass sie keine Freiheit, kein Glück und keine Liebe verdiente und dass sie nur im Dienst an Gott und der Familie Erfüllung finden konnte. Sie war klug genug, um zu wissen, dass in unserem Dorf etwas nicht stimmte, aber sie war nicht stark genug, um zu widerstehen. Sie war nicht stark genug, um zu begreifen, dass ihr Körper ihr allein gehörte, und dass niemand ihn ihr wegnehmen konnte, nicht der Vater, nicht der Ehemann, nicht der Sohn, nicht der Pfarrer, nicht einmal Gott selbst!

Kapitel 4

Gefangen in der Schale der Gotteskrieger: Freiheit im Namen Allahs

Das arabische Wort »hurriyya«, also »Freiheit«, habe ich im Dorf selten gehört. Erst im Sozialkundeunterricht lernten wir den Begriff im Zusammenhang mit dem Befreiungskampf gegen die Kolonialherrschaft kennen. Es ging um Freiheit als kollektives Bestreben einer Gruppe von Menschen, sich von der Unterjochung durch eine andere Gruppe zu befreien. Die einzige Erwähnung von Freiheit im Koran bezieht sich auf die Befreiung eines eigenen Sklaven als Strafe für einen Gläubigen, der aus Versehen einen Muslim getötet hatte. Von der persönlichen Freiheit eines Individuums oder gar der politischen Freiheit einer Gruppe im Sinne von Menschenrechten und Partizipation war in Ägypten nie die Rede. Auch Begriffe wie »Meinungsfreiheit«, »Antitotalitarismus« und »Selbstkritik« gehörten weder zum religiösen noch zum politischen Vokabular. Freiheit war ein Kampfbegriff, der sich vor allem gegen Israel und den Westen richtete.

Die ältere Generation in meinem Dorf war selbstbewusster, sie vermisste die Freiheit nicht, weil sie nichts anderes kannte als das traditionelle Leben mit seinen klaren Regeln, Hierarchien und Rollenvorstellungen. Die jüngere Generation hat heute mehrere Fenster zur Welt, vergleicht ihr Leben mit dem in Kairo, in den Golfstaaten und im Westen. Sie will Teil der modernen Welt mit all ihren Annehmlichkeiten sein, ist aber nicht immer dafür qualifiziert. Daher die Frustration.

Das gilt auch für die jungen Generationen im Westen. Jeder wird aufgefordert, seine Komfortzone zu verlassen, aber sobald man diese Zone verlässt, kommt die Verwirrung. Das bedeutet mehr Unsicherheit, mehr Risiko, mehr Frustration. Meine Generation in Ägypten war der Macht der Gebote ausgesetzt, im Westen leidet die junge Generation unter der Macht der Angebote. Sie muss sich ständig verbessern, den eigenen Körper durch Sport und Diät optimieren, die eigene Leistung steigern, das eigene Wissen vermehren, mehr Hobbys haben und obendrein die perfekte Karriere hinlegen. Doch Leistung allein garantiert keinen Erfolg mehr. Man muss kreativer, einfallsreicher und notfalls auch trickreicher werden, um in der »New Economy« Fuß zu fassen. In diesem harten Konkurrenzkampf und unter diesem narzisstischen Selbstoptimierungsdruck finden viele nicht den Anschluss und auch keine sozialen Strukturen, die sie auffangen und ihr Leid lindern. Aus dieser Einsamkeit und Frustration entsteht der Wunsch nach Aktivismus als Hintertür zur Selbstverwirklichung. Im Aktivismus ist nicht die Leistung das neue Mittel zum Erfolg, sondern das laute Schreien nach außen und die Konformität mit der Gruppe nach innen. So kann man ohne Universitätsabschluss und ohne Berufserfahrung zum Liebling der Medien oder gar zum Generalsekretär einer Volkspartei werden.

Ich war von vier Geboten umgeben, die mein Vater mir auferlegte: Ich sollte nach der Moral des Islam leben. Ich sollte nicht weinen, denn Männer dürfen nicht weinen. Ich sollte in der Schule der Beste sein. Und später sollte ich, wie er, Imam werden. Aber spätestens mit 14 Jahren konnte ich nicht mehr nach den Moralvorstellungen des Islam leben, weil ich meine Sexualität entdeckte und Wege finden musste, diesen sexuellen Hunger zu stillen. Im Grunde war ich wie die meisten Männer im Dorf, die nach außen hin fromme, moralische Menschen waren und nach innen alles taten, was verboten war. Lügen war die Überlebensstrategie an einem Ort, der seine Bewohner zwang, unrealistische Tugenden durch Doppelmoral zu umgehen.

Ich wollte weinen, weil ich seit meiner Kindheit eine schwere Last mit mir herumtrug, von der niemand in meiner Familie wusste. Die Unterdrückung von Gefühlen ist die logische Konsequenz eines Männerbildes, das den Mann zwingt, inmitten von Angst und Verzweiflung Stärke und Mut zu zeigen. Ich konnte nicht immer der Beste in der Schule sein, weil ich gleichzeitig den ganzen Koran auswendig lernen musste. Aber ich musste mich anstrengen, denn nichts war für mich schlimmer, als meinen Vater zu enttäuschen. Trotzdem wollte ich kein Imam werden, denn ich wollte keine Kopie meines Vaters sein, der nach außen hin ein stabiler Gelehrter war, in Wirklichkeit aber voller Zorn, Zweifel, Laster und Doppelmoral. Seine Gebete und sein Koran konnten seine unruhige Seele nicht mit Frieden erfüllen, dafür musste er sich mit Haschisch und Opium betäuben.

Ich wollte raus aus dem Dorf, die Welt sehen, ihre Schönheit und ihren Schrecken. Ich wollte nicht im Schatten meines Vaters verkümmern wie meine Mutter, denn ich ahnte, dass ich kein Schattengewächs war. Ich wollte wissen, was mein Vater nicht wusste und nie wissen konnte. Ich wusste, dass ich nicht der Ersatz oder die Entschuldigung für den Traum sein würde, den er nie verwirklichen konnte. Ich hatte eine Seele, die sich gegen die kleinen Gleichungen wehrte, die sein Leben bestimmten. Ich musste das Dorf verlassen, um meinen Vater nicht zu hassen. Ich musste das Bündnis zwischen Gott, meinem Vater und dem Clan brechen, bevor ich verstehen konnte, was Freiheit bedeutet. Ich musste frei sein vom Glauben, bevor ich verstehen konnte, was Glaube ist.

Mit 15 Jahren las ich die Zusammenfassung eines Theaterstücks, das mich zutiefst erschütterte. Es war »Doktor Faustus« von Christopher Marlowe. Die Lektüre eröffnete mir eine Welt, von der ich nichts wusste. Die Welt der Rebellion gegen Gott und seine Gesetze. Die Welt der Freiheit, ihres Preises und ihrer Grenzen. Ein Mensch, der seine Seele an den Teufel verkauft, um den von Gott gesetzten Grenzen zu entkommen. Ein ketzerischer, aber inspirierender Gedanke. Eine Welt, in der Rebellion möglich ist, muss eine wunderbare Welt sein, ganz gleich, welche Folgen die Rebellion haben mag. Rebellion, dieser geheime Pakt zwischen mir, meiner Mutter und dem verrückten Professor.

Nachdem ich »Doktor Faustus« gelesen hatte, beschloss ich, Fremdsprachen zu studieren, um mehr über diesen rebellischen westlichen Geist zu erfahren. Ich wollte Prometheus, Faust, Don Juan, Spinoza, Napoleon und Nietzsche sein. Für mich war nicht das Ziel der Reise wichtig, sondern die Reise selbst. Was, wenn ich scheitere? Was, wenn ich gebrochen zurückkehre? Was soll sein? Dann habe ich es wenigstens versucht!

Ich konfrontierte meinen Vater mit meiner Entscheidung und war überrascht, ja sogar enttäuscht, dass er nicht im Geringsten dagegen war. Ich musste ihm nicht einmal die lange Rede halten, die ich vorbereitet hatte. Er sagte resigniert und gleichgültig: »Es ist dein Leben, mach damit, was du willst.« Er entließ mich in die weite, einsame Welt der Freiheit. Ich war erstaunt, wie die bloße Bereitschaft, sich der eigenen Angst und der Tyrannei anderer zu stellen, uns so stark macht und Türen öffnet, die wir für immer verschlossen glaubten. Nur die Konsequenzen meiner Entscheidung musste ich selbst tragen.

Ich ging nach Kairo, ohne Geld und ohne Unterkunft, weil mein Vater mein Studium nicht finanzieren wollte. Ich musste als Klempnergehilfe arbeiten und in einem Zimmer ohne Fenster und ohne Möbel wohnen. Aber ich fühlte mich in diesem Zimmer sehr wohl, denn es war das erste Mal, dass ich allein war, ohne wachsame Augen, die mich beobachteten und mein Verhalten kritisierten. Als ich mein Elternhaus verließ, vermied ich es, meiner Mutter in die Augen zu sehen. Ich wollte mein Leben, das gerade erst begonnen hatte, nicht mit ihrem Leben vergleichen, das schon zu Ende war, um mich nicht noch schuldiger zu fühlen.

Aber auch in Kairo konnte ich das Leben nie wirklich begreifen, außer wenn ich an meine Mutter dachte. Ich lief durch die Straßen der Hauptstadt und stellte mir vor, wie sie in einem kurzen Rock und mit offenem Haar durch die Straßen ging, ohne sich darum zu kümmern, ob jemand über sie lästerte. Ich stand auf derselben Brücke, auf dem das Foto entstanden war, das die Freiheit für mich zum Mythos hat werden lassen. Ich breitete die Arme aus, als wollte ich meine Mutter, das Leben und die Freiheit umarmen. Nur wenn ich an meine freie Mutter dachte, konnte in mir das kindliche Einverständnis mit dem Leben erwachen.

Ironischerweise wurde meine Kindheit in Kairo vor vielen Jahren auf tragische Weise zerstört, nur wenige Meter von dem Haus meines Großvaters entfernt. Gegen den Widerstand meines Vaters setzte meine Mutter durch, dass ich den Kindergarten neben dem Haus ihres Vaters in Kairo besuchte. Eines Tages zerrte mich ein Jugendlicher in den Keller einer Autowerkstatt und zerstörte meine Unschuld für immer. Diese schreckliche Gewalterfahrung habe ich all die Jahre verdrängt, weil ich mich lieber an Kairo als Ort der Zuflucht und Erlösung klammerte. Aus dem Foto meiner Mutter am Nil hatte ich eine ganze Erzählung über Kairo gesponnen, die mit der Realität dieser Stadt nichts zu tun hatte. Die Stadt meines Traumas wurde zur Stadt meiner Träume. So sehr können wir durch unsere frühen Wünsche, Enttäuschungen und Ängste vorbestimmt sein. So unverhohlen können wir unsere Erinnerungen manipulieren und eine Scheinwelt erschaffen, um dem Schmerz auszuweichen.

Als ich mein Dorf verließ, um in Kairo zu studieren, schwor ich zunächst dem religiösen Leben meiner Eltern ab und wurde Marxist. Soziale Gerechtigkeit, Kampf gegen den Imperialismus und schöne junge Frauen aus der Mittel- und Oberschicht in Kairo, was konnte ein 17-Jähriger aus dem Dorf dem entgegensetzen? Freiheit ohne Führerschein kann aber sehr gefährlich sein.

Die sexuelle Freiheit, die ich für kurze Zeit in Kairo genießen durfte, stellte sich äußerlich als Befreiung dar, webte aber innerlich ein Netz aus Schuld und moralischen Konflikten. Die Flamme der Freiheit, die zunächst hell und verlockend leuchtete, wurde von einem Schatten verdunkelt, der meine Seele in ein Dilemma stürzte. Was äußerlich als Befreiung von gesellschaftlichen Fesseln erschien, wurde innerlich zu einem Kampf zwischen den eigenen Wünschen und den Werten und Überzeugungen, mit denen ich aufgewachsen war. Und so kam es, wie es kommen musste: Ich konnte nicht die Höhen meiner eigenen Erwartungen erklimmen, sondern stürzte ungewollt in die tiefen Abgründe meiner alten Praxis. In Kairo konnte ich zwar den wachsamen Augen meiner Dorfgemeinschaft entkommen, aber die inneren Fesseln dieser Gemeinschaft hielten mich auch aus der Ferne fest im Griff. Die Gleichung meines Lebens schien von Ängsten, Schuldgefühlen und permanenter Selbstunsicherheit geprägt zu sein. Ein endloser Kreislauf, der mich gefangen hielt und mich daran hinderte, mein volles Potenzial zu entfalten.

Es begann mit den Marxisten, aber die waren mir nicht gut genug. Sie fütterten mich mit Ideen, konnten mich aber nicht vor der geistigen Heimatlosigkeit retten. Es wurde klar, dass ich eine neue Gemeinschaft, eine neue Sippe finden musste, um diesen bedrückenden Gefühlen zu entkommen. Auf der Suche nach einem neuen Anker, der mir Halt gab, stolperte ich über die Trümmer meines alten Glaubens.

Das religiöse System, vor dem ich geflohen war, war auch in Kairo allgegenwärtig. Entfremdung, Angst, verborgene Schuldgefühle und Identitätsunsicherheit trieben mich zurück in die Hände des religiösen Clans. Die politische Unfreiheit in Ägypten ließ mich auch anders über Freiheit denken. Ich trat der Muslimbruderschaft bei und versuchte, meine Religion als Ideologie der Befreiung neu zu interpretieren. Als einzige Opposition in Ägypten erschienen mir die Muslimbrüder als die Befreier Ägyptens, die das Land aus dem Würgegriff der Mubarak-Diktatur erlösen wollten. Plötzlich war Freiheit für mich ein kollektives Unterfangen und kein individuelles Projekt mehr.

Mit den Muslimbrüdern rebellierte ich gegen den statischen, staatstragenden Islam meines Vaters und umarmte den revolutionären Islam, der das System stürzen wollte. Mit der frommen Bewegung versöhnte ich mich mit dem Kopftuch als Ausdruck der Selbstbestimmung religiöser Frauen, die ihren Körper nicht als Ware zur Schau stellen. Vielleicht wollte ich mich auch mit der Tragödie meiner Mutter versöhnen. Aber meine Mitgliedschaft in der Muslimbruderschaft war weder Befreiung noch Versöhnung. Sie eröffnete mir nur eine neue Scheinwelt als Flucht vor meinen Erinnerungen. Sie war nur ein kleines Pflaster auf meiner narzisstischen Wunde.

Auch die Muslimbrüder versuchten, meinen Willen zu brechen und meine Individualität auszulöschen. Für sie war ich nur das Mittel, nicht der Zweck. Die Bewegung war nichts anderes als eine Kopie des Systems in meinem Dorf und eine religiöse Kopie von Mubaraks System. Die Führer der Bruderschaft nahmen ihre Anhänger gefangen, verlangten blinden Gehorsam und boten ihnen nur die Illusion der Befreiung. Das wurde mir klar, als ich ein Sommerlager der Muslimbrüder in der östlichen Wüste Ägyptens besuchte.

Der Lagerleiter teilte uns in kleine Gruppen ein und gab jedem eine Orange. Wir sollten einen langen Marsch durch die Wüste machen, bevor wir die Orange essen würden, sagte er. Jede Gruppe hatte einen Gruppenleiter, der den Marsch überwachte. Unser Gruppenleiter sagte immer wieder: »Der Weg ist lang, aber die Belohnung ist süß.« Ich dachte, der ganze Marsch sei eine Anspielung auf das Leben eines frommen Menschen, das von Entbehrungen, Opfern und Leiden geprägt ist, aber am Ende mit dem Paradies belohnt wird. Die Orange stand wohl für die süßen Früchte des Paradieses, dachte ich. Doch nach einem zweistündigen Marsch in der Hitze befahl uns der Gruppenleiter, auf die Knie zu gehen, die Orange zu schälen, die Frucht im Sand zu vergraben und die Schale zu essen. Ich fand diese Anweisung seltsam und zögerte, aber als ich mich umsah, sah ich, wie alle mit zufriedenen Gesichtern die Schale aßen. Ich tat es ihnen gleich, aber ich spürte die Bitterkeit im Hals und hatte das Gefühl, dass ich diesen bitteren Geschmack nie wieder loswerden würde.

An diesem Tag wurde mir klar, dass ich in die gleiche Falle getappt war wie das Dorf. Die Muslimbrüder unterschieden sich kaum von meiner Dorfgemeinschaft. Eine Gruppe von Männern errichtete eine Schimpansenkolonie, schuf Regeln und Kontrollmechanismen, die jeder zu befolgen hatte, ohne deren Sinn zu hinterfragen. Wer sich nicht an die Regeln hält, wird entweder aus der Gruppe ausgestoßen oder von inneren Schuldgefühlen geplagt. Auch diejenigen, die die Schimpansenkolonie verlassen, weil sie deren Regeln nicht akzeptieren, werden von Angst, Unsicherheit und Schuldgefühlen heimgesucht. Das liegt daran, dass alle Schimpansen in der Kolonie in dem Glauben erzogen werden, dass sie nur in der Kolonie überleben können und deshalb scheitern werden, wenn sie diese verlassen. Sie werden nicht als Individuen mit eigenen Bedürfnissen und Meinungen erzogen, sondern als Teil einer Masse, die ohne die Solidarität und Anerkennung der Gruppe keinen Wert hat. Das ist der Grund, warum ich nach einer kurzen Zeit der Rebellion wieder in eine religiöse Gruppe eingetreten bin, um die Welt, die ich als Kind kannte, wiederherzustellen.

Aber mit der Zeit merkte ich, dass ich in eine Falle getappt war. Ich erkannte, dass die Ziele der Bewegung und die Mittel, mit denen sie erreicht wurden, nichts mit meinen wahren Bedürfnissen als junger Mann zu tun hatten. Nicht nur ich, sondern auch Gott war für die Mitläufer das Ziel und für die Anführer das Mittel, um mehr Macht und Geld anzuhäufen. Als ich die Orangenschale aß, dachte ich an den Schleier meiner Mutter. Die Schale und der Schleier stammen aus derselben Welt und erfüllen dieselbe Funktion: Sie brechen die Individualität des Menschen, züchtigen ihn, damit er ein gehorsames, unkritisches Wesen wird. Beide umhüllen den Geist und demütigen den Freiheitssinn.

Kapitel 5

Gefangen in der Psychiatrie und im buddhistischen Tempel: Von der inneren zur äußeren Flucht

Als ich nach Deutschland kam, wurde ich nicht automatisch ein freier Mensch, denn die Freiheit ist wie ein Auto, und ich hatte weder einen Führerschein noch kannte ich die Verkehrsregeln noch hatte ich ein Ziel. Um die Freiheit zu beherrschen, musste ich viel über mich und meine Herkunft nachdenken. Die Deutschen nörgeln gerne über sich selbst, und das kann ansteckend sein. Aber auch hier stolperte ich über meine alten Gewohnheiten: Schuldgefühle und Angst. Mir fehlten Halt und Orientierung. Ich stand da wie ein einsames Schilfrohr. Der Wind war eisig und meine Gedanken rasten. Alle Tore der persönlichen Freiheit standen mir offen, aber je mehr ich von den verbotenen Früchten des Westens (Sex, Alkohol, ketzerische Gedanken etc.) kostete, desto größer wurden meine Schuldgefühle. Mal ging ich in die Kneipe, mal in die Moschee. Deutschland hatte mich verführt und verwirrt, das war meine Schlussfolgerung.

In Wirklichkeit war ich nicht gut auf Deutschland und die Freiheit vorbereitet. Ich kam mit Idealen und Erwartungen im Kopf, die sich bald in Enttäuschung verwandelten. Ich trug einen schweren Sack und hatte Angst, ihn zu öffnen. Aber Deutschland hat mich dazu gezwungen. Die Freiheit hat mich dazu gezwungen, zu einem hohen Preis. Ein Jahr nach meiner Ankunft in Deutschland brach ich zusammen und war monatelang in psychiatrischer Behandlung. In der Psychiatrie habe ich viel über mich, über Ägypten und über Deutschland nachgedacht. Mir wurde klar, dass jeder von uns drei mit seinen eigenen Fesseln der Vergangenheit zu kämpfen hat. Jeder von uns ist im Trauma seiner Vergangenheit gefangen, und jeder von uns muss sich aus der Grube befreien, die wir auf der Suche nach uns selbst gegraben haben, bevor wir darin verschüttet wurden.

Ich habe sehr schnell begriffen, dass Europa das Mittelalter nur durch Vernunft, Neutralisierung der Macht der Religion und Selbstkritik überwinden konnte. Die größte Errungenschaft der Aufklärung war, dass sie die Menschen in die Lage versetzte, sich von ihrer eigenen Herkunft und Gruppendynamik zu distanzieren. Individualität, das, was einen Menschen von einem anderen unterscheidet, hat die geistige Entwicklung Europas entscheidend geprägt. Der Weg aus der Finsternis des Mittelalters in die Blüte der Moderne wurde bestimmt durch das unerbittliche Streben nach Wissen, durch Erkenntnistheorie und das dynamische Zusammenspiel unterschiedlicher Ideen. In dem Maße, in dem Europa den Wettstreit der Ideen aufnahm und Institutionen des Wissens schuf, trat es aus dem Schatten der Unwissenheit in das strahlende Licht des Fortschritts.

Um mich herum in der Psychiatrie gab es aber auch viele Patienten, die mit der Freiheit und dem Gedankengut der Aufklärung aufgewachsen waren und dennoch den Verstand verloren hatten. Rationalität ist wichtig, aber sie schützt den Menschen nicht vor seiner eigenen Zerbrechlichkeit. Moderne und Aufklärung haben auch eine Schattenseite, die oft übersehen wird. Die Ideen, die Europa vorangebracht haben, führen, wenn sie institutionalisiert werden, zu unsichtbaren Mauern, die den Geist einschränken. Diese Barrieren manifestieren sich in verschiedenen Bereichen – in der Politik, im Wirtschaftssystem, in akademischen Institutionen und sogar in der Praxis der Psychiatrie.

Monatelang kämpfte ich mit der bürokratischen Schulmedizin, die mir eine falsche Diagnose nach der anderen stellte. Mal lautete die Diagnose »Psychose«, mal »Borderline-Persönlichkeitsstörung«, mal »bipolare Störung«. Jedes Mal musste ich meine

Medikamente wechseln, ohne dass es mir besser ging. Während dieser Zeit wurde ich mehrfach eingesperrt. Gefangen in einem Zimmer auf einer psychiatrischen Station, das ich nicht verlassen durfte. Gefangen in meinem alten Trauma, das ich jahrelang erfolgreich verdrängt hatte, das ich aber nicht mehr kontrollieren konnte. Gefangen in meinem eigenen Kopf, der schnell destruktive Gedanken produzierte, die meine ganze Existenz als Farce interpretierten. Gefangen in einer neuen Sprache, die nicht ausreichte, um meinen Gesprächspartnern mitzuteilen, was ich wirklich dachte und fühlte. Gefangen in der Angst, nach Hause zurückkehren zu müssen wie der verrückte Professor, gescheitert und gebrochen, ohne ein einziges Ziel erreicht zu haben.

Nach meinem mehrmonatigen Aufenthalt in der Psychiatrie beschloss ich, Deutschland zu verlassen. Nach Ägypten wollte ich aber nicht zurück. Ich ging nach Japan und begann dort Japanologie zu studieren. Warum gerade Japan? Das weiß ich bis heute nicht. Wahrscheinlich war ich auf der Suche nach einer Kultur, die weder der islamischen noch der westlichen ähnelt. Ich hoffte auf eine Kultur der Harmonie und Ruhe, wie sie mir die japanischen Gärten in Deutschland suggerierten. Eine Welt des Zen-Buddhismus und des Einsseins mit sich selbst. Ich floh vor der Überforderung der Moderne und der Fragmentierung meines Ichs in ein Land, das mich heilen sollte.

Doch was ich in Japan vorfand, war eine durch und durch ökonomisierte, extrem materialistische Gesellschaft, die mit Arbeitsstress, Alkoholismus, unterdrückten Gefühlen und der Ungleichheit zwischen Männern und Frauen zu kämpfen hatte. Ich fand in Japan auch eine hierarchische Schimpansenkolonie vor, in der die Menschen Angst vor Autorität in der Arbeitswelt haben. Die freiwillige Unterwerfung der Japaner hat mich nachdenklich gemacht. So wie die Deutschen Hitler verehrt und seine Autorität nicht infrage gestellt hatten, so verehrten die Japaner den Tenno und betrachteten ihn als Gott. Wie die Deutschen haben auch die

Japaner Demokratie und Freiheit nicht selbst erkämpft, sondern von den Amerikanern geschenkt bekommen. Doch anders als die Deutschen weigerten sich die Japaner, das dunkle Kapitel ihrer Geschichte aufzuarbeiten und bei den Chinesen und Koreanern für die Kriegsverbrechen um Verzeihung zu bitten.

Japaner sind Meister im Verdrängen. Sie sprechen ungern über ihre Geschichte und zeigen selten Gefühle. Tagsüber stürzen sie sich in die Arbeit, abends gehen sie trinken oder amüsieren sich in Nachtclubs. Viele der Studentinnen, die ich an der Universität traf, arbeiteten nachts im Mizu Shobai. Damit ist das Nachtleben gemeint, in dem junge Frauen als Hostessen, Stripperinnen oder Prostituierte arbeiten. In Japan jobben rund zwei Millionen Frauen in diesem Milieu. In der Industrie, im Bankwesen und im Handel gibt es dagegen nur wenige Frauen. Wie es um die Freiheit in Japan bestellt ist, wurde mir an zwei Szenen deutlich. Eine Frau saß mir im Zug gegenüber und schminkte sich. Plötzlich schrie der Mann neben mir sie an und sagte »Shitsurei«, also »Du bist unhöflich«. Die Frau hörte sofort auf, entschuldigte sich und schaute während der ganzen Fahrt zu Boden. Ihr gebrochener Blick erinnerte mich an die Frauen in meinem Dorf, die ihre Schuhe auszogen, bevor sie an den Männern vorbeigingen. Verblüffend war, dass der Mann, der sie beschimpfte, ein Manga-Pornoheft las und es nicht als unhöflich gegenüber der Frau und den Minderjährigen im Zug empfand.

Auf einer anderen Zugfahrt beleidigte ein Mann eine Frau, die einen Kinderwagen schob. Er sagte ihr, dass die Züge überfüllt seien, weil die Leute um diese Zeit zur Arbeit fahren, und dass sie bis zur Mittagszeit warten solle, um mit ihrem Kind Besorgungen zu machen. Auch hier wehrte sich die Frau nicht, sondern saß stumm in ihrem Sitz und blickte während der gesamten Fahrt auf den Boden. In beiden Situationen war ich derjenige, der wütend wurde, weil die Frauen sich nicht gewehrt hatten. In beiden Situationen sah ich meine junge Mutter, die sich für die Sicherheit und Anerkennung der Männer und gegen die Freiheit entschieden hatte.

Die einzige Person, die ich in Japan als frei bezeichnen würde, war ein Einsiedler, der in einem Zimmer lebte, keine Krankenversicherung und keine Kreditkarte besaß. Er war früher ein erfolgreicher Architekt, der bei dem großen Erdbeben 1995 alles verloren hatte: Haus, Büro und Familie. Daraufhin beschloss er, aus dem kapitalistischen System auszusteigen und ein einfaches Leben zu führen, ohne Besitz, ohne Arbeitsstress und ohne Verlustängste. Er erinnerte mich an den verrückten Professor aus meinem Heimatdorf und war für mich genauso inspirierend. Durch ihn lernte ich viel über Zen-Meditation und verbrachte viele Wochen in buddhistischen Tempeln.

Aber erst in einem Tempel in Kyoto wurde mir klar, dass ich sowohl Japan als auch Deutschland als Mittel benutzte, um meinen inneren Kämpfen zu entkommen, so wie ich mich früher an die Muslimbruderschaft gewandt hatte, um Trost zu finden. Ich erkannte, dass ich ständig eine Welt gegen eine andere eintauschte, auch wenn ich glaubte, nach Freiheit zu streben. Ich habe auch gelernt, dass es keine Lösung ist, sich dem Leben zu entziehen. Ich habe gelernt, dass die Lösung nicht in einem Land oder an einem bestimmten Ort liegt, sondern in mir selbst. Ich musste lernen, Deutschland weder zu idealisieren noch zu verteufeln. Ich musste lernen, die Ambivalenzen und Widersprüche moderner Gesellschaften auszuhalten, ohne mich von ihnen vereinnahmen zu lassen. Ich habe mich entschieden, nach Deutschland zurückzukehren und zu beenden, was ich begonnen hatte: mein Studium und meinen Selbstfindungsprozess. Ich werde mich selbst weder in einer Universität noch in einem Tempel finden, sondern in meinen verdrängten Erinnerungen, in meinem freien Denken und im Schreiben.

In meinen Büchern habe ich jedes System kritisiert, das die Individualität einer größeren Sache opfert und seine Bürger zur

Unterwerfung zwingt, manipuliert oder verführt. Ich habe versucht, ein Gleichgewicht zwischen Individualismus und Verantwortung gegenüber dem Kollektiv zu finden, denn eine verwahrloste Individualität führt zu mehr Orientierungslosigkeit und Unzufriedenheit, die radikalen Ideologien Vorschub leistet, und ein starkes Kollektiv, das die Bedürfnisse des Einzelnen ignoriert, hemmt seine Kreativität und zwingt ihn zu Lügen oder zur Billigung von Gewalt. Fortschritt ist heikel, weil er immer neue Bedürfnisse schafft, die er nicht befriedigen kann. Freiheit ist heikel, weil sie uns nicht von der Last der Entscheidung befreit, wenn wir uns selbst gegenüberstehen. Wir müssen daher aufpassen, dass das Streben nach Wissen und Freiheit nicht zu einem Instrument der Unterdrückung wird. Wir müssen uns davor hüten, den Splitter in den Augen der anderen herausziehen zu wollen, während uns der Balken vor unseren eigenen Augen die Sicht versperrt.

Ich begann zu schreiben. Das erste Buch war meine Autobiografie, in der ich mir zum ersten Mal erzählte, was ich keinem Psychiater erzählen konnte, nämlich was mir in meiner Kindheit widerfahren war. Ich schrieb über meine Mutter und meinen Vater und über meine Zeit in der Psychiatrie. Es folgten viele Bücher über den Islam und seine Auswirkungen in der islamischen Welt. Mit jedem kritischen Buch, das ich über den Islam schrieb, rebellierte ich gegen das System, das mich von meiner Mutter und meinem wahren Selbst getrennt hatte. Ich wollte meine Mutter rächen, aber meine Rebellion verletzte auch sie, weil sie verhinderte, dass wir uns voneinander verabschieden konnten.

Kapitel 6

Gefangen im Erlösungswahn: Europa zwischen Adams Sünde und Prometheus' Feuer

In der Dorfschule habe ich kaum etwas über die Geschichte Europas gelernt. Für uns war Europa nur die imperiale Macht, die die arabischen Länder immer wieder angegriffen und ausgebeutet hat. Die Kreuzzüge, die Kolonialzeit und die Gründung Israels haben uns drei narzisstische Wunden zugefügt, die unser Verhältnis zum Westen bestimmen. Unsere Traumata haben unseren Blick auf Europa geprägt. In unseren Schulbüchern stand kein Wort über die europäische Geistesgeschichte und die Aufklärung. Die Machthaber in den arabischen Ländern haben bewusst eine intellektuelle und psychologische Mauer zwischen uns und dem Westen und seinen Ideen errichtet. Vor allem die Auseinandersetzung mit der Idee der Freiheit wurde uns verwehrt, denn welcher Diktator will schon, dass seine Untertanen mit Demokratie, Menschenrechten, Partizipation und Meinungsfreiheit vertraut werden?

Obwohl wir in der Schule Philosophie hatten, lernten wir nichts über Aristoteles, Francis Bacon, Spinoza, Kant, Voltaire, Hegel, Marx, John Stuart Mill, Nietzsche, Hannah Arendt, Simone de Beauvoir und Sartre. Wir lernten die Gedanken der muslimischen Philosophen des Mittelalters kennen, die eigentlich Theologen waren, die Philosophie mit Theologie und Gnosis vermischten, um die Vernunft zu islamisieren und die Wissenschaft zu vergeistigen. Ihr größtes Verdienst war jedoch, dass sie die Werke der antiken griechischen Philosophen, Mathematiker und Mediziner ins Arabische übersetzten und so den späteren Transfer dieses

Wissens nach Europa sicherstellten. So profitierte Europa mehr von den muslimischen Philosophen als die Muslime selbst.

1989 begann ich mein Studium der englischen und französischen Literatur in Kairo. Es war ein schicksalhaftes Jahr: Der Fall der Berliner Mauer, der Sturz des Diktators Stroessner in Paraguay, der Sturz und die Hinrichtung des rumänischen Diktators Nicolae Ceausescu, der Studentenaufstand in China und das Massaker auf dem Platz des Himmlischen Friedens sowie die Todes-Fatwa gegen Salman Rushdie gaben mir das Gefühl, dass meine Generation nicht nur Zeuge eines Wendepunktes in der Weltgeschichte sein, sondern auch dazu beitragen würde, diesen Wendepunkt herbeizuführen. Es war das Jahr der Freiheit, des Fanatismus und der großen Träume. Die Freilassung Nelson Mandelas aus dem Gefängnis im Februar 1990 inspirierte uns und ließ uns auf bessere Zeiten in der Welt hoffen. Doch in Ägypten gab es nicht einmal den Hauch einer Veränderung. Diktator Mubarak hatte seine Macht am Nil gefestigt, die Zivilgesellschaft war entpolitisiert, die Muslimbrüder galten als einzige Opposition. Mir blieb nichts anderes übrig, als die Revolution in Büchern zu suchen.

Während meines Studiums beschäftigte ich mich mit den Werken der großen europäischen Philosophen. In dieser Zeit gewann ich einen tiefen Einblick in die europäische Geschichte und war fasziniert von der Aufklärung. Die Französische Revolution von 1789 war für mich die erste politische Manifestation der Aufklärung. Es war fast magisch, dass ich 1989 begann, über die Französische Revolution und die Aufklärung zu lesen, 200 Jahre nach dem Ereignis, das Europa für immer verändert hat, und in dem Jahr, in dem weltweit große politische Umwälzungen stattfanden. Mir wurde klar, dass die Aufklärung viel mehr ist als philosophische Ideen. Sie ist eine Bewegung, die nicht erst im 18. Jahrhundert begann, sondern deren Wurzeln bis ins antike Griechenland zurückreichen. Sie ist nicht nur ein Produkt Europas, sondern das

Kind einer alten Zivilisation, die man eher als östlich denn als westlich bezeichnen kann. Das antike Griechenland war eine östliche Zivilisation, die erst im 18. Jahrhundert als europäische Kultur beansprucht wurde. Griechische Philosophie, Mathematik, Astrologie und Medizin wären ohne das Wissen der alten Ägypter undenkbar. Ohne die Araber und Perser des Mittelalters wäre das Wissen der Griechen nicht nach Europa gelangt.

Der Westen war schon immer ein kluger Räuber, der es verstand, sich die Reichtümer und Ideen anderer anzueignen und sie zu veredeln. Der Louvre in Paris, das British Museum in London und das Pergamonmuseum in Berlin sind die besten Beispiele dafür. Der Westen hat sogar das Christentum aus dem Orient importiert und seine eigene Version davon gemacht. Man könnte auch sagen, dass das Abendland seine Identität erst durch das Christentum gewonnen hat. Mal machte der Westen das Christentum zur Herrschaftsideologie des Römischen Reiches, mal führte er in der Reformation eine Revolution gegen diese herrschende Ideologie an, und schließlich zähmte er diese Religion zu einer zahnlosen Version, die in einer säkularen Gesellschaft ihren Platz hat. Die Kernidee des Christentums war die Nächstenliebe, aber diese Idee konnte die Inquisition, die Kreuzzüge und die Religionskriege nicht verhindern. Die Kernideen der Aufklärung waren Rationalität und Toleranz, aber diese hehren Ideen konnten Kolonialismus, Rassismus, zwei Weltkriege und den Holocaust nicht verhindern. Aber es gab drei Dinge in Europa, und nur in Europa, die diese Ideen im Laufe der Zeit verfeinert und verbessert haben: Erkenntnistheorie, Dialektik und Selbstkritik.

Noch bevor ich meinen Fuß auf europäisches Terrain gesetzt hatte, war mir klar, dass die Stärke des alten Kontinents darin bestand, die Evolution des Denkens durch den Wettbewerb der Ideen, durch Kritik und Selbstkritik zu ermöglichen. Die zentrale Idee, die den Fortschritt im Westen ermöglichte, war die Idee der Freiheit. Und das war lange vor John Stewart Mill.

Die Geburt der Philosophie in Griechenland entsprang dem Schoß der Mythologie und schuf eine Oase für eine grenzenlose Vorstellungskraft, die aus dem Reich der Götter, Menschen und Titanen zeitlose Ideen hervorbrachte. Der Mythos von Prometheus, der durch das gestohlene Feuer Wissen und Freiheit symbolisiert, ist der erste Vorbote der Aufklärung und des Strebens nach Freiheit. Die Parallele zwischen Prometheus und der biblischen Erzählung von Adam und Eva macht einen wesentlichen Unterschied deutlich. Während Letztere von Sünde, Strafe und Reue durchdrungen ist, betont die Prometheus-Geschichte die befreiende Kraft des Wissens und das Streben des Menschen nach Unabhängigkeit von göttlichen Zwängen. Die Geschichten von Adam und Prometheus sind zwei Geschichten über die Grenzen und den Preis dieser Freiheit. In beiden Geschichten geht es um Erlösung, aber die Erlösung Adams musste von außen kommen, indem er sich Gott hingab, während die Erlösung des Prometheus von innen kommen musste, um den Preis, die Götter und die alten Regeln infrage zu stellen. Auf Adam musste später ein Jesus folgen, der mit seinem Blut die Menschen erlösen sollte. Auf Prometheus musste später die Aufklärung folgen, um die Menschen von Angst und Bevormundung zu emanzipieren. Die Geschichte Adams ist eine Geschichte des Gehorsams und der Reue, eine Geschichte der Rückkehr in die Sippe, während die Geschichte des Prometheus eine Geschichte der Rebellion und der Selbstfindung als Individuum ist, eine Geschichte des Ausbruchs aus Autorität, Hörigkeit und Schweigen. Man könnte sagen, dass die Geschichte des zivilen Ungehorsams mit Prometheus begann.

Die 95 Thesen Martin Luthers waren eine religiös-fundamentalistische Variante des Feuerstehlens an den Göttern der katholischen Kirche. Auch wenn die Reformation neue Zwänge schuf und sich teilweise gegen den Humanismus wandte, bleibt sie eine wichtige Etappe in der europäischen Geistesgeschichte. Immanuel Kants Begriff der Aufklärung als »Ausgang des Menschen aus seiner selbst verschuldeten Unmündigkeit« hat seinen Ursprung in der Reise des Prometheus. Kants Aufruf »Sapere aude!« an den Menschen, den Mut zu haben, sich seines eigenen Verstandes zu bedienen, schlägt eine philosophische Brücke von Prometheus zu John Stuart Mill, Nietzsche, Sartre, Hannah Arendt und Simone Weil, die als Nachfahren von Prometheus angesehen werden können.

Die europäische Aufklärung, ein Kind des Dreikampfes zwischen Kaiser, Papst und Bürgertum, entstand aus der gesellschaftlichen Dynamik des Mittelalters, die bereits die Renaissance hervorgebracht hatte. Sie entsprang dem prometheischen Forschergeist, der sich nicht nur die Erde untertan machen, sondern auch die Natur und die Entwicklung der Lebewesen verstehen wollte. Die Aufklärung, ein Produkt der kopernikanischen Wende, stellte traditionelle Überzeugungen infrage, gestaltete die soziale und intellektuelle Landschaft der Welt neu und brachte die industrielle Revolution hervor.

Dieser Transformationsprozess, der von Irrwegen und Korrekturen gekennzeichnet war, führte zu politischen, wirtschaftlichen und sozialen Veränderungen. Die Aufklärung war nicht nur ein Bündel von Ideen, sondern wurde zu einer politischen, wissenschaftlichen und sozialen Praxis. Die Aufklärung ist jedoch kein statisches Kapitel der Geschichte, sondern ein fortlaufender Prozess, der immer gepflegt und geschützt werden muss, um Rückschritte zu vermeiden. Man darf nicht vergessen, dass auch der Kommunismus und die Rassenideologie Nebenprodukte der Aufklärung waren. Aufklärung ist aber keine dogmatische Idee, sondern die ständige Mutation von Ideen, die sich in der Auseinandersetzung mit anderen Ideen und neuen Realitäten behaupten und verbessern müssen.

Aufklärung ist keine Theorie, sondern eine Lebens- und Geisteshaltung, die von Erfahrung, Vernunft und Erkenntnistheorie geprägt ist, einschließlich religiöser Toleranz und ständiger Reform alter Überzeugungen. Die Aufklärung garantiert Religionsfreiheit und religiöse Vielfalt, die in keiner Religion garantiert sind. Sie erlaubt nicht nur Kritik an der Religion, sondern auch an der Aufklärung selbst, weil sie nicht will, dass Gedanken unhinterfragt von einer Generation an die nächste weitergegeben werden. Alles, was der Vernunft, der Wissenschaft, der Meinungsfreiheit oder den Menschenrechten widerspricht, muss hinterfragt und kritisiert werden, sonst stagnieren Wissen und gesellschaftliche Dynamik.

Man kann bestimmte Aspekte und Haltungen der Aufklärung zu bestimmten Zeiten kritisieren, und das ist selbst ein Teil der Aufklärung. Denn nichts ist über Kritik und Infragestellung erhaben, auch nicht das aufklärerische Denken selbst. Das ist der entscheidende Unterschied zwischen Prometheus und Adam. Adam steht für die Bewahrung der Tradition und die Weitergabe der gleichen Ideen an die nächsten Generationen, während Prometheus die Revolution gegen das alte System wagt und die Menschen von der Last der Hierarchie, des Gehorsams und der Wiederholung befreit. Adam bürdet seinen Nachkommen eine alte Schuld auf, die sie nicht auf sich geladen haben, während Prometheus seine Nachkommen von der Last der Angst, der Schuld und der Ohnmacht befreit. Adam geht von der Schwäche des Menschen aus, der nur durch göttliche Erlösung gerettet werden kann, während Prometheus an die Stärken und verborgenen Potenziale des Menschen glaubt.

Im Lauf der europäischen Geschichte kam es immer wieder zu einem Tauziehen zwischen dem obrigkeitshörigen Adam-Geist und dem progressiven Freiheitsgeist des Prometheus. Noch im Mittelalter rangen die beiden Geister miteinander: Kirche gegen Kunst, Bürgertum gegen Adel. Die Dualität von Kaiser und Papst ermöglichte eine Dialektik, die für den Fortschritt wichtig war. Das Heilige Römische Reich war eine absolutistische religiöspolitische Idee, die die Entwicklung eines modernen Nationalstaates auf ihrem Gebiet verhinderte. Aber aus dem Herzen der Kirche selbst kam mit der Reformation die Gegenrevolution. Auch in der Reformation spielte der Adel eine positive Rolle. Ohne die Reformation hätte es keine Religionskriege gegeben, und ohne die Religionskriege wäre der Westfälische Friede und damit die Idee des modernen Nationalstaates nicht zustande gekommen. Ohne die Verbindung von Nationalismus und dem Traum von der Wiederherstellung einer germanischen Version des Heiligen Römischen Reiches wäre der deutsche Faschismus nicht so stark geworden. Ohne den Faschismus und den Kampf gegen ihn wäre die moderne deutsche Demokratie nicht entstanden.

Ohne die übermächtigen Götter wäre die Revolution des Prometheus nicht nötig gewesen. Ohne die absolute Herrschaft der Religion hätte es keine Aufklärung gegeben. Ohne den Kapitalismus gäbe es keinen Kommunismus. Das ist die Dialektik, die Europa und seine Geschichte einzigartig macht. Adam und Prometheus stehen für zwei Bedürfnisse, die in jedem Menschen brodeln: das Bedürfnis, Orientierung zu finden und Teil einer Herde zu sein, und das Bedürfnis, die Herde zu verlassen und seinen eigenen Weg zu gehen. Ohne die Adam-Mentalität gäbe es keine Zusammenarbeit vieler, keine verbindlichen Gesetze, keine Kontinuität. Und ohne Prometheus gäbe es keine Erneuerung, keine Überwindung alter Strukturen und Traditionen, keinen Forscher- und Erfindergeist. Beide sind wichtig, solange beide Dialektik und Wettbewerb zulassen und solange keines von beiden verabsolutiert und zur Heilsideologie wird. So wie Adam später einen Martin Luther brauchte, um seine Alleinherrschaft herauszufordern, so brauchte die Aufklärung später Adorno und Horkheimer, um auf die selten gesehene Schattenseite der Aufklärung aufmerksam zu machen.

Als jemand, der aus einer Adam-Kolonie stammt, weiß ich um die Notwendigkeit klarer Strukturen und verbindlicher Regeln, aber auch um die Notwendigkeit, diese Strukturen und Regeln infrage zu stellen. Als jemand, der die Freiheit hoch schätzt und für seine Freiheit einen hohen Preis zahlen musste, erkenne ich aber auch die Gefahr, wenn Menschen im Namen der Freiheit neue goldene Kälber schaffen und sie zu Göttern erklären. Ich rieche es, wenn im Namen der Freiheit die Freiheit in einer Gesellschaft eingeschränkt wird. Und genau das beobachte ich in den letzten Jahren verstärkt im Westen, weil immer mehr Gruppen ihre Verletzlichkeit und nicht ihre Stärke betonen und im Namen ihrer Schwäche Machtstrukturen aufbauen und andere zum Schweigen bringen.

Als ich nach Europa kam, dachte ich, der Westen hätte sich von den Vorstellungen der Erbsünde, des Schuldfetischismus und der göttlichen Erlösung befreit. Ich dachte, das Erbe der Aufklärung hätte die Menschen gegen blinden Gehorsam gegenüber Autoritäten immunisiert. Meine Erfahrungen aus 28 Jahren in Europa haben mir jedoch gezeigt, dass religiöses Denken, Angst, Schuldgefühle, Wut und Tribalismus die westlichen Gesellschaften nach wie vor beeinflussen und sich in Politik, Medien, Wirtschaft, Aktivismus und Familien manifestieren.

Da ich in einer Gesellschaft aufgewachsen bin, die von religiösen Dogmen, Stammesstrukturen, sozialer Kontrolle, Nationalismus und Moralismus geprägt ist, waren meine frühen Jahre von einem allgegenwärtigen Gefühl der Konformität und der Aufopferung individueller Freiheit für das Wohl des Kollektivs geprägt. Die Mauern, die zwischen meiner Mutter und mir, zwischen meiner Freiheit und den Erwartungen der Gesellschaft errichtet worden waren, waren mit Händen zu greifen. In dem Bestreben, mich von diesen Zwängen zu befreien, machte ich mich auf die Reise nach Deutschland, in der Hoffnung, die starren Denkstrukturen, die meine Vergangenheit bestimmt hatten, hinter mir zu lassen.

Mein Optimismus schwand jedoch, als ich feststellte, dass Europa trotz seiner Geschichte der Religions- und Weltkriege, der

Aufklärung und des Zusammenbruchs des kommunistischen Imperiums immer noch mit ähnlichen Denk- und Verhaltensmustern zu kämpfen hatte. Die politische Landschaft, der mediale Diskurs, der Aktivismus und die gesellschaftlichen Debatten waren allesamt von religiösen Kategorien, Stammesdenken und Personenkulten geprägt, wenn auch unter anderen Namen, die moderner oder fortschrittlicher klangen. Die Zwänge, denen ich zu entkommen suchte, bestanden fort, wenn auch mit einer modernen Fassade.

Als ich Mitte der 1990er Jahre nach Deutschland kam, glaubte ich, im besten und freiesten Europa aller Zeiten zu leben. Doch seit der Wende scheint die Politik den Bezug zur Freiheit verloren zu haben und driftet immer mehr in die Funktionalität ab. Viele Menschen drücken ihre Freiheit durch Konsum oder Verhinderungspolitik aus. Die Zwänge, denen die Menschen ausgesetzt sind, kommen nicht unbedingt vom Staat oder von der Religion, sondern von ihren inneren Ängsten oder Idealen. Religion mag im Alltag der Menschen eine untergeordnete Rolle spielen, aber quasireligiöse Vorstellungen bestimmen das Verhalten und die Beziehungen der Menschen untereinander. Jeder scheint von der Idee der Erlösung besessen zu sein: Erlösung der Nation, Erlösung der Umwelt, Erlösung der eigenen Minderheit, Erlösung der eigenen Identität, Erlösung durch Karriere, durch Sport, durch Ernährung oder durch Esoterik.

Der Zerfall der Sowjetunion hinterließ eine Lücke. Plötzlich war der vertraute Feind nicht mehr da, an dessen Reibung der Westen seine Konturen schärfen und seine Freiheit definieren konnte. Denn wenn man schon nicht genau weiß, wer man ist, sollte man wenigstens wissen, wer man nicht ist oder nicht sein will. Mit dem Niedergang seines Erzfeindes verlor der Westen einen Teil seiner politischen Identität und seiner ideologischen Orientierung. Dasselbe geschah mit der Schwächung der Religion durch die Aufklärung. Die Entzauberung der Welt durch die

Rationalität und die Verdinglichung des Daseins durch die Wissenschaft haben bei vielen Menschen im Westen zu einer Art spiritueller Obdachlosigkeit geführt, die nun nach Ersatzreligionen und -ideologien sucht.

Die Wiederverzauberung der Welt schien ab den 1970er Jahren nicht mehr aufzuhalten zu sein, massenmedial besonders deutlich seit den 1990ern; Romane wie »Dune«, »Harry Potter« und Filme wie »Herr der Ringe«, Sachbücher wie »The Secret« und »Das geheime Leben der Bäume« und Fernsehserien wie »Game of Thrones« belebten das magisch-religiöse Denken und die damit verbundenen Erlösungsfantasien neu. Religion wurde auch im Westen wieder zu einer politischen Kategorie. Jürgen Habermas spricht schon von einer »postsäkularen Gesellschaft«. Ich war erstaunt, wie viele Menschen in Deutschland esoterische Seminare besuchten, indische Gurus verehrten, Sekten aller Art anhingen, der Homöopathie mehr vertrauten als der Schulmedizin und den Wald als mystischen, magischen Ort betrachteten. Für meine Nachbarn in Augsburg war der sonntägliche Waldspaziergang wie ein Kirchgang. Die Romantik, die schon immer Teil der deutschen Seele war, kehrte zurück. Vielleicht war sie nie wirklich verschwunden. Auch das gehört zum Paradox der Freiheit, denn die Freiheit zwingt niemanden, sie zu umarmen.

Mir wurde schnell klar, dass die Freiheit, die man von oben bekommt, nicht so erfüllend sein kann wie die Freiheit, die man sich selbst erkämpft. Mir wurde klar, dass die Romantik in der deutschen Seele eine größere Rolle spielte als die Aufklärung. Der Rückzug ins Eigene war wichtiger als die Öffnung zur Welt. Tatsächlich war die Skepsis gegenüber der Welt immer die treibende Kraft hinter der deutschen Identität. Nach der Aufklärung kam der Rückzug in die Romantik. Nach dem Ersten Weltkrieg kam der Rückzug in den Nationalsozialismus und die Skepsis gegenüber der Demokratie. Nach dem Zweiten Weltkrieg und den Verbrechen des »Dritten Reiches« wurden Schuld und Selbstskepsis zu neuen Pfeilern der deutschen Identität. In den politischen und kulturellen Diskurs drang dieser Schuldkomplex und Selbstzweifel jedoch erst in den 1980er und 1990er Jahren ein. Nach dem Fall der Mauer, glaube ich, kam die Skepsis der Deutschen gegenüber der Freiheit selbst. Es ist paradox, aber die Freiheit kam mit den Panzern der Alliierten nach Deutschland und wurde nicht von den Deutschen selbst erkämpft. Sie kam quasi als Strafe für die Verbrechen des »Dritten Reiches«. Und sie wurde sofort als Bollwerk gegen das kommunistische Regime genutzt, das Ostdeutschland besetzte. Westdeutschland sprach von Freiheit im Sinne der Alliierten, Ostdeutschland definierte Freiheit im Sinne der Sowjets. Wie würden nun beide Seiten Freiheit definieren, wenn es keine Feindbilder mehr gäbe? Würde es überhaupt keine Feindbilder mehr geben oder würde jeder Teil seine eigenen Feindbilder reproduzieren?

Kurz nach der Wiedervereinigung brannten Asylbewerberheime und Migrantenunterkünfte in Ost- und Westdeutschland. Fast zwei Jahrzehnte später spaltet die Sarrazin-Debatte das Land in zwei Lager: Die einen machen allein die Migranten für die Probleme in Deutschland verantwortlich, für die anderen wird Sarrazin selbst zum neuen Feind. Die Verbannung Sarrazins aus dem öffentlichen Diskurs wird jedoch nicht verhindern, dass die AfD zur zweitstärksten Kraft im Land wird. Statt nach den wahren Gründen für den Aufstieg der AfD zu suchen, haben sich die Parteien der Mitte in eine Verbotsdebatte verstrickt. Die Stilisierung der AfD zum neuen Feind der Demokratie und die Verbotsdebatte haben die AfD noch stärker gemacht.

Ich dachte, dass der Westen nach dem Ende des Kalten Krieges vielleicht so etwas wie eine Atempause im Kampf um die Freiheit erlebt. Das wäre durchaus legitim und vielleicht sogar notwendig. Aber als ich die Geschichte noch einmal las, wurde mir klar, dass westliche Politik selten im Geiste der Freiheit gemacht wurde. Immer ging es um den Kampf um Ressourcen und Einflusssphären.

Wie die Skepsis gegenüber dem anderen war Freiheit ein Nebeneffekt des westlichen Erfolgs, nicht das Ziel.

»Freiheit« war der zentrale westliche Begriff im Kalten Krieg. Jeder westliche Politiker benutzte ihn als Gegenentwurf zum Kommunismus und zum sowjetischen Imperium. Die Freiheit zu verteidigen bedeutete damals, die kommunistische Ideologie überall zu bekämpfen. Während des Kalten Krieges wurde die westliche Freiheit auch am Hindukusch verteidigt. Der Westen versorgte die radikal-islamischen Mudschaheddin in Afghanistan mit Geld und Waffen und erlaubte ihnen, junge Muslime in Europa für den Kampf gegen die Sowjets in Afghanistan zu rekrutieren. Damals war der Dschihad ein Mittel im Kampf gegen die Unfreiheit. Später, nach dem 11. September 2001, musste der Westen erneut die Freiheit am Hindukusch verteidigen, diesmal gegen radikale Mudschaheddin, die die Seiten gewechselt hatten und nun Osama bin Laden gegen den Westen unterstützten. Der Islamismus wurde wahlweise zum Verbündeten oder zum Feind des Westens erklärt. Daran hat sich bis heute nichts geändert.

Im Namen der Freiheit unterstützten viele europäische Intellektuelle 1979 die islamische Revolution im Iran, weil sie sich gegen die Diktatur des Schahs richtete. Westliche Politiker hingegen unterstützten den Schah, weil er westlich orientiert war und nicht auf der Seite der Sowjetunion stand. Später, in den 1980er Jahren, stellte sich der Westen auf die Seite des Diktators Saddam Hussein im Krieg gegen den Iran, um das Gleichgewicht im Nahen Osten zu erhalten und die regelmäßige Versorgung des Westens mit billigem Öl zu sichern. Aus dem gleichen Grund wurden die Salafisten und ihre radikale wahhabitische Ideologie aus Saudi-Arabien im Westen unterstützt, um gegen die kommunistische Ideologie und die schiitische Theologie des Iran zu kämpfen. Auch die Muslimbruderschaft wurde aus dem gleichen Grund in Europa gefördert oder zumindest geduldet, weil sie den Kommunismus als gottlose Ideologie bekämpfte.

Bis heute unterstützt der Westen Islamisten im Kampf gegen das Assad-Regime in Syrien, dann unterstützt er Assads Verbündeten Iran im Kampf gegen den IS im Irak, dann unterstützt er den IS im Jemen, weil er gegen die Huthis kämpft, die wiederum vom Iran finanziert werden. In Afghanistan ist es ähnlich. 20 Jahre lang hat der Westen dort gegen die Taliban gekämpft, dann haben die US-Truppen 2021 in einer Nacht- und Nebelaktion das Land verlassen und es den Taliban überlassen. Heute unterstützt der Westen die Taliban, weil sie dort gegen den IS kämpfen. Man erschafft Monster, lässt sie groß werden und bekämpft sie dann. Alles im Namen der Freiheit.

Mitte der 1990er Jahre begann ich in Augsburg Politikwissenschaft zu studieren. Ich war sehr neugierig auf Europa und wollte die Enkel des Prometheus aus der Nähe kennenlernen. Ich glaubte, dass der alte Kontinent Freiheit nicht mehr als Gegensatz zum kommunistischen Imperium, sondern als eigenständige politische Identität begreifen würde. Ich erwartete eine Politik der positiven Freiheit. Gefunden habe ich aber viel Unzufriedenheit, Unsicherheit und Zukunftsangst in der Bevölkerung. Vorgefunden habe ich eine Art Atempause der Freiheit, einen politischen Stillstand und lustlose Debatten über Nebensächlichkeiten. »Reformstau« war das Wort des Jahres 1997. Das war das Ende der 16 Jahre langen Ära Kohl. Man diskutierte über Rentenreform, Schulreform und Dosenpfand. Reformiert wurde kaum etwas. Die Politik vermittelte den Menschen das Gefühl, sie tue alles, damit alles beim Alten bleibt. Und so konnte sich die Bevölkerung eine Art politische Gleichgültigkeit leisten, weil man zumindest damals das Gefühl hatte, dass die Politiker genau wussten, was sie taten, und dass sie im Interesse der Bevölkerung handelten.

Der Freiheitsbegriff, den ich im Westen vorfand, war tief im Misstrauen und der Paranoia des Kalten Krieges verwurzelt. Das von John Nash im Rahmen der Spieltheorie entwickelte »Nash-

Gleichgewicht« wurde während des Kalten Krieges auf die Beziehungen zwischen dem Westen und der Sowjetunion angewandt. Die mathematische Formel sollte das Verhalten von Pokerspielern vorhersagen, die nicht miteinander kooperieren, und zeigen, wie ein Gleichgewicht erreicht werden könnte. Wenn sich jeder Spieler vorsichtig, aber egoistisch verhält und dem Gegner misstraut, kommt es zu einem Gleichgewicht, weil keiner der Spieler ein großes Risiko eingeht.[1]

Übertragen auf die Politik bedeutet dies, dass keiner der beiden Kontrahenten Atomwaffen einsetzen würde, wenn jeder vorsichtig und egoistisch die Folgen kalkulieren kann. Nash bezeichnete dieses Verhalten als »Gefangenendilemma«. Später wurde die Nash-Theorie auf die Geschäfts- und Werbestrategien von Unternehmen angewandt und hatte großen Einfluss auf die Wirtschaft im Westen. Dann dehnte sich die Theorie auf das Gesundheitswesen und die Verwaltung aus. Irgendwann bestimmte die Spieltheorie die Beziehungen der Bürger untereinander, wo ein Gleichgewicht nur erreicht werden kann, wenn sich jeder Einzelne vorsichtig, egoistisch und misstrauisch gegenüber den anderen Mitgliedern der Gesellschaft verhält. Nur wenn sich jeder Bürger in einem Gefangenendilemma befindet und kein großes Risiko eingeht, kann eine auf individueller Freiheit beruhende Gesellschaft nicht im Chaos versinken. Isaiah Berlin kommt in seinen Ausführungen zur negativen Freiheit zu einem ähnlichen Schluss.[2] Er warnt jedoch davor, dass dieses System auf Dauer nicht lebensfähig sei, denn eine Freiheit, die den Massen ohne Gegenleistung gegeben werde, gefährde sich selbst.

Auf der Suche nach Utopien versuchen Ideologien und Religionen, Verhalten, Denken und Fühlen der Menschen zu kontrollieren und sie mit Skepsis gegenüber der Außenwelt zu infizieren. Die Antwort des Kapitalismus war die Schaffung eines automatischen, sich selbst kontrollierenden Systems, das auf Egoismus und Misstrauen basiert. Hinzu kam die metaphysische Vorstellung von der unsichtbaren Hand des Marktes, die den Menschen vorgaukelt, dass eine höhere Instanz über den Markt wacht und im Interesse aller handelt. Nicht nur die Wirtschaft übernahm die Spieltheorie als Leitfaden für den Markt, auch die Politik, die Pharmaindustrie und sogar die Kulturindustrie ließen sich von Nashs Theorie inspirieren. Spieltheoretische Algorithmen bestimmen heute, welche Serien Netflix produziert. Der moderne Mensch ist zu einer Ziffer in den Wirtschaftszahlen geworden, als Konsument in der Kulturindustrie, als Kunde in der Pharmaindustrie. Und in den sozialen Medien ist er vom Konsumenten zum Produkt geworden. Er ist nichts mehr als ein paar Daten, die ihn für die Werbung interessant machen. Die Spieltheorie und nach ihr die Algorithmen der New Economy waren der neue Gott, der die Menschen beobachtet, belohnt und ihnen Erlösung verspricht. War das die Erdbeere der Freiheit, von der ich geträumt hatte? Habe ich deshalb Ägypten verlassen?

Der französische Philosoph Gilles Deleuze verwendete den Begriff »Kontrollgesellschaft«, um die Dynamik der freiwilligen Unterwerfung der Bevölkerung in modernen Gesellschaften zu erklären. Er stellte Anfang der 1990er Jahre fest, dass sich kapitalistische Gesellschaften in einem Umwandlungsprozess befinden: von Disziplinargesellschaften, in denen Macht von oben nach unten durch Repression ausgeübt wird, zu Kontrollgesellschaften, in denen Konformität primär durch Selbstdisziplinierung erreicht wird. Durch die Unterwerfung der meisten Gesellschaften und ihrer Institutionen unter die Logik des Marktes würden die Individuen immer mehr als Produkte betrachtet, die ständig optimiert werden müssten und in permanenter Konkurrenz zueinander stünden. Erst der technische Fortschritt habe diese Entwicklung möglich gemacht, so Deleuze. In einer totalen Kontrollgesellschaft verinnerlichen die Individuen die herrschenden Machtverhältnisse so weit, dass es keiner zentralen Machtinstanz mehr bedarf, um die Ordnung aufrechtzuerhalten. Die Disziplinierung erfolgt dann nicht mehr durch Strafe, sondern durch ständige gegenseitige Bewertung und Kontrolle.[3]

Die Kontrollgesellschaft ist also die logische Konsequenz der Spieltheorie des Misstrauens und des Egoismus: ein System, das seinen Bürgern misstraut und sie durch ihre eigenen Wünsche und Ängste überwacht, ohne dass die Bürger es wahrnehmen; und Bürger, die sich gegenseitig überwachen und bewerten, ohne es zu merken. Später werden Internet, New Economy und künstliche Intelligenz dieses Kontroll- und Überwachungssystem perfektionieren und eine neue, quasigöttliche Instanz schaffen, die alles über die Menschen weiß, sie kontrolliert, manipuliert und ihnen Wünsche einflüstert, die sie gar nicht haben, und Ängste schürt, für die es keinen Grund gibt. In China erreicht das technisch perfektionierte Überwachungssystem seinen Höhepunkt. Das Social Credit System (SCS) soll eine Kultur der Ehrlichkeit unter den Bürgern im Reich der Mitte fördern. In Wirklichkeit handelt es sich um ein digitales Big-Brother-System. Überwachungskameras sind inzwischen in der Lage, Bürgerinnen und Bürger, die bei Rot über die Ampel gehen, sofort zu erkennen. Sofort wird das Bußgeld vom Konto des Verkehrssünders abgebucht und der Bürger verliert SCS-Punkte. Das digitale Punktesystem ist der neue Gott in China. Wer einen Studienplatz, einen Job oder staatliche Unterstützung will, muss eine bestimmte Punktzahl erreichen. Wer sich an Demonstrationen beteiligt, verliert Punkte. Wer sich im Internet kritisch über die Kommunistische Partei äußert, verliert Punkte. Wer das »falsche« Buch liest, verliert Punkte. Wer den »falschen« Leuten in sozialen Netzwerken folgt, verliert Punkte.[4]

Vor Jahren wurde prophezeit, der Fortschritt, die sozialen Medien und die KI würden die Diktatoren unter Druck setzen und zu mehr Demokratisierung und Freiheit führen. Heute ist es jedoch so, dass die Diktaturen die digitale Welt effektiver nutzen können als die Freiheitskämpfer und Demokratieverfechter. Fake

News und wütende Posts verbreiten sich im Netz viel schneller als Wahrheiten und besonnene Analysen.

Man könnte meinen, dass wir im Westen meilenweit von diesem diktatorischen chinesischen Überwachungssystem entfernt sind, aber die Versuchung ist groß. Einem Staat, der seinen Bürgern derart misstraut, ist alles zuzutrauen. Gerade in Zeiten von Massenprotesten, Terrorismus, Kriegen, Cyberattacken, Wirtschafts- und Internetkriminalität kann ich mir vorstellen, dass der Staat mehr über seine Bürger wissen will. Das wäre die logische Weiterentwicklung der Spieltheorie. Noch ist Vater Staat nicht Gott, aber wenn die Bedeutung der Freiheit für immer mehr Bürger schwindet und immer mehr Bürger ihre Eigenverantwortung an den Staat delegieren, ist es nur eine Frage der Zeit, bis sich der Staat in der Rolle Gottes wohlfühlt. Schon heute übt der Staat zunehmend Druck auf Facebook, X (Twitter) und Google aus, unliebsame Inhalte aus dem Netz zu nehmen, wie der Rechtsanwalt Joachim Steinhöfel in seinem Buch »Die digitale Bevormundung« anhand von Fällen belegt, die er gegen die Unternehmen gewonnen hat. Dass die USA seit 2007 im großen Stil die Telekommunikation und das Internet weltweit überwachen, wissen wir spätestens seit den Enthüllungen des Whistleblowers Edward Snowden im Jahr 2013. Dass dies auch mithilfe westlicher Staaten wie Großbritannien und Deutschland geschieht, wissen wir ebenfalls. Der Totalitarismus beginnt immer mit den Bürgern, die bereit sind, sich zu unterwerfen und sich selbst zu disziplinieren.

Diese Selbstdisziplinierung wird deutlich, wenn sich die Menschen zu heiklen Themen wie Corona, Islam, Migration, dem Krieg in der Ukraine oder zum Nahostkonflikt äußern. Der Staat verbietet kritische Äußerungen zu diesen Themen zwar nicht, aber durch die gegenseitige Bewertung und Kontrolle der Bürger entstehen Einschüchterungsmechanismen, die oft nicht sichtbar sind. Man hat Angst, das Falsche zu sagen oder mit seinen Äußerungen Wasser auf die Mühlen der falschen Seite zu gießen. Sogar im Journalismus kann man bei der Diskussion dieser Themen eine Konformität feststellen, die aus dem gleichen Mechanismus der Selbstdisziplinierung entsteht.

Natürlich habe ich in Deutschland sehr viele Journalisten kennengelernt, die kompetent sind und ohne ideologische Scheuklappen schreiben. Und natürlich habe ich hier auch viele individuelle Freiheiten gefunden, von denen ich in Ägypten nur träumen konnte. Aber die Freiheit, die die Menschen selbst gestalten, die habe ich selten gefunden. Ich konnte nicht erkennen, dass die Freiheit das Leitprinzip der Politik oder der Menschen war. Sie schien eher ein Erbe zu sein, das den Kindern des Verstorbenen hinterlassen wurde, um es zu verwalten oder zu verteilen. Es war die Freiheit, die den Kindern im Garten des Hauses gegeben wird, damit die Eltern in Ruhe einen Film anschauen oder sich unterhalten können. Oder die Freiheit, die den Hofnarren im Mittelalter zugestanden wurde, um den Herrscher ungestraft zu kritisieren, ohne dass dies an den Verhältnissen etwas geändert hätte.

In den Jahren 1998 bis 2000 gab es drei Debatten, die viel über die Stimmungslage in Deutschland und Europa aussagten. Die erste Debatte drehte sich um die Einführung des Euro. Die europäischen Länder waren gespalten: Ein Teil der Bevölkerung betrachtete den Euro als das neue Feindbild, weil sie in ihm einen Angriff auf ihre nationale Identität und einen Vorboten des Wandels sahen; andere befürworteten die Einführung der europäischen Währung, weil sie sie für wichtig für die Wirtschaft und den Fortschritt hielten. Der Kampf zwischen den beiden Lagern wird in Zukunft unter neuen Vorzeichen geführt werden, zum Beispiel beim Thema Migration. Im Jahr 2000 hat die CDU in Nordrhein-Westfalen eine Diskussion losgetreten, die zeigte, dass die damals zweitgrößte Volkswirtschaft der Welt noch nicht auf der Höhe der Zeit war. »Kinder statt Inder« lautete der Wahlkampfslogan der Konservativen. Deutschland war damals ein IT-Entwicklungsland und wollte sich für den Wettbewerb um die besten Fachkräfte rüsten. Das Land warb in Indien um IT-Spezialisten, denn jeder wusste, dass die IT-Branche die Zukunft der Wirtschaft bestimmen würde. Doch die Konservativen wollten, dass deutsche Mütter mehr Kinder in die Welt setzten, statt die Fachkräfte aus Indien zu holen.

Da war sie wieder, die deutsche Skepsis gegenüber der Welt. Eine Skepsis, die historisch bedingt war, die sich aber im Kalten Krieg verstärkt hatte und die Deutschland nun eine goldene Chance verpassen ließ. Das Ergebnis dieser Kampagne war: Deutsche Mütter wurden nicht gebärfreudiger, indische Fachkräfte machten einen Bogen um Deutschland und gingen lieber in die USA oder nach England, wo sie mit mehr Respekt behandelt wurden. Und die Migration ging weiter. Statt Fachkräften kamen vor allem schlecht ausgebildete Asylbewerber in die Bundesrepublik, die zum neuen Feindbild wurden.

Ein Jahr zuvor war eine alte Debatte neu entfacht worden: »Nie wieder Krieg«. Erstmals seit dem Zweiten Weltkrieg sollte Deutschland im Kosovo wieder militärische Aufgaben im Ausland übernehmen. Nach dem Völkermord in Bosnien konnte der Westen nicht zusehen, wie sich das im Kosovo wiederholte. Also musste Deutschland mit Waffen Frieden schaffen. Ausgerechnet Grüne und SPD mussten dies gegen den Widerstand ihrer Basis in die Wege leiten. Die Friedensbewegung blieb in der Erlösungserzählung vom dauerhaften Frieden gefangen, bis 2022 Russland in die Ukraine einmarschierte. Auch hier fanden sich unter den Pazifisten mehr Menschen, die Verständnis für Putin zeigten. Die Skepsis, die die Spieltheorie der Sowjetunion entgegengebracht hatte, schlug sich nun in der Skepsis der westlichen Bevölkerung gegenüber den eigenen Politikern, ja gegenüber der Freiheit selbst nieder.

Kapitel 7

Gefangen im vorauseilenden Gehorsam: Salman Rushdie und die müde Freiheit

An der Universität habe ich Mitte der 1990er Jahre Politikwissenschaft und englische Literatur studiert. Ich wollte den Kontakt zu Philosophie und Literatur nicht verlieren, da dies mein erster Zugang zu Europa war und ich seit meiner Ankunft in Deutschland wenig gefunden hatte, was mich an diese ruhmreiche Geistesgeschichte erinnerte. Die politischen Seminare waren langweilig. Es ging hauptsächlich um Parteiensysteme, nicht um Demokratie als Geisteshaltung und Alltagspraxis. Es ging auch um die Osterweiterung der NATO, was ich nicht verstand. Schließlich war die NATO als Gegengewicht und Abschreckung gegen die Sowjetunion gedacht. Warum sollte sie also nach dem Fall des Eisernen Vorhangs und der Demokratisierung Osteuropas erweitert oder gar beibehalten werden? Ist das nicht eine Provokation gegenüber Russland, das nicht mehr als Feind betrachtet wird? Inwieweit ist das eine Politik im Interesse von Frieden und Freiheit? Sagt nicht die Spieltheorie, dass Gleichgewicht und gegenseitige Skepsis zwischen den beiden Kontrahenten zu einem besseren Ergebnis führen, weil keiner ein großes Risiko eingeht?

Im Literaturseminar diskutierten wir Salman Rushdies Roman »Die satanischen Verse« und die Reaktionen darauf in der islamischen Welt und im Westen. Mein Professor kritisierte die literarische Qualität und meinte, das Buch sei eine unnötige Provokation. Es sei lediglich eine naive Erzählung von jemandem, der seinen Glaubensverlust zelebriert. Ich war schockiert über diese Einschätzung von Rushdies epochalem Werk, das ich mehrmals mit Vergnügen gelesen hatte. Mit dieser Meinung stand mein Professor in Europa nicht allein. Selbst nach der Fatwa des Ayatollah Khomeini gegen Rushdie ließen westliche Politiker und Intellektuelle den britisch-indischen Schriftsteller im Stich. Das Buch wurde als »mittelmäßig« verspottet, als ob die Freiheit der Kunst und der Meinung von der Qualität dieser Kunst oder dieser Meinung abhinge. Die ZDF-Sendung »Das Literarische Quartett« lehnte es nach der Fatwa gegen Rushdie ab, den Roman in der Sendung zu diskutieren. Der Begriff »Provokation« sollte damals auch dazu dienen, das Buch zu delegitimieren.

Deutsche Politiker distanzierten sich von Rushdie, um die Beziehungen zum Iran nicht zu gefährden. Zwei Jahre vor der Rushdie-Affäre hatte es einen Vorfall gegeben, der die deutsch-iranischen Beziehungen belastete. Es handelte sich um die ARD-Satiresendung »Rudis Tagesshow« des niederländischen Showmasters Rudi Carrell. Sie wurde am 15. Februar, dem achten Jahrestag der islamischen Revolution im Iran, ausgestrahlt. Eine Videomontage zeigte Bilder von Frauen, die ihre Unterwäsche als Geschenk für Revolutionsführer Khomeini in eine Kiste warfen. Der Clip dauerte nur 14 Sekunden, löste aber eine diplomatische Krise aus.

Die iranische Regierung verlangte daraufhin von der deutschen Regierung eine Entschuldigung für die Ausstrahlung der Sendung, als hätte sie selbst den Comedyclip ausgewählt. Der Sprecher des Auswärtigen Amtes ließ verlauten: »Wenn Dritte etwas tun, können wir das nur bedauern«.[5] Der Clip wurde als »geschmacklos« diffamiert und nicht mehr ausgestrahlt. Der Sprecher des Auswärtigen Amtes verlor damals kein Wort über die Meinungsfreiheit. Das Nash-Gleichgewicht und das Gefangenendilemma waren wieder einmal die Leuchttürme der deutschen Diplomatie. Dass Frauen im Iran nicht ohne Schleier das Haus verlassen durften, war kein Thema. Dass Khomeini Zehntausende Oppositionelle hinrichten ließ, war kein Thema. Dass Rudi Carrell nach seiner Sendung Morddrohungen erhielt, war kein Thema. Dass der Iran als Vergeltungsmaßnahme das Goethe-Institut in Teheran geschlossen und alle Flüge nach Deutschland gestrichen hatte, war kein Thema. Das einzige Problem war Carrells Satire. Das nennt man vorauseilenden Gehorsam, eine Strategie, die der Westen seit Jahrzehnten im Umgang mit Islamisten verfolgt. Das nennt man eine müde Freiheit, die nicht mehr an sich glaubt, ja, die sich selbst zur Last fällt.

Nach der Fatwa wurde Rushdie kaum noch eingeladen und musste jahrelang im Untergrund leben. Als er Jahre später eine Einladung aus Dänemark erhielt, um den Aristeion-Literaturpreis der Europäischen Union entgegenzunehmen, drohte der Iran damit, den Feta-Import aus Dänemark zu stoppen. Die dänische Regierung verweigerte Rushdie daraufhin die Einreise und lud ihn wieder aus, um die Wirtschaftsbeziehungen zum Mullah-Regime nicht zu gefährden.[6] In seinen Memoiren »Joseph Anton« schreibt Rushdie, die dänische Regierung habe damals zwischen Käse und Menschenrechten wählen müssen und sich zunächst für den Käse entschieden. Obwohl dieses Verhalten in Dänemark eine Debatte auslöste, an deren Ende Rushdie den Preis erhielt, war das Zögern der dänischen Regierung bezeichnend dafür, wie westliche Politiker mit der Frage der Meinungsfreiheit umgehen, wenn diese Freiheit einen Preis hat. Dieses Verhalten war feige, kann aber als Realpolitik verstanden werden. Schließlich werden Politiker in erster Linie gewählt, um Arbeitsplätze zu sichern und dafür zu sorgen, dass die Wähler mehr Geld im Portemonnaie haben, und nicht, um sich für einen ausländischen Intellektuellen einzusetzen.

Dass Intellektuelle und Literaturwissenschaftler im Westen Rushdies Werk zu einer infantilen Religionskritik stilisierten, war eine andere Sache. Viele von ihnen waren vom postkolonialen Diskurs beeinflusst, der Minderheiten und ihre Überzeugungen gegen den imperialen Westen verteidigte. Ein Diskurs, der Kritik am Christentum als Teil der Aufklärung, Kritik am Islam aber als bigott und rassistisch betrachtet. Andere hatten schlicht Angst, sich hinter Rushdie zu stellen, um nicht ebenfalls von Terroristen ermordet zu werden, wie Hitoshi Igarashi, der Rushdies Roman ins Japanische übersetzt hatte und dafür 1991 mit dem Leben bezahlte. Aber Intellektuelle geben im Allgemeinen nicht gerne zu, dass sie Angst haben. Sie verstecken diese Angst lieber hinter Tugenden wie Toleranz, Vielfalt oder dem Schutz von Minderheiten.

Ich war schockiert, als mein Professor Salman Rushdie vorwarf, ein naiver Provokateur zu sein. Ich habe ihm widersprochen und gesagt, dass ich Rushdies Roman für ein revolutionäres, visionäres literarisches Werk halte, das aus dem Geist der Aufklärung geboren wurde und diesen Geist heute wiederbelebt. In dem Roman geht es nicht nur um Religionskritik, sondern auch um Migration, Identität und den Einfluss religiöser Mythen auf Migranten. Es geht um die Wandlungsfähigkeit von Migranten, wenn sie sich auf die westliche Kultur einlassen. Es geht um die Radikalisierung anderer Migranten, wenn sie ihre Identitätskrisen nicht überwinden können. Es geht um die Kritik am Islamismus, der im Schatten westlicher Toleranz wächst und gedeiht. Es geht um die multikulturelle Gesellschaft, ihre Mythen und ihre Grenzen. Es geht um Zweifel an den herrschenden religiösen und politischen Narrativen. Es geht darum, einen Schritt von der eigenen Herkunft zurückzutreten, um ihre Fallstricke zu erkennen.

Und was ist Aufklärung, wenn nicht all das? Einerseits war ich begeistert, dass ich meinen Professor kritisieren konnte, was in Ägypten unmöglich wäre. Andererseits wäre es eine Beleidigung für Deutschland, es in Sachen Meinungsfreiheit mit Ägypten zu vergleichen. Von meiner Wahlheimat habe ich viel mehr erwartet. Ich war überrascht, dass ein indischer Schriftsteller sein Leben für die Prinzipien der Aufklärung riskierte, während westliche Schriftsteller, Intellektuelle und Politiker versuchten, das mittelalterliche Mullah-Regime im Iran und die Islamisten im Westen nicht zu verärgern. Rushdie verteidigte die Tradition des Prometheus, während sich westliche Intellektuelle in Adams Höhle versteckten. Erst als Salman Rushdie im Jahr 2022 in New York von einem muslimischen Fanatiker mit einem Messer angegriffen wurde und dabei ein Auge verlor, erhielt er in Deutschland die ihm gebührende Anerkennung. Erst 2023 wurde ihm der Friedenspreis des Deutschen Buchhandels verliehen, frei nach dem Motto: Nur tote oder fast tote Islamkritiker sind gute Islamkritiker, oder »Je suis Charlie«, erst wenn die Redakteure von Charlie tot sind.

Kapitel 8

Gefangen in der Toleranzfalle: Der Multikulturalismus als Herrschaftsinstrument der neuen Linken

Religionskritik, Frauenrechte, Kunst- und Meinungsfreiheit und der Schutz von Homosexuellen galten lange als genuin linke Forderungen. Doch wenn es um den Islam geht, bleiben diese Ideale im Verborgenen. Islamkritik gilt Teilen der neuen Linken dann als Islamophobie, Angriffe auf Frauen und Homosexuelle als kulturelle Eigenart, Meinungsfreiheit als mangelnde kulturelle Sensibilität und ein Theaterstück über den Propheten als blasphemisch. Der Umgang mit Salman Rushdie in Europa war ein Gradmesser für den Zustand der Freiheit im Westen. Er war ein Beweis dafür, dass die Freiheit ökonomisiert worden war. Die Rushdie-Affäre hätte Anlass für eine ernsthafte Debatte über die Meinungsfreiheit und den Umgang mit dem Islamismus im Westen sein müssen. Dasselbe sollte später mit den dänischen Mohamed-Karikaturen, dem Attentat auf den niederländischen Filmemacher Theo van Gogh und dem Anschlag auf das französische Satiremagazin »Charlie Hebdo« geschehen. Diese Debatten wurden jedoch im Keim erstickt, um die Wirtschaftsbeziehungen mit der islamischen Welt nicht zu stören und die muslimischen Minderheiten im Westen nicht zu verärgern. Unter dem Vorwand von Multikulturalismus und Toleranz wurden Rushdie, Westergaard, van Gogh und die Redakteure von Charlie Hebdo im Stich gelassen. Es wurde ihnen die Solidarität verweigert, die Künstler und Denker wie sie eigentlich verdient hätten. Erst recht im ach so freiheitlichen Westen!

Doch die Werte der Toleranz, Vielfalt und die Ideologie des

Multikulturalismus werden in Europa in Zeiten der Krise oft vergessen. Und die Freiheit geht unter, wenn die Wolken der Angst über Europa aufziehen. Der 11. September hat den Westen geschockt und für eine Weile gelähmt. Die Monster, die der Westen jahrzehntelang im Namen des Kampfes gegen die Unfreiheit in Afghanistan gefüttert hatte, nutzten die Freiheit im Westen, um im Herzen des Westens zurückzuschlagen. Genau das, wovor Salman Rushdie in seinem Roman warnte, ist Wirklichkeit geworden: Migranten, die sich der politischen Macht ihrer Religion in der Fremde nicht entziehen können, werden zu lebenden Zeitbomben.

Alle Fernsehkanäle in Europa schienen plötzlich eingeschaltet zu sein: Überall sah man stündlich die gleichen Bilder der einstürzenden Türme, überall hörte man die gleichen Aussagen von Politikern und Terrorismusexperten. Ich hörte nur Kriegsrhetorik und kaum eine politische Analyse dessen, was geschehen war und wie man darauf reagieren sollte. Ich dachte an die Täter, die mir und dem Romanhelden von Salman Rushdie sehr ähnlich waren: Studenten aus arabischen Ländern, die offensichtlich einen Kulturschock und eine Identitätskrise im Westen erlitten hatten und ihr Heil nur darin zu finden glaubten, ein Flugzeug in ein Haus aus Stahl und Glas zu fliegen. Dieses drastische Bild war bezeichnend für den Zustand unserer modernen Zivilisation. Auf diese Bilder hatte die Spieltheorie keine Antwort. Mit den Zwillingstürmen von Manhattan stürzten auch die naiven Konzepte des Multikulturalismus in sich zusammen und der Irrglaube, verschiedene Kulturen könnten friedlich nebeneinander leben, ohne über kulturelle Unterschiede zu streiten und ohne einen gemeinsamen Wertekanon zu finden.

In meinem Kopf wimmelten damals Fragen: Wie unfrei muss man innerlich sein, um den eigenen Tod und den Tod Tausender anderer als Befreiung zu empfinden? Warum haben sich die Täter radikalisiert und ich nicht, obwohl ich mit der gleichen Unsicherheit und Identitätskrise zu kämpfen hatte? Die einzige Antwort, die mir damals einfiel, war, dass ich alles infrage stellte: Überzeugungen, Gedanken, Ideologien, Menschen und sogar mich selbst. Aber um eine so schreckliche Tat zu begehen, muss man von einer Idee besessen sein, die keinen Raum für Zweifel lässt. Jedes Verbrechen beginnt mit einem Gedanken, der sich im Kopf des Täters festsetzt und eine Mauer der Gewissheit um ihn herum errichtet, damit kein Zweifel eindringen kann. Die Gewissheit ist ein Serienmörder, weil sie Absolutismus fördert, Empathie verhindert und Kritik ablehnt. Ich bin kein Terrorist geworden, weil ich jedes Denksystem, mit dem ich konfrontiert wurde, infrage gestellt und der Versuchung jeder Heilsideologie widerstanden habe. Ich habe meine Fragen und Zweifel behalten und sie nicht gegen die erstbeste Antwort eingetauscht. Ich glaubte nicht mehr an eine Erlösung durch die Außenwelt oder durch eine einzige Tat. Meine Unsicherheit, meine Frustration und meine Wut richteten sich gegen mich selbst, weshalb ich in der Psychiatrie gelandet war.

Andere versuchen, ihr Leid durch Drogenkonsum zu lindern oder sich einer höheren Sache zu widmen. Manche richten ihre Wut gegen andere, die ebenso verunsichert und frustriert sind. Radikale Ideologien aller Art verstehen es, diese verunsicherten Menschen zu rekrutieren, zu indoktrinieren und von ihrem sozialen Umfeld zu isolieren. Sie verkaufen ihnen die Illusion, Teil einer Elite zu sein, die die Welt verändern kann. Sie verwandeln ihre Unsicherheit in verbarrikadierte Gewissheit, ihre Ohnmacht in Allmachtsfantasien und ihre Wut in sozialen oder realen Sprengstoff. Ich habe mich immer gegen jede Vereinnahmung und Indoktrination gewehrt, deshalb bin ich kein Terrorist, kein Linker und kein Rechter geworden.

Aber die Ähnlichkeit zwischen mir und den Attentätern des 11. September fiel den deutschen Behörden doch auf. So wurde ich von der Augsburger Polizei vorgeladen, um zu meiner Gesinnung, meinen Reisen und meiner Einstellung zum Terrorismus befragt zu werden. Ich war über diese Vorladung sehr irritiert, denn der einzige Grund für die Befragung war, dass ich aus Ägypten stammte und dem Namen nach Muslim sein musste. Damals nannte man das »Rasterfahndung«. Einheimische deutsche Studierende wurden nicht kontrolliert, obwohl einige von ihnen Muslime waren. Heute nennt man das Racial Profiling und hält es für eine rassistische Maßnahme.

Wir ausländischen Studierenden waren damals sehr verunsichert und hatten großes Misstrauen gegenüber den Behörden, weil unsere Hochschulen, Banken und Fluggesellschaften unsere Daten ohne unsere Zustimmung an die Sicherheitsbehörden weitergaben. Die misstrauischen Blicke, die wir auf der Straße oder in der Straßenbahn ertragen mussten, ließen manche von uns daran zweifeln, ob wir in das richtige Land eingewandert waren. »Schläfer« nannte man uns, ein Vorwurf, den wir nicht entkräften konnten. Wir hatten niemanden auf unserer Seite. Es gab damals keine Antidiskriminierungsstelle, keinen Rassismusbeauftragten. Ich weiß nicht mehr, ob ich wütend war oder Angst hatte. Auf jeden Fall war ich enttäuscht, dass meine ethnische und religiöse Herkunft, von der ich mich längst distanziert hatte, nun das Wichtigste an mir war. Ich fragte mich, warum Menschen in Krisen ihre eigene Herkunft als Rettung und die Herkunft anderer als Gefahr sehen. Warum erwacht plötzlich der Höhlenmensch in uns, wenn wir Angst haben? Ich war sehr enttäuscht von mir selbst, weil ich vor dem Polizisten saß, unsicher war und das Bedürfnis hatte, mich zu rechtfertigen, als wäre ich schuldig.

Da half es auch nicht, dass ich in diesem Jahr als bester ausländischer Student der Universität ausgezeichnet wurde. Auch nicht, dass die »Süddeutsche Zeitung« mich kurz zuvor in einem großen Artikel als Sprachgenie vom Nil und Vorbild für die multikulturelle Gesellschaft gepriesen hatte. An dem Tag, als ich verängstigt vor dem Augsburger Polizisten saß, wurde mir klar, dass Multikulti nur eine sehr dünne Schicht ist, hinter der sich viel Misstrauen und Hass gegenüber Fremden in Deutschland verbirgt. Diese Schicht ist ein Luxus für Intellektuelle, den sie sich theoretisch leisten können, solange keine heiklen Themen damit verbunden sind, oder eine Art Machtinstrument für linke Politiker, um gegen die Konservativen zu punkten. Aber wenn die Angst diese dünne Schicht durchbricht, findet man nur noch die alten Stammesstrukturen und Höhlenmenschen, die vom Misstrauen gegenüber dem anderen leben. Man findet nur die Schimpansen, die ihr Territorium gegen Eindringlinge verteidigen.

Das Schreiben war in dieser Zeit das einzige Mittel gegen meine Unsicherheit und Hilflosigkeit. Ich schrieb einen Artikel über diese Hetzjagd und mahnte, gerade in diesen unsicheren Zeiten das Augenmaß nicht zu verlieren. Ich schrieb, dass die Hysterie, die damals herrschte, genau das war, was die Terroristen wollten, und dass die Rasterfahndung nicht in der Lage sein würde, den Terror zu besiegen, sondern ganze gesellschaftliche Gruppen unter Generalverdacht stellen würde. Ich schrieb, dass ich das Misstrauen in den Augen meiner Nachbarn und Kommilitonen nicht mehr ertragen könne. Ich fragte, was ich noch tun müsse, damit meine schwarzen Haare und mein Name nicht mehr als Bedrohung empfunden würden. Ich appellierte an die Deutschen, sich an die Gebote der Aufklärung zu halten: Toleranz, Rationalität und Differenzierung, und warnte davor, Muslime zu dämonisieren. Ich schrieb, dass nichts besser geeignet sei, uns durch Krisenzeiten zu navigieren, als Freiheit und Rationalität.

Ich habe meinen Artikel der »Süddeutschen Zeitung« angeboten, aber sie hat ihn nicht angenommen. Das Sprachgenie vom Nil, das multikulturelle Aushängeschild, war vergessen. Auch die »Augsburger Allgemeine Zeitung« druckte ihn nicht. Er passte nicht in die allgemeine Stimmung, die damals von Angst und Hysterie geprägt war. Ich verstand intuitiv, dass die Presse auch im Westen nur bedingt frei war. Denn in Krisenzeiten neigen die Massenmedien dazu, der Linie der Regierung und der allgemeinen Stimmung in der Bevölkerung zu folgen. Die arabischen Studenten im Herbst 2001 zu verteidigen, wäre wohl zu viel des Guten gewesen. Lieber sprach man von der Gefahr, die von ihnen ausging. Schließlich hatten einige der Täter in Deutschland studiert und galten als nette, westlich orientierte Menschen, bevor sie sich radikalisierten. Genau aus diesem Grund hörte ich auf zu lamentieren und beschloss, das Thema meiner Magisterarbeit zu ändern. Das neue Thema war die Radikalisierung junger Muslime im Westen. Ich wollte meine Lethargie bekämpfen und warnte mich selbst, den Westen durch die gleiche Brille zu betrachten wie meine ägyptischen Landsleute. Schließlich wurde ich weder verhaftet noch von der Universität verwiesen. Letztlich haben wir ein großes Problem mit dem Terrorismus in der islamischen Welt, und dieses Problem kommt jetzt in den Westen und macht uns auch hier das Leben schwer. Ich wollte die Psyche und die Motive der Attentäter besser verstehen. Ich wollte mein eigenes Haus in Ordnung bringen, anstatt den Deutschen Rassismus vorzuwerfen.

So hat der 11. September mein Studium beeinflusst, so wurde ich in Deutschland als Islamkritiker bekannt, ein Titel, der zwar medienwirksam ist, von dem ich mich aber nicht richtig beschrieben fühle, denn ich kritisiere nicht nur den Islam, sondern alle Religionen und Ideologien, die die Würde und die Rechte des Menschen missachten. Meine Studie über die Radikalisierung junger Muslime in der Fremde kam in der Fachwelt gut an, und ich hatte gute Aussichten auf eine akademische Laufbahn. Bis ich mein erstes Buch »Mein Abschied vom Himmel« veröffentlichte.

Damals arbeitete ich am Historischen Institut der Universität München. Mein Professor las das Buch und war beeindruckt. Er riet mir jedoch davon ab, islamkritische Bücher zu veröffentlichen, wenn ich an der Universität Karriere machen wolle. Er erzählte mir, dass einem bekannten Islamwissenschaftler gerade eine Professur verweigert wurde, weil er einen Roman mit Sexszenen geschrieben hatte. Ich kannte und schätzte diesen Wissenschaftler sehr und war schockiert, dass die akademische Welt in Deutschland so spießig und puritanisch war. Ein paar Jahre später war dieser Autor für das höchste Amt im Staat im Gespräch. »Ein Muslim als Bundespräsident?« titelte schon die »Frankfurter Allgemeine Zeitung« und betonte, dass die Zeit dafür reif sei. Für dieses Amt war der Mann offensichtlich gut genug, nicht aber für einen Lehrstuhl im Fach Islamwissenschaft.

Nach dem Gespräch mit meinem Professor hatte ich eine starke Abneigung gegen die Zunft der Orientalisten in Deutschland und wollte nicht mehr dazugehören. Ich habe mein Land nicht verlassen und bin nicht nach Europa gekommen, um mir von ein paar alten Professoren sagen zu lassen, worüber ich schreiben darf und worüber nicht. Ich reichte meine Kündigung ein und kehrte der akademischen Welt den Rücken. Ich wurde freier Schriftsteller, im wahrsten Sinne des Wortes. Aber meine Bücher passten wieder nicht in die neue multikulturelle Utopie, die unter Merkel neue Züge annahm.

Die »Süddeutsche Zeitung«, die sich geweigert hatte, meine Anklage zu veröffentlichen, sorgte sich 13 Jahre später um die Muslime und kritisierte meine Thesen über den islamischen Faschismus scharf. Die Zeitung nannte mich den »ägyptischen Salman Rushdie«, und was als Auszeichnung klingt, war damals nicht als Lob gemeint.

Hätte ich 2001 den Islam kritisiert und 2014 verteidigt, wäre ich heute ein Freund der »Süddeutschen Zeitung« und der politischen Linken. Ich muss aber aufpassen, dass ich nicht alle Linksliberalen als Feindbild konstruiere und meine Frustration an ihnen auslasse. Die Linke ist natürlich keine homogene Gruppe, und die »Süddeutsche Zeitung« besteht nicht aus einer Person, die mich mag oder ablehnt. Auch »die Medien« als solche sind nicht homogen, und ich muss mich vor pauschalen Verallgemeinerungen hüten. Dennoch gibt es Tendenzen, die man kritisieren muss, nicht um die Medien als solche zu diskreditieren, sondern um sie zumindest zum Nachdenken zu bringen. Es ist seltsam, aber doch ein gutes Zeichen, dass dieselben Medien, die mein Buch »Der islamische Faschismus« als islamophob bezeichnet haben, mich 2023 einluden, nach dem grausamen Überfall der Hamas am 7. Oktober, die Thesen des Buches zu diskutieren, weil plötzlich alle über muslimischen Antisemitismus und die Brutalität der Hamas sprechen wollten.

Als Mitglied der Islamkonferenz 2010 habe ich die Themen »Radikalisierung junger Muslime«, »muslimischer Antisemitismus« und »die Stellung der Frau im Islam« auf die Tagesordnung der Konferenz gesetzt, aber die islamischen Verbände haben diese Themen mit der Begründung abgelehnt, das sei ein gesamtgesellschaftliches Problem und habe nichts mit dem Islam zu tun. Sie wollten lieber über Imamausbildung, Islamunterricht und muslimische Seelsorge sprechen, also über Themen, die ihnen staatliche Fördermittel einbringen. Kein deutscher Politiker, der an der Konferenz teilnahm, widersprach, kein Journalist kritisierte, dass diese wichtigen Themen wieder von der Tagesordnung gestrichen wurden.

Doch im Herbst 2023 war der muslimische Antisemitismus in aller Munde und plötzlich wollte jeder mit mir über den islamischen Faschismus sprechen. Obwohl ich ein scharfer Kritiker der Hamas bin und ihre Zerschlagung befürworte, habe ich jede Einladung abgelehnt, mitten im Krieg über dieses Thema zu sprechen. Ich wollte nicht, dass meine Thesen als Rechtfertigung für die totale Zerstörung des Gazastreifens missbraucht werden. Ich wollte meine Gedanken nicht in einer Atmosphäre der Hysterie diskutieren. So wie ich den Islamismus kritisiere, kritisiere ich auch den Zionismus und die radikalen jüdischen Siedler, die die Palästinenser terrorisieren. Genauso wie ich den Terror der Hamas kritisiere, kritisiere ich die totale Belagerung des Gazastreifens und die Tötung Tausender Zivilisten und Kinder dort. Als ich das auf meiner Facebook-Seite postete, wurde ich von Leuten, die ich sonst für vernünftig halte, als Antisemit und sogar als Islamist bezeichnet. In diesem Monat wurde ich von den einen als islamophober, rechtsextremer Rassist und Zionist und von den anderen als Islamist und Hamas-Sympathisant bezeichnet. In meiner Wahlheimat, in der ich mir einen freien Diskurs wünsche, scheine ich zum Brennglas der Gesellschaft geworden zu sein. So viel zur Diskussionskultur in Deutschland.

Während des Gazakrieges hielt ich es in Deutschland nicht mehr aus und fuhr in den Libanon, obwohl im Süden des Landes der Krieg gegen Israel tobte und jederzeit nach Beirut zu kommen drohte. Trotz des Krieges gab es vernünftigere Diskussionen und auch Kritik an der Hisbollah. In der Silvesternacht wollten Christen und säkulare Muslime feiern, doch die Anhänger der Hisbollah verweigerten die geplante Feier mit der Begründung, es sei unangemessen, Feuerwerkskörper in die Luft zu schießen, während israelische Raketen auf den Süden des Landes fielen und Menschen töteten. Der Staat fand eine kreative Lösung: Der Hauptplatz in Beiruts Downtown wurde in zwei Hälften geteilt. In der einen Hälfte demonstrierten Palästinenser, Hisbollah-Anhänger und ein paar linke Aktivisten gegen Israel, in der anderen Hälfte feierten die anderen, tranken Alkohol und schossen Feuerwerkskörper in die Luft. Einige Demonstranten verließen die Demonstration kurz vor Mitternacht, um sich der Party anzuschließen, und die Nacht verlief friedlich.

In einigen Städten Deutschlands dagegen schien die Lage so angespannt, als befände sich das Land selbst im Krieg. In dieser Hysterie wurde der Multikulturalismus wieder einmal außer Kraft gesetzt. Säkulare Palästinenser, die aus Solidarität mit ihren Landsleuten in Gaza auf deutschen Straßen ein Palästinensertuch trugen, wurden als Terror-Sympathisanten diffamiert. Eine

Kunstausstellung des Fotografen Raphael Malik über muslimisches Leben in Berlin wurde abgesagt, um jüdische Gefühle nicht zu verletzen. »Um Konflikte zu vermeiden, möchten wir eine einseitige Darstellung muslimischen Lebens ohne einen entsprechenden Gegenpol, der beispielsweise das jüdische Leben in Berlin zum Thema hat, derzeit nicht in einer Ausstellung zeigen«, hieß es in der Absage des Geschäftsführers von Pixel Grain, wo die Ausstellung hätte stattfinden sollen.[7]

Multikulti war plötzlich passé und der deutsche Schiedsrichter musste zwischen Juden und Muslimen in Deutschland balancieren, als wären beide kleine Kinder, die nicht selbstständig denken können. Aber diese Balance hat es in diesem Konflikt nicht gegeben. Die eine Seite wurde eingeladen, über ihr Leid zu sprechen, und die andere Seite wurde zurückgedrängt. Ein palästinensischer Film, der nicht einmal den Konflikt mit Israel thematisierte, wurde aus dem ARD-Programm genommen. Die palästinensische Autorin Adania Shibli wurde für ihren Roman »Eine Nebensache« mit dem LiBeraturpreis ausgezeichnet. Die Preisverleihung sollte während der Frankfurter Buchmesse im Oktober 2023 stattfinden, wurde aber abgesagt, weil sie kurz nach dem Terroranschlag der Hamas in Israel stattfand und der Roman israelische Soldaten von 1948 in ein schlechtes Licht rückte. Plötzlich war der Roman, der als Ausdruck der Freiheitsliebe gefeiert wurde, ein antisemitisches Stück Literatur. Ähnlich erging es der jüdischen Autorin Deborah Feldman, die zuvor für ihr Buch und ihre Netflix-Serie »Unorthodox« als Vorbild für Emanzipation gefeiert worden war, nach ihrer Kritik an Israel aber von vielen Seiten heftig kritisiert wurde. Viele palästinensische und arabische Journalisten und Intellektuelle in Deutschland fühlten sich in ihrer Analyse oder Berichterstattung über den Krieg unter Druck gesetzt. Viele hatten Angst, ihren Arbeitsplatz zu verlieren, denn hinter jeder Ecke lauerte der Vorwurf des Antisemitismus, der sehr oft erhoben wurde, sobald Kritik an Israel geäußert wurde.

Die amerikanische Künstlerin Laurie Anderson hat ihre Gastprofessur an der Folkwang Universität der Künste in Essen verloren, weil alte israelkritische Äußerungen von ihr ausgegraben wurden. Als die Hochschule sie fragte, ob sie ihre Einstellung zu Israel geändert habe, lehnte sie diesen Gesinnungstest ab. In einer Pressemitteilung der Folkwang Universität wird Laurie Anderson wie folgt zitiert: »Für mich ist die Frage nicht, ob sich meine politischen Ansichten geändert haben. Die eigentliche Frage ist: Warum wird diese Frage überhaupt gestellt? Vor diesem Hintergrund ziehe ich mich aus dem Projekt zurück.«[8]

Die Max-Planck-Gesellschaft hatte sich vom Ethnologen Ghassan Hage getrennt, einem australischen Gastprofessor, weil er kurz nach dem Terroranschlag der Hamas am 7. Oktober ein zweideutiges Gedicht geschrieben hatte, in dem er von Palästinensern sprach, die über eine Mauer fliegen. Nun, das war mindestens grenzwertig, aber wer andere Äußerungen des Professors liest, sieht, dass er kein Antisemit ist und sich für Frieden mit Israel einsetzt. Andere hatten ihren Arbeitsplatz verloren, weil sie ein Posting oder eine Petition zur Beendigung des Krieges gelikt hatten.[9] Viele arabischstämmige Akademiker und Journalisten empfanden die Atmosphäre der ersten Kriegsmonate in Deutschland als eine Art Inquisition. Der Multikulturalismus hatte seine eigenen Kinder gefressen!

Der Gazakrieg hat gezeigt, dass der Multikulturalismus ein Machtinstrument ist, das nach Belieben eingesetzt oder abgeschafft werden kann. Nicht die Zivilgesellschaft als solche, nicht die Schriftsteller, nicht die Journalisten und Wissenschaftler haben dieses Instrument in der Hand, sondern eine Meinungselite in Politik, Medien und Wissenschaft. Plötzlich war die Freiheit kein hohes Gut mehr, von dem alle profitieren sollten, sondern wurde je nach Meinung und Einstellung neu verteilt. Paradoxerweise haben gerade Multikulturalismus und Identitätspolitik diese postkolonialen Opfernarrative verstärkt, die Israel als imperiales

Projekt des Westens sehen. Nur im Schatten des Multikulturalismus konnte die ungewöhnliche Allianz zwischen Klimaaktivisten, der Black-Lives-Matter-Bewegung, linken Israelkritikern, LGBTQ-Aktivisten und Islamisten entstehen, die seit ein paar Jahren eng zusammenarbeiten. Eine Bewegung, die alle möglichen Minderheiten gegen den Staat aufhetzt und Weiße dazu bringt, ihr eigenes Land zu hassen.

Erstaunlich ist die Verblüffung der Mainstream-Medien, die diese Bewegungen jahrelang angefeuert haben, als sie sahen, dass sich der Antisemitismus in diesen Kreisen ausbreitete. Dennoch möchte ich an dieser Stelle betonen, dass die Demonstrationen gegen den Gazakrieg größtenteils legitime und friedliche Proteste waren, die jedoch von lautstarken Islamisten und Antisemiten gekapert wurden. Was mich bei diesen Demonstrationen oft gestört hat, war, dass nicht immer Empathie für die Palästinenser, sondern blanker Hass gegen Israel und gegen Juden im Vordergrund stand. Auf der anderen Seite waren einige Solidaritätsbekundungen mit Israel von Hass gegen Palästinenser, nicht nur gegen die Hamas geprägt. Keiner Seite ist es gelungen, Mitgefühl für die eine Seite ohne Hass auf die andere Seite zu zeigen.

Eine zentrale Figur der Multikulti-Bewegung ist die grüne Kulturstaatsministerin Claudia Roth. Wie viele in ihrer Partei hat sie den Islamismus oft relativiert, sich für ein enges Verhältnis zum Iran eingesetzt, bei einem Iranbesuch vor Jahren sogar ein Kopftuch getragen und antisemitische Kunstwerke auf der Documenta toleriert. Bei der Abschlussgala der Berlinale 2024 kam es zu einer kuriosen Situation. Ein israelischer und ein palästinensischer Filmemacher hielten kurze Reden, in denen beide das Vorgehen der israelischen Armee in Gaza anprangerten. Roth saß im Publikum und applaudierte den Reden. Als sie darauf angesprochen wurde, gab sie eine merkwürdige Antwort, die das ganze Konstrukt des Multikulturalismus auf den Kopf stellte. Sie sagte, sie habe dem Israeli applaudiert und nicht dem Palästinenser. Wie rassistisch ist das denn? Es war doch der Israeli, der von Apartheid in Israel sprach, während der Palästinenser ein Ende des Tötens in Gaza und einen Waffenstillstand forderte. Ich konnte in beiden Aussagen keinen Hauch von Antisemitismus entdecken. Es waren emotionale Friedensappelle, wie wir sie von der Oscar-Verleihung und anderen Filmfestivals kennen. Dass solche Äußerungen Aufsehen erregen, während echte Antisemiten frei im Land herumlaufen und predigen, zeigt die Schwäche der Multikulti-Doktrin.

Ich unterscheide zwischen Multikulturalität als gelebter Realität in Deutschland und Multikulturalismus als von oben verordnete Doktrin. Gelebte Multikulturalität ist eine natürliche Folge des Fortschritts und der Öffnung der Gesellschaft. Ich empfinde es als Bereicherung, dass heute viele kompetente Menschen mit Migrationshintergrund in Medien, Politik, Sport, Kultur und Wirtschaft vertreten sind. Schließlich kann sich eine Gesellschaft nicht weiterentwickeln, wenn sie Angehörigen von Minderheiten gesellschaftliche Teilhabe und sozialen Aufstieg verwehrt. Diese gelebte Multikulturalität darf aber die Probleme und Konfliktfelder, die sich aus kulturellen Unterschieden ergeben, nicht verschweigen oder beschönigen.

Die Doktrin des Multikulturalismus hingegen ist eine politische Manipulation des Rhythmus von Wandel und Fortschritt. Sie versucht, die soziale Transformation durch Dogmen und Tabus zu beschleunigen, erzeugt aber in der Mehrheitsgesellschaft, die sie verändern will, Starrheit und Widerstand. So hat der Multikulturalismus nie dem durchschnittlichen Migranten genutzt, sondern politisierten Migrantenverbänden und Islamisten, die im Namen von Vielfalt und Toleranz politische Machtpositionen eroberten. Ebenso hat die Antirassismusbewegung nicht den wirklichen Opfern des Rassismus geholfen, sondern privilegierten Migrantenkindern Karrierechancen eröffnet und für ihre Dauerpräsenz in den Medien gesorgt. Statt das Feindbild »Migrant« oder »Schwarzer« aus den Köpfen der Rassisten zu tilgen, schufen die linken Antirassisten das Feindbild »alter weißer Mann« und heizten den Kulturkampf weiter an.

Multikulturalismus vermeidet Konflikte, die aus Migration erwachsen, und arbeitet mit Symbolpolitik, um die Probleme zu überdecken. Während des Ramadan im März 2024 installierte die Stadt Frankfurt eine Ramadan-Beleuchtung in der Stadt. Über 75 000 Euro kostete der Spaß, ohne Stromkosten. Der deutsche Steuerzahler musste für mangelnde Weltoffenheit aufkommen. Solche Initiativen sollen die Mehrheitsgesellschaft zu mehr Toleranz gegenüber Muslimen bewegen und Angst und Misstrauen abbauen. Darüber hinaus richte sich die Kampagne auch gegen Rassismus und Antisemitismus, so die grüne Bürgermeisterin von Frankfurt, Nargess Eskandari-Grünberg. Dass diese Aktion in der eigenen Bevölkerung eher auf Befremden als auf Toleranz stoßen könnte, scheint die Verantwortlichen der Stadt wenig zu interessieren. Dass ein Passant erst an Betonpollern vorbeimuss, bevor er die beleuchtete Innenstadt betreten kann, erinnert eher an islamistischen Terror als an ein friedliches Miteinander. Doch daran denkt die Politik kaum. Angesichts von Krisen und Kriegen sei die Beleuchtung »ein Zeichen der Hoffnung für alle Menschen und stärkt den Zusammenhalt unserer vielfältigen Stadtgesellschaft«, sagt die Frankfurter Bürgermeisterin. Die Deutschen sind bekanntlich Weltmeister im Zeichensetzen. Gegen rechts, gegen Rassismus, gegen Antisemitismus, gegen Terrorismus, gegen den Klimawandel. Mit Erfolg, wie wir alle gerade sehen können.

Vorbild für die Frankfurter Aktion war die Stadt London, die schon 2023 am Piccadilly Circus Ramadan-Lichter aufgehängt hat. Dass diese Beleuchtung nichts an den muslimischen Parallelgesellschaften geändert hat, die sich in und um London gebildet haben und in denen statt des britischen Rechts die Scharia gilt, ist irrelevant. Denn radikale Muslime geben sich nicht damit zufrieden, ein Zeichen zu setzen. Sie schaffen Fakten. Sie nehmen sich jeden Zentimeter, den man ihnen gibt, und fordern mehr. Nachdem sie die Ramadan-Lichter am Piccadilly Circus aufgehängt hatten, beteten sie öffentlich auf mehreren Plätzen in England und blockierten den Verkehr. Solche öffentlichen Gebetsaktionen nahmen während der Proteste gegen den Krieg in Gaza zu und wurden immer aggressiver. Was als Zeichen für Toleranz und Vielfalt begann, endete als Machtdemonstration und Wutausbruch.

Im Idealfall, ja im Normalfall, sollte eine Ramadan-Illumination in Frankfurt oder einer anderen europäischen Stadt nicht Gegenstand einer politischen Debatte sein. Sie sollte weder Jubel noch Empörung auslösen. Sie sollte lediglich als freundliche Geste gegenüber den Muslimen verstanden werden, ohne Aufsehen zu erregen. Angesichts der Herausforderungen und der angespannten gesellschaftlichen Stimmung in Bezug auf Islam und Migration bleibt diese Aktion jedoch naive und kontraproduktive Symbolpolitik.

Im Jahr 2008 wurde in Duisburg-Marxloh mit deutschen Steuergeldern und EU-Mitteln eine prächtige Moschee gebaut. Die deutschen Medien sprachen damals vom »Wunder von Marxloh« und priesen die Moschee als Ort der Toleranz. Das eigentliche Wunder war jedoch, dass man damals glaubte, diese Moschee würde die Integration der Muslime in Duisburg erleichtern. Als die Moschee fertig war, beteten die Gläubigen auf Kosten der deutschen Steuerzahler und huldigten Erdoğan und seiner AKP. Die Frauenbeauftragte der muslimischen Gemeinde wurde entlassen und die geplanten Integrationsprojekte kamen nie zustande. Aber das alles war egal, denn den Jubel, die schönen Bilder und die Selbstbeweihräucherung der Politiker hatte es schon vorher gegeben.

2021 startete der Staat in Köln ein Pilotprojekt, bei dem Moscheen über Lautsprecher zum Gebet rufen durften. 250 Moscheen bundesweit haben davon Gebrauch gemacht. Hat das zu mehr Akzeptanz der Muslime und weniger Islamismus geführt? Natürlich nicht. Die Moschee, in der das Projekt startete, gehörte zu Ditib, die als verlängerter Arm der türkischen Regierung gilt. Das Ergebnis? Bei den türkischen Präsidentschaftswahlen 2023 hat Erdoğan mehr als zwei Drittel der Stimmen der Deutschtürken in Köln erhalten. Das war eine deutliche Steigerung im Vergleich zur Wahl 2018. In Essen stimmten sogar 77 Prozent für den Sultan, mehr als ein Zeichen für den Islamismus.

Der durchschnittliche Muslim mag sich freuen, wenn er den Ruf des Muezzin hört oder die Ramadan-Beleuchtung auf der Straße sieht, aber an seinem Leben oder seiner Einstellung Deutschland gegenüber wird sich dadurch nichts ändern. Der Durchschnittsdeutsche hingegen mag sich fragen, warum der Weihnachtsbaum aus Schulklassen entfernt werden soll, um muslimische Schüler nicht auszuschließen, gleichzeitig aber muslimische Symbole in Innenstädten aufgehängt werden, um muslimische Präsenz zu demonstrieren. Ist das nicht Selbstverleugnung unter dem Deckmantel der Toleranz? Dies würde seine Abwehrhaltung gegenüber Muslimen verstärken und nicht seine Offenheit.

Nicht muslimische Migranten mögen sich fragen, warum der Islam hier bevorzugt wird, schließlich gibt es weder zum chinesischen Neujahr noch zum kurdischen Newroz-Fest einen Lichterschmuck. Und was ist mit hinduistischen Gottheiten, vietnamesischen heiligen Symbolen oder afrikanischen schamanischen Bräuchen? Andersgläubige mögen sich fragen, ob sie einen Fehler machen, weil sie friedlich sind, keine Forderungen stellen, keine Weihnachtsmärkte angreifen und sich nicht laut genug über Rassismus beschweren.

In Deutschland leben Menschen aus über 150 Nationen. Wenn jeder von ihnen die öffentliche, staatlich finanzierte Zurschaustellung seiner religiösen oder nationalen Symbole als Voraussetzung für seine Integration fordern würde, dann wäre der Staat ständig damit beschäftigt, die Seelen der Migranten zu massieren. Jeder Lehrer weiß, dass es keine gute Idee ist, den unartigen Schüler in der Klasse zu belohnen und den ruhigen, klugen Schüler zu ignorieren. Mit dem unartigen Schüler meine ich natürlich nicht den normalen Muslim, sondern den Islamisten, bei dem jede Geste des Entgegenkommens zu noch mehr Anspruchsdenken führt. Er ist und bleibt unzufrieden und unersättlich, egal was man ihm anbietet. Weder der Gebetsruf noch die Ramadan-Beleuchtung werden Integration und Toleranz in Deutschland fördern, sondern den Triumphalismus und Chauvinismus der Islamisten, die wiederum die Wut und den Chauvinismus der Rechtsradikalen provozieren.

Eine Reaktion der Bundesregierung auf den 11. September 2001 bestand darin, dass sie anregte, die Muslime in Deutschland sollten sich selbst organisieren, damit der Staat eine bestimmte Adresse und Telefonnummer für islamische Angelegenheiten hat. Das war die dümmste Idee, die die Regierung in Bezug auf Migration und Integration je hatte. Sie betrachtete die Muslime nicht als Individuen mit unterschiedlichen Bedürfnissen und Interessen, sondern als eine Masse, die Führung braucht. Das hatte fatale Folgen, denn nur die Radikalen und Konservativen waren in der Lage, sich blitzschnell zu organisieren, weil sie über Ressourcen aus dem Ausland verfügten. Zudem hatten diese Verbände spezifische politische Ziele als Motivation für ihre professionelle Organisation. Als verlängerter Arm ausländischer Regierungen, wie der Türkei, Saudi-Arabiens und Katars, konnten sie verstärkt Einfluss auf Politik, Medien und Wissenschaft in Deutschland und Europa nehmen.

Durch Medienauftritte an der Seite der Bundeskanzlerin, des Innenministers, der Familienministerin oder kirchlicher Würdenträger gewannen die Funktionäre der konservativen muslimischen Verbände unter den Muslimen und in der Gesellschaft an Ansehen und wurden häufig als Vertreter aller Muslime eingeladen, obwohl sie nur einen kleinen Teil der hier lebenden Muslime repräsentierten. Manchen jungen Muslimen war sofort klar, dass sie in Deutschland nur Karriere machen können, wenn sie sich diesen konservativen Verbänden annähern, denn den Verbänden, die sowohl von Merkel als auch von Erdoğan unterstützt werden, müssen alle Türen offen stehen. Die Multikulti-Doktrin förderte also eher den Tribalismus als die Integration.

Und so hat der 11. September im Westen letztlich den Islamismus gestärkt, statt seine Infrastruktur zu zerstören, weil es nicht um Freiheit ging, sondern um wirtschaftliche Interessen, Schuld und Identität. Und so hat die professionelle Organisation der Muslime der Integration noch mehr geschadet, weil die Regierung ihre Aufgaben an konservative Verbände delegiert hat, die kein Interesse an einer Identifikation der Muslime mit Deutschland haben. Denn das Misstrauen der Muslime gegenüber dem Westen nützt Erdoğan und seinem Netzwerk. Und Islamisten, ob in Europa oder in der islamischen Welt, brauchen das Misstrauen der Muslime gegenüber dem Westen, um junge Muslime zu rekrutieren.

Dasselbe Muster wird sich später im Zuge der Flüchtlingskrise 2015/2016 wiederholen. Die multikulturelle Ideologie wird nicht zu einer erfolgreichen Integration führen, sondern zu einer Zunahme der unkontrollierten Migration. Unkontrollierte Migration hat zum Aufstieg der AfD geführt. Statt Politik im Interesse der Mehrheit der Bevölkerung zu machen, konzentrierten sich die Regierungen unter Angela Merkel und die Ampel-Regierung in der Folge auf Klientelpolitik für Minderheiten und den Kampf gegen die AfD.

Früher wurde beklagt, dass sich in der Bevölkerung Politikverdrossenheit ausbreite und immer mehr Menschen entpolitisiert würden. Heute wächst die Unzufriedenheit vieler Menschen und sie organisieren sich im Protest. Doch manche Protestbewegungen, die im Namen der Freiheit lautstark auf die Straße gehen, haben keinen emanzipatorischen Charakter, meinen Carolin Amlinger und Oliver Nachtwey in ihrem Buch »Gekränkte Freiheit«. Die Autoren beziehen sich dabei vor allem auf die Bewegung der Querdenker. Diese demonstriere nicht für eine gemeinsame Freiheit, sondern nur für ihre eigene Freiheit oder für ihre Besitzstände. Die Autoren bezeichnen dieses Aufbegehren als »libertären Autoritarismus«, eine Bezeichnung, die ich für problematisch halte, es sei denn, man verwendet denselben Begriff auch für die linken und liberalen Demonstrationen gegen die AfD, denn auch hier geht es nicht um geteilte Freiheit, sondern um die Durchsetzung der eigenen politischen Agenda und die Ausschaltung des politischen Gegners. Die ganze AfD-Verbotsdebatte ist ein Ausdruck des libertären Autoritarismus, weil hier eine politische Gruppierung versucht, die Autorität des Staates zu nutzen, um die eigenen politischen Gegner zu beseitigen, anstatt sie auf demokratischem Wege durch Wahlen zu bezwingen.

Ähnliches lässt sich über die Demonstrationen gegen die G8-Gipfel, die letzte Generation oder Teile der Demonstrationen gegen den Gazakrieg sagen. Libertär-autoritär kann man auch das Verhalten mancher religiöser, ethnischer und sexueller Minderheiten nennen, die Freiheit für sich beanspruchen, ihre Gegner aber autoritär zum Schweigen bringen wollen. Sie wollen, dass sich der Staat ihnen gegenüber liberal, gegenüber ihren Gegnern aber autoritär verhält. Diese Gruppen kommen im Buch von Amlinger und Nachtwey nicht vor.

Ob von links oder von rechts, der Motor der meisten Proteste ist entweder Anspruchsdenken, Hass oder Angst. Der dänische Philosoph Sören Kierkegaard unterscheidet zwischen Furcht und Angst. Furcht ist für ihn ein objektbezogenes Gefühl, das eine konkrete Bedrohung sieht und ein klares Handeln dagegen verlangt. Angst hingegen ist nach Kierkegaard ein frei schwebendes Gefühl, das weder die Bedrohung benennen kann noch eine Strategie zu ihrer Beseitigung sucht. Die diffuse, frei schwebende

Angst ist heute die Hauptquelle des politischen Aktivismus, der nur einen Gegenaktivismus hervorbringt. Am Ende bleibt nur der Widerstreit, von dem der französische Philosoph Jean-François Lyotard spricht. Lyotard meint, dass es zu einem Konflikt kommen muss, der letztlich aufgrund der sprachlichen und kulturellen Differenz nicht lösbar ist, wenn sich zwei Parteien mit unterschiedlichen Sprachen und unterschiedlichen Gesetzen gegenüberstehen. Um aus dem Nebeneinander ein Miteinander zu machen, brauchen die verschiedenen gesellschaftlichen Gruppen eine gesunde Kommunikation, eine gemeinsame Sprache. Und daran mangelt es heute.

Diese Auseinandersetzung findet heute nicht nur zwischen der Mehrheitsgesellschaft und den Minderheiten statt, sondern auch zwischen der Rechten und der Linken in der Republik. Soziale Netzwerke, die ursprünglich die Kommunikation erleichtern sollten, sind heute der wichtigste Schauplatz dieses Dauerkonflikts. Die Doktrin des Multikulturalismus hat die Auseinandersetzungen verschärft, weil sie nicht nach einer gemeinsamen Sprache und einem gemeinsamen Wertekanon sucht, sondern starre ethnische und religiöse Identitäten zementiert und eine Opferhierarchie konstruiert, die die Fragmentierung der Gesellschaft vertieft. Statt für mehr Gerechtigkeit und Akzeptanz zu sorgen, hat die Identitätspolitik verschiedene gesellschaftliche Gruppen gegeneinander ausgespielt und zu einem erbitterten Wettbewerb um Ressourcen und Aufmerksamkeit geführt. Dies führte zu einer Konkurrenz der Opfernarrative und zu einer neuen Hierarchisierung des Opferstatus. Das aus dem Holocaust resultierende Schuldbewusstsein kommt heute nicht mehr den hier lebenden Juden zugute, sondern allen möglichen Minderheiten, auch denen, die das jüdische Leben in Deutschland bedrohen.

Es reicht nicht mehr aus, eine Frau zu sein, um Aufmerksamkeit und Unterstützung zu erhalten. Am besten ist es, eine Transfrau zu sein. Noch besser ist eine schwarze Transfrau, die übergewichtig ist. Wenn dann noch eine muslimische oder jüdische Identität hinzukommt, ist der Opferstatus und damit die Privilegien gesichert. Diese sinnlose Überbietung schafft nicht die erhoffte Gleichberechtigung und Akzeptanz, sondern spielt Minderheiten gegeneinander aus und polarisiert die Gesellschaft insgesamt noch mehr. Die Linke schaukelt die Rechte hoch, um sich dann hysterisch über deren Wahlerfolge zu empören. Es ist auch die Schuld der Linken, dass sich die Rechten heute weltweit als Verteidiger der Freiheit sehen. Und Minderheiten bleiben in der Zange zwischen rechtem Hass und linkem Ethnofetischismus. Im Namen der Freiheit rudert jeder in eine andere Richtung, und das Boot der Freiheit bleibt im Sumpf der Ressentiments und Verbitterungen stecken.

Kapitel 9

Gefangen in revolutionären Ideen: Wie konkurrierende Befreiungsideologien den Westen lähmen

Radikalität kann wichtig sein, um bestehende Verhältnisse kritisch zu hinterfragen und an starren Strukturen zu rütteln. Protest ist wichtig, damit es sich die Mächtigen nicht zu bequem machen. Denn alles, was wir nicht infrage stellen, wendet sich gegen uns und öffnet der Korruption Tür und Tor. Wenn sich aber die ganze Gesellschaft in kleinen Protestbewegungen zusammenschließt, ohne dass es in der Mitte Raum für Debatten und Verhandlungen gibt, dann wirkt der Protest lähmend und zermürbend. Sowohl die identitäre Linke als auch die identitäre Rechte berufen sich auf die Freiheit, wehren sich gegen staatliche Bevormundung, bleiben aber selbst in autoritärem Denken verhaftet. Beide wollen die Gesellschaft in eine bestimmte Richtung bewegen, sind aber eigentlich nicht mehr als selbstklebende Demonstranten. Sie kleben an ihrem eigenen Narrativ und versperren den Weg zu wirklicher Freiheit. Die einen kleben an überholten nationalistischen Ideen, die anderen am Multikulturalismus als Erlösungsideologie.

Kollektive Befreiungsbewegungen haben in der Vergangenheit Fortschritte gebracht, weil sie die Sprache des Volkes sprachen und weil sie sowohl das Gemeinwohl als auch die individuelle Freiheit des Einzelnen im Blick hatten. Die Bürgerrechtsbewegung, der Feminismus und die 68er brachten nicht nur Vorteile für die eigene Gruppe, sondern führten zu grundlegenden gesellschaftlichen Veränderungen im Sinne des Fortschritts und der gemeinsamen Freiheit. Heute ist die persönliche Kränkung Anlass zum Protest und die persönliche Bereicherung Ziel der Revolte. Heute sind Feindbilder und Fortschrittsängste die Triebfedern vieler Demos.

Die AfD hat »EU«, »Euro« und »Asylsuchende« als Schreckgespenster benutzt, um den Frust und die Angst der Menschen in Wählerstimmen umzuwandeln, weil sie sonst keinen Plan für die Zukunft Deutschlands und das friedliche Zusammenleben hat. Und die Parteien der Mitte bauen nun das Feindbild der AfD auf, um mit dem Schreckgespenst der Wiederkehr des Nationalsozialismus vom eigenen politischen Versagen abzulenken. Ich finde es absurd, dass die Regierungsparteien und die von ihnen unterstützten Medien die Bevölkerung auffordern, gegen die Opposition auf die Straße zu gehen. In München stand im Januar 2023 auf der Einladung zur Demonstration gegen die AfD ausdrücklich, dass Menschen, die die Ampelregierung nicht gewählt haben, auf der Demonstration nicht willkommen sind. »Gemeinsam gegen Rechts« lautete das Motto der Großdemonstration. Doch CSU und Freie Wähler waren ausgeschlossen, während viele Linksextreme nicht nur dabei waren, sondern auch den Ton angaben.

Was beide Seiten derzeit machen, nennt man »Politikverweigerung«. Das wird zu einer weiteren Verhärtung der Fronten und damit zu einer weiteren politischen Stagnation führen. So kann man keine politische Auseinandersetzung führen. So bleibt Freiheit ein Kampfbegriff, der den anderen abschaffen will, statt sich auf ihn in einem politischen Prozess einzulassen.

Eine kluge zukunftsorientierte Politik findet in Deutschland seit Jahren nicht mehr statt. Deutschland befindet sich immer noch im 20. Jahrhundert, sei es in der Migrations-, Russland-, Energie-, Bildungs- oder KI-Politik. Es gibt nur noch Schadensbegrenzung und Feuerlöschpolitik. Ab und zu sehen wir unterhaltsame Hahnenkämpfe und leere Debatten, die zu nichts führen. Ab und zu wird eine neue Sau durchs Dorf getrieben, die als Projektionsfläche für den Frust der verschiedenen Gruppen dient. Mal war es Sarrazin, mal der Tübinger Oberbürgermeister Boris Palmer, mal Sahra Wagenknecht, mal der ehemalige Verfassungsschutzpräsident Hans-Georg Maaßen, die Reizfigur der Linken. Auf der anderen Seite spielten Angela Merkel, Greta Thunberg, die SPD-Politiker Heiko Maas und Ralf Stegner die Rolle der Hassfigur für den rechten Flügel, heute sind es Lauterbach, Baerbock, Habeck und Ricarda Lang. Politische Reden und emotionale Talkshow-Ausbrüche klingen für mich seit Jahren gleich. Die Freiheit als kostbares und nicht selbstverständliches Gut gerät in Vergessenheit und sakral-religiös angehauchte Ersatzideologien dominieren den gesellschaftlichen Diskurs. Statt die politische Auseinandersetzung zu wagen, zieht sich jede Gruppe in die Sicherheit ihrer Glaubenskultur zurück und betrachtet die anderen als Bedrohung der Demokratie.

Wir sind Zeugen einer Renaissance alter Ideologien, die in den Zwanzigerjahren des 20. Jahrhunderts aufgrund eines Mangels an politischer Kultur aufblühten: Kommunismus, Faschismus, Islamismus. Diese Ideologien haben sich seither weiterentwickelt, aber ihren totalitären Kern nicht verloren, weil sie undialektisch sind. Heute zeigt der Faschismus neue Gesichter, sowohl von rechts als auch von links. Auch der Islamismus ist in verschiedenen Formen in Europa angekommen und sitzt, wie oben beklagt, bereits als Integrationspartner am Verhandlungstisch mit der Politik. Der Marxismus kommt als Multikulti-Ideologie, Wokismus und Antirassismus daher. Alles, was den Westen ausmachte, verliert an Bedeutung: Rationalität, Dialektik, Individualität, Respekt vor der Wissenschaft, Lust am Streit, Leidenschaft für die Freiheit und Engagement für das Gemeinwohl. Selbst die Toleranz, das Herzstück der Aufklärung, wird heute umgedeutet, um die Multikulti-Doktrin vor Kritik zu schützen.

In Berlin treffe ich den Schweizer Journalisten Frank A. Meyer, der sich im Laufe seiner Karriere intensiv mit linken und rechten Ideologien auseinandergesetzt hat. Er ist der Meinung, dass die Linken zum Aufstieg der Rechten beigetragen haben. »Früher waren die Linken für die Arbeiter da, für die Menschen aus bescheidenen Verhältnissen, für die sozial benachteiligten Familien. Auch waren sie die Heimat derer, die mehr Meinungsfreiheit und mehr politische Partizipation forderten. Heute kümmern sie sich um eine politisch und wirtschaftlich privilegierte Klientel. Man kann sagen: Eine abgesicherte universitäre Kaste hat die Linke in Besitz genommen. Sie beherrscht die Sozialdemokratie – die Grünen sowieso.« Meyer kritisiert, dass diese Linke mit Identitätspolitik, Cancel Culture und Wokeness-Ideologie zur Beschädigung der freien Streitkultur beitrage. Um dem europäisch rasant wachsenden Rechtspopulismus entgegenzuwirken, müsse sich die Linke »wieder den Problemen und Nöten der Bürgerinnen und Bürger zuwenden, statt sie moralisch zu belehren und in ihrem Alltagsverhalten zu erziehen, vom Autofahren übers Fleischessen bis zum Heizen«.

Vielfalt bedeute für die Linke, dass es in der Politik und in der Zivilgesellschaft Quoten für Frauen, Muslime, Homosexuelle und Transgender geben müsse. Handwerker dagegen fehlen in den linken Parteispitzen und im Bundestag. Zuhauf findet man Studierende mit wenig Arbeits- und Lebenserfahrung: »Dieser Elitismus hat zum Aufstieg der Rechten beigetragen, die nun vorgeben, für den kleinen Mann, für seine politische Teilhabe und seine Meinungsfreiheit zu kämpfen«, so Frank A. Meyer.

Der Rechtspopulismus gilt als eine der größten Gefahren im Westen, ist aber nur Ausdruck des Unaussprechlichen und das Ergebnis einer fehlenden dynamischen politischen Kultur. Der Erfolg der Rechtspopulisten lasse sich dadurch erklären, dass sie »den Finger in die richtige Wunde legen, aber nicht dazu beitragen, die Wunde zu heilen, weil sich aus der Wunde ihre Daseinsberechtigung ableitet. Sie bewirtschaften die Wunden nur«, so Meyer.

So gesehen ist der Rechtspopulismus nur ein Symptom, nicht die Krankheit. Er ist nur ein Reflex, der aber in einem Boot, das nach links zu kentern droht, ausgleichend wirken kann. Er wirft wichtige Fragen auf, auf die die Parteien der Mitte Antworten finden sollten, statt sich überheblich zu verhalten. Die Politik trägt die Verantwortung. Sie entmündigt sich selbst durch kurzfristige Wirtschaftsinteressen, Bürokratie und ideologische Scheuklappen und ebnet damit allen radikalen Ideologien den Weg.

Die offene Gesellschaft versucht, das Prinzip der Toleranz durch Sprachregelungen und Selbstzensur durchzusetzen, was zu einer Einschränkung der Meinungsfreiheit führt. Der Wandel macht viele Menschen nervös, viele haben das Bedürfnis, die alten Verhältnisse wiederherzustellen. Der religiöse Reinheitswahn greift auf Identitäten über, die sich von fremden Elementen befreien wollen. Der Multikulturalismus als Fortsetzung des Marxismus im postkolonialen Gewand beansprucht, die dominante Leitideologie des Westens zu sein. Die Rechte wettert dagegen und schärft damit ihre Konturen. Ihr Versprechen ist Identitätshygiene und eine Monokultur, die sich nicht von Fremden überfremden lässt. Damit schafft sie ein Gegennarrativ und verspricht verunsicherten Menschen einen Anker. Auch der Marktradikalismus oder Neoliberalismus ist nichts anderes als die Kehrseite des Marxismus, denn er glaubt, dass die unsichtbare Hand des Marktes alle Probleme der Menschen lösen kann. Auch er glaubt, dass alle Probleme ökonomischer Natur sind und nur ökonomisch gelöst werden können. Aus der Perspektive des Kapitals, des Konsums und Hollywoods wird die Welt zu einem globalen Dorf, in dem alle gleich denken, sich gleich kleiden, die gleiche Musik hören und das gleiche Essen zu sich nehmen. Dies wiederum fördert ideologische und nationale Mauern, die Menschen auf der ganzen Welt trennen. Die Gegenerzählung der Rechten zum globalen Dorf ist die Festung Europa oder die Festung Deutschland.

Die Aufklärung und ihre Leitideen haben heute bei vielen jungen Intellektuellen und Journalisten einen schlechten Ruf. Das schafft einen fruchtbaren Boden für Rechtspopulismus und Populismen aller Art. Seit dem Ende des Zweiten Weltkriegs war der Nährboden für totalitäre Ideologien im Westen noch nie so fruchtbar wie heute, denn noch nie gab es so viele Menschen, die einsam, ohnmächtig und wütend sind und gleichzeitig ein starkes Anspruchsdenken haben. Viele tatsächliche und sich so fühlende Globalisierungsverlierer und Unqualifizierte glauben, die Welt schulde ihnen Erfolg, Glück und den Erhalt des Status quo. Und genau das schafft Ressentiments. Hass entsteht, wenn Menschen glauben, sie seien besser als die Umstände, in denen sie leben. Da sie diese Umstände nicht aus eigener Kraft verändern können, suchen sie nach Sündenböcken, die sie für ihre Misere verantwortlich machen. Doch nicht immer sind die Rechten die Verlierer. Es gibt immer mehr Akademiker und Unternehmer unter ihnen. Sie sind mit dem Tempo und den Mitteln des Wandels nicht einverstanden und wollen den Prozess verlangsamen.

Der Rechtspopulismus ist heute für viele Wähler eine Art Korrektiv. Die meisten dieser Wähler wissen, dass die AfD nicht in der Lage ist, das Land erfolgreich zu regieren und echte Lösungen für seine Probleme zu finden, aber sie nutzen die Protestpartei als Mahner gegenüber der herrschenden Elite, die nicht mehr auf ihr eigenes Volk hört. Aus Sicht dieser Protestwähler schadet es nicht, nach rechts zu rücken, wenn links das Boot zu kentern droht. Für sie hat der Rechtspopulismus die gleiche Funktion wie die Grünen, als die westlichen Gesellschaften den Umweltschutz für unwichtig hielten. Die eigentliche Gefahr beginnt aber, wenn der

Rechtspopulismus zur dominierenden gesellschaftlichen Ideologie wird. Die Gefahr wächst, wenn Wut, Hass und Gewaltbereitschaft als politische Währung gehandelt werden. Und diese Gefahr ist längst da.

Wütende und revolutionäre Ideen sind wichtig, um die Gesellschaft im Gleichgewicht zu halten und die Eliten zum Nachdenken zu bringen. Sie sind wichtig, solange sie nicht regieren und die Regeln der Gesellschaft bestimmen. Die Befreiung einer Gesellschaft und die Schaffung einer neuen Gesellschaft sind nicht dasselbe und können nicht durch denselben Mechanismus erreicht werden. Diese Ideen sind wichtig, um die Welt oder die Gesellschaft auf notwendige Veränderungen vorzubereiten oder diese Veränderungen zu erzwingen.

Die Französische Revolution war notwendig, um die Macht der Kirche und der Monarchie zu brechen, aber als die Revolution selbst herrschte, war es eine Herrschaft des Terrors, gefolgt von einer Militärdiktatur. Der Kommunismus war wichtig, um die Frage der sozialen Gerechtigkeit auf die politische Tagesordnung zu setzen, in einer Zeit, in der Fabrikarbeiter ausgebeutet wurden und die Schwachen in der Gesellschaft kaum Unterstützung erhielten. Aber als er herrschte, brachte er Leninismus, Stalinismus, Maoismus und Diktaturen in Südamerika, Kambodscha und Nordkorea hervor, die alles andere als gerecht waren. Der Zionismus und der arabische Nationalismus waren als identitätsstiftende und richtungsweisende Befreiungsideologien für Juden und Araber sehr wichtig, aber als beide herrschten, gab es Dauerkrieg, Terrorismus, Vertreibung und Elend. Die grüne Bewegung war wichtig, um das Thema Umweltschutz gesellschaftsfähig zu machen, aber als die Grünen an der Macht waren, gab es einen Regulierungswahn, der manchen wie eine Ökodiktatur vorkam. Postkoloniale Diskurse, Bürgerrechtsbewegungen und Multikulturalismus waren wichtig, um unsere Haltung gegenüber Minderheiten und der sogenannten Dritten Welt zu überdenken, aber als sie selbst bestimmen wollten, was in der Gesellschaft gesagt werden darf und was nicht, schufen sie soziale Spannungen und verengten den Diskursraum. Vielleicht war sogar der Nationalismus wichtig, als er aufkam, um verspätete Nationen wie Deutschland und Italien von einem vormodernen Imperium in einen modernen Nationalstaat zu verwandeln, aber als der Nationalismus in beiden Ländern herrschte, entwickelte er sich zum Faschismus.

Diese Ideen waren wichtig als Vorboten des Wandels, aber sie waren nur eine Antithese zum herrschenden System und konnten selbst keine dauerhafte Alternative zu diesem System werden. Ihnen fehlten die Flexibilität und Dialektik, die jede Veränderung begleiten muss, damit sie die Gesellschaft voranbringt und nicht zurückwirft. Wenn Befreiungsideologien zum Selbstzweck werden, werden sie zur Last für die Menschen, die sie ursprünglich befreien wollten. Sie verlieren das Ziel aus den Augen, weil sie mit der Zeit einen Kult um Ideen und Personen aufbauen, anstatt das ursprüngliche Ziel zu verfolgen. Die Unantastbarkeit von Ideen und Symbolen macht die Ideologie starr, exklusiv und später aggressiv. Sogar der Multikulturalismus, der die ethnischen und religiösen Clan-Kulturen ersetzen sollte, förderte später die Clan-Mentalität und entwickelte totalitäre Elemente wie die Cancel Culture, Mobbing an den Universitäten, Denunziation und Diffamierung, um die herrschende Ideologie zu schützen.

Queer- und Transgender-Bewegungen waren ebenfalls wichtig, um auf Unterdrückung und Ungerechtigkeit aufmerksam zu machen, aber auch sie schossen manchmal über das Ziel hinaus. Zum Beispiel, wenn sie ihre sexuellen Vorlieben in den Mittelpunkt ihrer Identität stellten und jede Kritik an ihrem Verhalten als homophob oder transphob bezeichneten. Gleichberechtigung wurde benutzt, um Machtstrukturen aufzubauen und andere zum Schweigen zu bringen.

Diese Ideologien und ihre Anhänger haben nie verstanden, dass die Befreiung einer Gesellschaft und die Schaffung einer neuen Gesellschaft nicht dasselbe sind und nicht mit denselben Mechanismen erreicht werden können.

Dennoch haben alle diese Bewegungen das Recht, auf die Straße zu gehen und ihre Anliegen vorzutragen. Aber es fehlt ein Raum der Vermittlung, in dem lösungsorientiert verhandelt werden kann. Viele dieser Gruppen sind nicht diskursfähig und wollen nur alte Wunden wegschreien oder ihre Gegner bloßstellen. Der Protest bleibt ein legitimes demokratisches Mittel, auch wenn die Forderungen des Protestes nicht erfüllt werden können. Er bleibt wichtig für die Selbstverständigung der Bürger untereinander, solange er friedlich bleibt.

Eines der Hauptprobleme der Politik besteht darin, dass sehr schnell ein Konsens gesucht wird, bevor die Diskussion über bestimmte Themen zu Ende geführt wurde. Man neigt dazu, Protestbewegungen als Spalter und Kritiker als Störenfriede des sozialen Friedens zu bezeichnen. Eine dynamische Gesellschaft muss aber auch heftigen Protest und idealistische Forderungen aushalten können. Deshalb sind mir die Mahner der Klimabewegung lieber als die Schönredner, die glauben, die Umweltprobleme würden sich von selbst lösen. Mir ist jemand lieber, der die Migrationspolitik der Regierung kritisiert, als jemand, der sagt: »Der Islam gehört zu Deutschland«, ohne auf die Konflikte einzugehen, die mit der Einbürgerung des Islam einhergehen.

Wir brauchen Pragmatiker, Idealisten und Rebellen. Aber jeder muss an seinem Platz sein. Problematisch wird es erst, wenn die Pragmatiker zu Hause sitzen und sich zu den Themen nicht äußern, während die Idealisten und Rebellen auf der Regierungsbank sitzen und ihre revolutionären Fantasien an der Bevölkerung ausprobieren. Dass Idealismus in der Realpolitik nicht funktioniert, zeigt unsere Außenministerin, die eine werteorientierte feministische Außenpolitik versprochen hat, Saudi-Arabien, das einen brutalen Krieg im Jemen führt, mit Eurofightern beliefert und Israel mit Munition, die für den Tod Tausender Zivilisten verantwortlich ist. In einer Zeit, in der sich die Politik nur noch mit Krisenmanagement beschäftigt, brauchen wir Idealisten und von mir aus auch Mahner, die laut aufschreien und nach Zukunftsperspektiven suchen. Wir brauchen Radikale, die an den Säulen des Stillstands rütteln, solange sie friedlich bleiben. Aber wir müssen uns davor hüten, in die Logik der Angst und der Apokalypse zu verfallen, die den Diskurs vieler Idealisten und Mahner bestimmt.

Der Vormarsch der Progressiven und das Tempo des Wandels haben bei vielen Menschen Zukunftsängste ausgelöst. Die Angst vor der Zukunft drückt sich deutlich in der Sehnsucht nach der Vergangenheit aus. Manche verklären die DDR, die alte Bundesrepublik und sogar die Kaiserzeit, nicht weil sie sich nach der Diktatur zurücksehnen, sondern weil sie von der Gegenwart überfordert sind. Obwohl diese Menschen wissen, dass die Vergangenheit nicht unbedingt besser war als die Gegenwart, verbarrikadieren sie sich in dieser Vergangenheit, weil sie sie kennen. Sie kennen die Fallstricke und Hürden der Vergangenheit und wissen, dass sie diese bereits überwunden haben, also suchen sie Sicherheit in dem, was sie bereits ausprobiert und erprobt haben. Sie wissen, dass alle Schwierigkeiten der Vergangenheit etwas sind, das sie bereits überstanden haben. Die Zukunft hingegen ist unberechenbar. Sie kennen die Tücken und Hürden dieser Zukunft nicht und wissen nicht, ob und wie sie sie überwinden können. Deshalb suchen sie die Sicherheit des Gewohnten, des Vertrauten in der Vergangenheit und wehren sich gegen die Zukunft mit all ihren Gefahren und Chancen. Und selbst wenn sie die Verhältnisse der Vergangenheit nicht wiederherstellen wollen, versuchen sie zumindest, die Gegenwart einzufrieren, damit sich nichts ändert.

Auf der persönlichen Ebene sehnen wir uns nach der Vergangenheit, weil das Kind in uns die Vertrautheit der Vergangenheit wiederherstellen möchte, weil sie mit Sicherheit und Berechenbarkeit verbunden ist. Als Kind hatte ich die Nase voll von dem Fruchtsaft, den meine Mutter immer zubereitete. Je nach Jahreszeit gab es Mango-, Granatapfel-, Orangen- oder Zuckerrohrsaft zum Nachtisch. Irgendwann tauchten in unserem Dorf billige Limonaden mit künstlichen Aromen und bunten Farben auf. Ich bevorzugte damals die bunten künstlichen Getränke, weil sie eine Art Emanzipation von der Enge des Elternhauses symbolisierten. Meine Mutter kochte und buk selbst, und ihr Essen war immer köstlich, aber ich wartete auf den Tag, an dem ich einen Hamburger in einem Restaurant essen würde, weil das für mich kulinarische Befreiung bedeutete. Heute, mitten in Europa, mit den besten internationalen Restaurants um mich herum, wünsche ich mir nichts sehnlicher als einen Okra-Eintopf oder einen Mangosaft aus den Händen meiner Mutter. In der Bäckerei stehe ich vor einem Regal mit verschiedenen Brotsorten und wünsche mir, dass das Fladenbrot meiner Mutter darunter wäre.

Jeder von uns sucht die Umarmung der Mutter und die Geborgenheit des Vertrauten in einer Version der Vergangenheit, die es vielleicht nie gegeben hat. Jeder von uns wird von Kindheitserlebnissen heimgesucht, mit denen es keine heutige Erfahrung aufnehmen kann. Die Vergangenheit gewinnt immer, weil wir sie kennen und weil wir uns aus ihr das herauspicken, was uns gerade passt. Die Rechten hassen die Linken, weil sie ihnen ihre idealisierte Geschichte wegnehmen und sie mit Schuld und Scham belasten.

Viele bleiben gefangen in einer guten oder schlechten Erfahrung aus der Vergangenheit, die ihr Bewusstsein und ihre Beziehung zum Leben geprägt hat, so als würden sie einen Anzug schneidern, den sie bei jeder Gelegenheit tragen. Selbst wenn der Anzug zu eng wird, versuchen sie, ihn an ihre Gewichtszunahme oder -abnahme anzupassen. Wir suchen immer nach einem Sinn in dem, was uns selbst oder anderen in der Vergangenheit widerfahren ist, und wir machen die Vergangenheit zum Maßstab für alles, was kommt. Wir sind sehr geschickt darin, die Geschichte so anzupassen, wie wir uns heute fühlen oder wie wir sie haben wollen, indem wir einige Details auswählen und andere verwerfen, je nachdem, welchen Sinn wir suchen. Manchmal sind wir skeptisch, hängen Mythen an, als wären sie wahr, und leugnen Fakten, als wären sie erfunden. Manchmal fühlen wir uns gedemütigt und besiegt und suchen in der Erinnerung nach Erklärungen oder Entschuldigungen für unsere Niederlage.

Die Vergangenheit ist der Spielball und das Spielfeld der Rechten. Nostalgie ist ihre Rekrutierungsstrategie und ihre Falle. Sie suchen nach Anhängern, die von der Gegenwart überfordert sind und mit großer Skepsis in die Zukunft blicken. Menschen, die den Strukturwandel in Wirtschaft, Medien und Technik als Bedrohung empfinden, suchen Halt in dem, was längst vergangen ist oder was sie unverändert haben wollen. Je schneller die Linksliberalen die Gesellschaft umkrempeln oder gar umerziehen wollen, desto stärker wird der Widerstand der Konservativen. Je mehr die Öffnung der Gesellschaft durch die Multikulturalismus-Doktrin institutionalisiert wird, desto größer wird die Abneigung der Rechten gegen Menschen aus anderen Kulturen. Je mehr die Progressiven die Gesellschaft vorantreiben wollen, desto mehr versuchen die Rechten, sie aufzuhalten.

Wenn der Boden, auf dem man steht, immer wackeliger wird, wenn man sich umschaut und kaum noch etwas Vertrautes findet, dann sucht man nach etwas, woran man sich festhalten kann. Das Festhalten am Eigenen ist die Ware der Rechten. Viele Menschen, die das Gefühl haben, von einer Flut von Veränderungen mitgerissen zu werden, brauchen etwas, woran sie sich festhalten können, und die rechte Ideologie bietet genau das: einen Aufschrei der Ablehnung und einen Anker, an dem man sich festhalten kann. Sie verspricht, die Flut der Veränderung aufzuhalten oder zumindest zu verlangsamen. Sie verspricht, alles einzufrieren, zumindest so lange, bis die überforderten Bürger wieder zu Atem gekommen sind und ihre Position im Chaos erkannt haben; bis sie einen Weg gefunden haben, sich auf die neue Welt zu beziehen und ihre eigene Relevanz darin zu erkennen. Die Frage, die viele Menschen heute umtreibt, lautet: Wann höre ich auf, für diese neue Welt relevant zu sein? Viele kämpfen gegen die drohende Irrelevanz mit Aktivismus, Protest oder die Wahl der AfD.

Ein Problem der woken Linksliberalen ist, dass sie die unterschiedlichen Geschwindigkeiten in einer Gesellschaft nicht berücksichtigen und von allen erwarten, dass sie im Gleichschritt voranschreiten. Damit stoßen sie viele vor den Kopf, die langsamer sind oder Veränderungen misstrauisch gegenüberstehen. Sie diffamieren Menschen, die der zunehmenden Migration kritisch gegenüberstehen oder gar Menschen mit Migrationshintergrund nach ihrer Herkunft fragen, als Rassisten. Sie ermutigen Minderheiten, stolz auf ihre Herkunft zu sein und die Symbole ihrer Kulturen und Religionen in der Öffentlichkeit sichtbarer zu machen, werfen aber Deutschen, die stolz auf ihr Land sind und die deutsche Fahne schwenken, vor, Nazis zu sein. Sie bezeichnen die Abschottung der Minderheiten als kulturelle Eigenart, die Abschottung der weißen Deutschen aber als Rückständigkeit. Sie tolerieren die Unterdrückung muslimischer Frauen durch ihre Ehemänner, bezeichnen aber Deutsche, die keine geschlechtergerechte Sprache verwenden, als frauenfeindlich. Oder sie beschuldigen Menschen, die große Autos fahren oder gerne Steaks essen, Umweltsünder zu sein. Diese Angeklagten fliehen vor den überzogenen Fortschrittsansprüchen und all diesen Vorwürfen in die rechte Ideologie. Sie fliehen vor einer Gegenwart, die ihnen nicht gehört, in die Nostalgie.

Die Nostalgie ist eine schöne Falle, in die man freiwillig tappt, in die man sich flüchtet, wenn der Schmerz oder die Enttäuschung einen drängen. Es ist eine Flucht vor der Leere in die Blase eines Traums. Eine Flucht in eine Vergangenheit, die es nie gab, um einer Gegenwart zu trotzen, die nicht erfüllt. Je unglücklicher die Gegenwart wird, desto selektiver wird die Nostalgie, die die Vergangenheit auf ihre Weise neu erfindet und sie als mythisches Ereignis außerhalb der Zeit idealisiert. Die Geliebte der Vergangenheit wird schöner, und alles, was man mit ihr erlebt hat, wird magisch, wenn die gegenwärtige Beziehung gerade zerbrochen ist. Die Heimat, aus der man geflohen ist, wird schöner und alle ihre Bewohner werden freundlich, wenn man in der Fremde keinen Erfolg und keine Anerkennung findet. Die Geschichte der geschundenen Völker wird größer und alle ihre Kapitel scheinen glanzvoller, je mehr Elend sie in der Gegenwart ertragen müssen. Aber was ist das für eine Schönheit, die von den Stolpersteinen und der Hässlichkeit der Realität abhängig bleibt? Was ist das für eine Schönheit, die aus der Flucht vor der Gegenwart entsteht?

Wir sind die unerfüllten Träume unserer Väter und Mütter, die darauf warten, verwirklicht zu werden. Wir sind die Sehnsucht des Lebens nach Entfaltung. Die Flucht in die Vergangenheit mit ihren Bitternissen, Wahrheiten und Mythen ist ein Vergehen am Leben und ein Verbrechen gegen uns selbst, weil sie uns daran hindert, uns selbst zu verwirklichen, indem sie uns zu einer bloßen Wiederholung der Misserfolge oder Ängste unserer Eltern macht.

Die Nostalgie ist das Spiel der Rattenfänger und ihr Fluch, denn sie versteht es, die Abwesenheit zu verherrlichen und den Mängeln eine Identität zu geben, und die Verklärung der Vergangenheit ist der Nährboden für nationalistische Parolen und die

Wiederverwertung alter Erinnerungen, um den längst vergangenen Ruhm der Nation künstlich zu beatmen. Nostalgie ist der Vorbote des Faschismus in all seinen Formen.

Kapitel 10

Gefangen in alten Wunden: Wie Traumata das Weltgeschehen bestimmen

Die Vergangenheit, die für die einen ein Traum ist, um der Gegenwart zu entfliehen, ist für die anderen ein Alptraum, der Angst vor der Zukunft auslöst. Fast alle Konflikte in der Welt sind aus alten Traumata und den damit verbundenen Erzählungen entstanden: Der Nahostkonflikt, der China-Taiwan-Konflikt, die Bürgerkriege in Syrien, im Jemen und im Irak, der Krieg zwischen Russland und der Ukraine usw. haben alle ihre Wurzeln in alten Traumata, die bis heute nicht verarbeitet sind. In Deutschland hat das Trauma des »Dritten Reiches« und des Zweiten Weltkriegs zu einer Abkehr vom Nationalismus, in Ungarn und Polen hat das gleiche Trauma und das der sowjetischen Unterdrückung zu einem Erstarken des Nationalismus geführt.

Auch in Deutschland werden alle gesellschaftlichen Gruppen von den Traumata der Vergangenheit beherrscht, die ihre Handlungsmöglichkeiten in der Gegenwart einschränken. Alte Traumata führen zu einer verstärkten Betonung der Identität, zu einer verstärkten Sehnsucht nach Absolutismus und zu einer zunehmenden Diskursunfähigkeit. Dies wiederum führt zu einer Verhärtung der Fronten und zu einer Stagnation der gesellschaftlichen Dynamik. Wichtige Themen, die sowohl die Vergangenheit als auch die Gegenwart betreffen, werden nicht fair verhandelt, um eine gemeinsame Basis zu finden. Jede Seite verteidigt bewusst oder unbewusst das eigene Trauma und hält es für das Maß aller Dinge. Niemand will sein Trauma aufgeben, niemand ist bereit, es zu überwinden. Es gibt einen regelrechten Überbietungswettbewerb, wer das größere Opfer ist. Die Skepsis gegenüber der Sowjetunion aus der Zeit des Kalten Krieges prägt bis heute den Blick der verschiedenen gesellschaftlichen Gruppen aufeinander. Alte Traumata bestimmen das Denken und Handeln der einzelnen Gruppen. Das gilt für die Linke wie für die Rechte. Das gilt für Migranten ebenso wie für die Mehrheitsgesellschaft. Palästinenser und Israelis sind ebenso in einem geteilten Trauma gefangen wie Russen und Ukrainer.

Traumata sind bekannt dafür, dass sie unser Bild von uns selbst und von der Welt, in der wir leben, verzerren, sodass wir uns wie kleine Kinder verhalten, die immer das Schlimmste erwarten und immer gereizt reagieren. Die durch Krieg und Holocaust traumatisierte Linke erwartet hinter jeder Kritik an Minderheiten die Wiederkehr Nazi-Deutschlands und hinter jeder militärischen Auseinandersetzung den Ausbruch des Dritten Weltkriegs. Auch viele rechte Reaktionen sind eine Folge von Krieg und Holocaust: Viele verklären die Vergangenheit, können aber mit der Last der Schuld nicht umgehen und glauben, sich durch eine Relativierung der Ereignisse zwischen 1933 und 1945 entlasten zu können. Eingefleischte Nazis und Holocaustleugner wiederum artikulieren ihre Ablehnung der Verbrechen des »Dritten Reiches« mit der Behauptung, diese hätten nie stattgefunden.

Afroeuropäer und Afroamerikaner artikulieren das Trauma der Sklaverei ihrer Großeltern und machen es zur Richtschnur ihres Handelns. Die meisten von ihnen haben selbst keine Großeltern, die unter der Sklaverei gelitten haben, aber sie tragen dieses Trauma als Teil ihrer Identität mit sich herum. Gastarbeiterkinder, die heute viel bessere Chancen in der Gesellschaft haben, tragen das Trauma der Diskriminierung ihrer Eltern mit sich und beklagen einen Rassismus, den es in dieser Form nicht mehr gibt. Sie reagieren alarmiert, wenn sie mit Ablehnung oder Respektlosigkeit konfrontiert werden. Viele Palästinenser, die seit Jahrzehnten in Europa leben oder hier geboren wurden, tragen das

Trauma der Nakba ihrer Großeltern mit sich, als 1948 im Zuge der Gründung Israels 700 000 Palästinenser aus ihren Häusern verjagt und in die Flucht getrieben wurden. Ebenso tragen viele hier lebende Juden das Trauma der Shoa in sich und sind sofort alarmiert, wenn rechte, linke oder islamistische Gruppen durch die Straßen marschieren oder israelfeindliche Parolen rufen.

Flüchtlinge kommen mit ihren traumatischen Kriegs- und Fluchterfahrungen in den Westen und erwarten Verständnis für ihr Leid, ohne zu wissen, dass auch die Einheimischen mit ihren eigenen Traumata zu kämpfen haben. Jeder Mensch wird nicht nur von der Vergangenheit, sondern auch von den schlimmsten Ereignissen dieser Vergangenheit beherrscht, und genau dafür gibt es den medizinischen Begriff der posttraumatischen Belastungsstörung. Unter diesen Umständen und bei so vielen Traumata wird der Raum für Zweifel am eigenen Narrativ immer enger und die Möglichkeit eines fairen Austauschs mit dem anderen, geschweige denn Empathie, immer unwahrscheinlicher. Alle Seiten werden zu neuen Jakobinern, die die Sprache des anderen nach verdächtigen Aussagen durchforsten, um Empörung zu schüren. Statt über reale Inhalte und Herausforderungen zu diskutieren, sprechen sie lieber über Begriffe und die Emotionen, die diese Begriffe auslösen. Und so verschwindet der Raum für Selbstkritik, Zusammenarbeit, Kreativität und Fortschritt in einem Nebel von Konformismus und einer Atmosphäre des Misstrauens.

Traumata sind bekannt dafür, dass sie Schuldgefühle hervorrufen, die sich nach Belieben in Aggression verwandeln können. Der Umgang mit der deutschen Schuld zeigt dies deutlich. Wenn die Motivation, gut zu sein, allein aus der Angst entsteht, mit dem alten Bild des »bösen Deutschen« in Verbindung gebracht zu werden, dann ist das ein Zeichen für die Unfähigkeit, sinnvolle Schlüsse aus der Geschichte zu ziehen. Stattdessen wird eine Erinnerungskultur gefördert, die zwischen der Haltung des »Nie wieder« und der Abwehrhaltung des »Jetzt muss aber gut sein« schwankt.

Deutschland blickt immer wieder auf die zwölf Jahre des Nationalsozialismus als Zentrum seiner Geschichte. Aber diese zwölf Jahre sind nicht die Geschichte, sondern der verbrecherische Gipfelpunkt der Geschichte. Die Geschichte beginnt dort, wo sich der Traum vom Heiligen Römischen Reich Deutscher Nation in der deutschen Seele eingenistet hat und jeder modernen Nationsbildung widerstand. Sie beginnt mit der bürgerlichen Revolution, die in Deutschland nie wirklich stattgefunden hat. Mit einer autoritären Mentalität, die sich über Jahrhunderte im politischen Raum festgesetzt hat. Mit der Illusion, Deutschland sei als Kulturnation der frivolen Zivilisation Frankreichs und Amerikas überlegen. Mit einem gebrochenen Bürgertum im 19. und in der ersten Hälfte des 20. Jahrhunderts, in dem das Großbürgertum vor dem Fürsten katzbuckelte und jeder Subalternoffizier höher stand als der Unternehmer, der Professor oder der Künstler. Die Geschichte beginnt mit dem Untertanengeist, der unter Friedrich dem Großen, unter Bismarck, unter Hitler, unter dem kommunistischen Regime der DDR sehr deutlich war. Wer Geschichte wirklich aufarbeiten will, sollte hier ansetzen, statt sich immer nur auf die zwölf Jahre des »Dritten Reiches« zu konzentrieren.

Angst und Traumata betreffen alle gesellschaftlichen Gruppen: Islamisten fürchten die westliche Freiheit, die zur Sünde führt. Andere Muslime wehren sich gegen kulturelle Assimilation, weil sie darin einen Verrat an der eigenen Identität sehen. Die Mitte fürchtet den Rechtsruck, denn sie traut sich nicht zu, einen neuen Hitler aufzuhalten. Die Rechten haben Angst vor Überfremdung durch Migranten und vor Marginalisierung im eigenen Land. Und die Umweltschützer haben Angst vor dem Klimawandel und den damit verbundenen Weltuntergangsszenarien. Jede Gruppe flüchtet sich vor dem eigenen Trauma in eine hermetisch abgeschlossene Glaubenskultur, in eine ideologische Idealwelt, die die Nachwirkungen des Traumas lindern, aber eine direkte Konfrontation mit diesem Trauma verhindern soll.

Jede Gruppe hat ihre eigenen existenziellen Ängste und ist davon überzeugt, dass ihre Anliegen die wichtigsten und berechtigtsten sind. Dieses Klima der Angst und Polarisierung behindert jedoch einen konstruktiven Dialog über gemeinsame Werte und die Bewältigung wichtiger Herausforderungen. Darüber hinaus polarisiert die Etikettierung von Menschen mit Begriffen wie »Nazi«, »Klimaleugner«, »Antisemit«, »Putin-Versteher« oder »Islamhasser« den Diskurs und macht eine echte Verständigung unmöglich. Eine solche Sprache verfestigt Gruppenidentitäten, indem sie Gegenpositionen verteufelt und einen Kreislauf von Spaltung und Misstrauen aufrechterhält.

Es stellt sich die Frage, ob die Identität einer Nation über ihre historischen Traumata definiert werden kann. Die Fixierung auf die deutsche Vergangenheit, insbesondere auf das Trauma des »Dritten Reiches«, scheint alle anderen Aspekte nationaler Identität zu überlagern. Politiker berufen sich auf Auschwitz als Motivation ihrer Politik, und Slogans wie »Nie wieder Krieg« oder »Nie wieder Deutschland« unterstreichen eine nationale Identität, die auf Schuld und Verurteilung vergangener Gräueltaten beruht. Umgekehrt versuchen Gruppierungen wie die AfD, die deutsche Geschichte zu verharmlosen oder zu verherrlichen, und sprechen damit einen Teil der Gesellschaft an, der sich nicht mit historischer Schuld belasten lassen will. Die Gegner der AfD befürchten, dass die Relativierung des Traumas zu dessen Wiederholung führt.

Die Beschäftigung mit der Vergangenheit prägt die aktuelle deutsche Politik und beeinflusst die Debatten über nationale Identität und Verantwortung. Einige sehnen sich nach einer Rückkehr zu imperialem Ruhm, andere lehnen solche Vorstellungen ab, was zu einer weiteren Polarisierung führt. Darüber hinaus bringen Migranten ihre eigenen kulturellen Narrative, Traumata und imperialen Träume mit, die manchmal mit denen konservativer Deutscher übereinstimmen, die Tradition über Fortschritt stellen.

Konservative Muslime schließen sich jedoch eher der liberalen Linken an, die ihren Konservatismus toleriert und fördert.

Eine übermäßige Betonung von Selbstbehauptung und Isolationismus behindert jedoch das persönliche und gesellschaftliche Wachstum. In der Geschichte gibt es Beispiele für Zivilisationen wie die der alten Maya oder der Osterinsel, deren isolationistische Tendenzen ihren Untergang beschleunigten. Ebenso führen Ideologien, die auf der Überlegenheit der eigenen Gemeinschaft beruhen, oft zu Gewalt und Unterdrückung, wie der Faschismus und die Rassenideologie der Nationalsozialisten zeigen. Die Abwehr gegen Vereinnahmung von außen ist ein wichtiger Schutzmechanismus für die Identität, aber manchmal erstickt die Abwehr die Identität, anstatt sie zu schützen, weil sie die Menschen in einem Zustand ständiger Alarmbereitschaft und Aggressivität hält. Hier lassen sich Parallelen zur Immunbiologie ziehen: So wie ein ausgewogenes Immunsystem vor Krankheitserregern schützt, ohne den Körper selbst anzugreifen, sollte eine gesunde nationale Identität die Einheit fördern, ohne auf Feindseligkeit gegenüber anderen zurückzugreifen. Eine Identität, die ausschließlich auf Abwehrmechanismen beruht, läuft Gefahr, zu einer Autoimmunkrankheit zu werden, die die eigene Gesellschaft angreift, anstatt sie vor äußeren Bedrohungen zu schützen. Nationalistische Bewegungen, die Reinheit und Abschottung propagieren, untergraben letztlich das Gefüge der Gesellschaft selbst und behindern ihre Anpassungs- und Entwicklungsfähigkeit.

Jeder Mensch ist mehr oder weniger innerlich gespalten zwischen seinen eigenen Wünschen und den Erwartungen seiner Umwelt. Man ist etwas und will etwas anderes. Was man will, ist oft nicht leicht zu erreichen. Die Diskrepanz zwischen dem, wo man ist, und dem, wo man sein will, ist die Hauptquelle von Wut und Ressentiment. Die Summe der inneren Spaltungen der Einzelnen ergibt die gesellschaftliche Spaltung. Gesellschaftliche Spaltung ist im Grunde nichts Schlechtes. Schließlich lebt die

Demokratie von unterschiedlichen Meinungen und Parteien. Im Wort »Partei« ist die Spaltung schon enthalten. Wenn aber jede Gruppe aufgrund ihrer eigenen Traumatisierung den anderen Gruppen so skeptisch, ja hasserfüllt gegenübersteht, dann ist das keine Spaltung mehr, sondern eine tickende Zeitbombe. Wenn die Traumatisierten sich gegenseitig anstecken und aufhetzen, dann ist das keine gesunde politische Vielfalt mehr, sondern Massenhysterie. Wenn jede Gruppe dem eigenen Trauma mehr politische Relevanz verleiht und vom Staat verlangt, gegen die anderen Traumatisierten vorzugehen, wird der Weg zum Autoritarismus geebnet, der zum ursprünglichen Trauma geführt hat. Wenn das Trauma nicht gestoppt wird, wird es transgenerational und wächst exponentiell wie ein Krebsgeschwür. Und wenn das Trauma nicht als solches erkannt und behandelt wird und immer mehr Menschen in der Gesellschaft davon betroffen sind, dann heißt es nicht mehr »Trauma«, sondern »Identität«.

Meine eigenen traumatischen Erfahrungen in der Kindheit haben mich veranlasst, mich intensiv mit der Traumaforschung zu beschäftigen. Wegweisend waren für mich die Arbeiten von Gabor Maté und Franz Ruppert. Aus ihren Arbeiten lernte ich, dass traumatisierte Menschen die meiste Zeit ihres Lebens mit einer gespaltenen Psyche leben. Die Spaltung der Psyche, so Ruppert, ist eine Überlebensstrategie, um mit traumatischen Erfahrungen besser umgehen zu können.

Bei mir war das genauso. In einem Teil meiner Psyche gab es Erinnerungen und Realitäten, mit denen ich nicht leben konnte und die ich deshalb verdrängen musste. Schwere Gewalterfahrungen, das Verbot, meine Mutter zu besuchen, und das Trauma der Unfreiheit, das mein früheres Leben bestimmt hatte – all das konnte ich als Teil meiner Erinnerungen eine Zeit lang nicht ertragen und musste es ins Unbewusste verdrängen, um ein »normales« Leben führen zu können, ein Leben, in dem ich kein beschädigter Mensch war.

Doch das Trauma schläft nicht. Es manifestiert sich in Verhaltensauffälligkeiten und Eskapismus. Die ständige Flucht von einem Ort zum anderen, von einer Beziehung zur nächsten und von einer Weltanschauung zur anderen war meine Art, dem Trauma zu entkommen. Da es mir als Kind nicht gelungen war, dem großen Unglück zu entkommen, verbrachte ich den Rest meines Lebens auf der Flucht. Um die Fragmentierung meiner Psyche zu ertragen, suchte ich immer wieder nach einer Gruppe, die mir Einheit und Entschlossenheit vermittelte, oder nach einer Sache, die mir die Illusion einer heilen und makellosen Welt bot. Mal waren es die Marxisten, mal die Muslimbrüder, mal Deutschland, mal die Welt des Zen-Buddhismus.

Den psychischen Zusammenbruch, den ich kurz nach meiner Ankunft in Deutschland erlebte, hielt ich eine Zeit lang für die größte Niederlage meines Lebens. Aber eigentlich war er ein großes Geschenk für mich, weil er mir die chronische Zersplitterung meiner Psyche bewusst gemacht hat. Früher rebellierte ich gegen die starren Regeln meiner Kultur und wollte mich von ihnen befreien, aber ich war mit einem inneren Betriebssystem ausgestattet, das nur innerhalb dieser Kultur funktionieren konnte. Der Kern dieses Betriebssystems war die Verdrängung als Strategie der Konfliktbewältigung. Mein Betriebssystem war ägyptisch und auf die Bedürfnisse der ägyptischen Gesellschaft zugeschnitten, aber es war nicht kompatibel mit Deutschland. Meine Sprache, meine Art, mit Gedanken und Gefühlen umzugehen, reichte nicht aus, um mit den Deutschen eine gesunde Kommunikation zu führen. In der Fremde erwachte mein Trauma, weil die Firewall der Verdrängung deaktiviert wurde. Deshalb bin ich zusammengebrochen.

Nach mehreren Fehldiagnosen stellte ein Psychiater fest, dass ich an einer »multiplen Persönlichkeitsstörung« litt, einer Art Unterdiagnose der »posttraumatischen Belastungsstörung«. Ich war sehr dankbar, dass ich die Spaltung meiner Psyche rechtzeitig erkannt hatte, denn seither habe ich mehr Zeit darauf verwendet, diese Spaltung zu heilen oder zumindest zu zähmen. »Konfrontation statt Flucht« und »Verstehen statt Totschweigen« ist seither meine Maxime. Die gespaltene Psyche des verletzten Kindes führte dazu, dass ich mich auch als Erwachsener oft wie ein Kind verhielt. Ich war egoistisch, skeptisch, leicht reizbar und traf oft unüberlegte Entscheidungen aus Trotz und Wut. Ein verletztes Kind neigt oft dazu, die ganze Welt als einen unsicheren Ort und alle Menschen als potenzielle Feinde zu betrachten.

Ich kann nicht sagen, dass ich heute völlig geheilt bin, aber allein das Verstehen der Dynamik, die zur Spaltung der Psyche führt, hilft mir, mit dieser Beeinträchtigung zu leben und mit ihren Folgen umzugehen. Es hilft mir, meine Psyche zu nutzen, um die Realität zu verstehen, und nicht, um ihr zu entfliehen. Ich lernte, dass der Teil meiner Psyche, der den alten Schmerz unterdrückte, Angst, Wut und Scham am Leben hielt und dafür sorgte, dass sie in unerwarteten Situationen explodierten und meinen Schmerz noch verstärkten. Ich war dankbar, dass die Scheinwelt, die ich mir aufgebaut hatte, um dem Trauma zu entkommen, zusammenbrach. Denn diese Überlebensstrategie ging am Sinn des Lebens vorbei.

Und genau das beobachte ich zunehmend bei vielen traumatisierten Gruppen in der Gesellschaft. Sie leben in Blasen, kämpfen gegen Windmühlen und verbarrikadieren sich hinter Überlebensstrategien, die sie Identität nennen. Sie erkennen nicht, dass sie ihre Identität um ihr eigenes kollektives transgenerationales Trauma herum aufgebaut haben. Sie erkennen nicht, dass das Schlimmste, was ihnen, ihren Eltern oder Großeltern widerfahren ist, zum Fixpunkt ihrer Existenz geworden ist und dass diese alten Traumata reaktiviert werden, sobald sie in Situationen geraten, die sie an die schreckliche Vergangenheit erinnern. Sie erkennen nicht, dass Angst, Scham und Wut, die aus diesen Traumata entstanden sind, heute ihre politischen und sozialen Ideale bestimmen.

In dem Moment, als ich mein Dorf verließ, wurde mir klar, dass ich nichts mehr zu verlieren, nichts mehr zu bewahren, sondern etwas zu schaffen hatte. Aber in Kairo konnte ich nichts Neues schaffen, weil die Last der Vergangenheit größer war als der Mut zur Veränderung. Als ich nach Deutschland kam, musste ich mich neu erfinden. Um etwas Neues aus mir zu machen, musste ich die alten Identitätsschichten in mir freilegen, um zu entscheiden, welche ich behalten wollte und welche meine neue Schöpfung stören oder zerstören könnten. Mein Trauma war tief in meiner Identität verankert, und ich musste es nicht nur freilegen, sondern auch überwinden. Erst als ich mich von meiner Scheinwelt befreit hatte, konnte ich mich dem wirklichen Leben zuwenden. Erst dann konnte ich Werke schreiben, die nicht aus der Höhle meines Traumas stammten. Erst dann konnte ich wirklich lieben.

Auch ganze Gesellschaften können desillusioniert werden und sich von ihrer Scheinwelt befreien, wie Deutschland nach 1945. Dieselben Menschen, die dem Führer zujubelten, waren wenige Jahre später Demokraten. Tatsächlich war Deutschland mein Vorbild bei der Überwindung meines Traumas und meiner Scheinwelt. Ich bewunderte das Land, das es geschafft hatte, aus den Trümmern des Krieges eine funktionierende Demokratie und eine der stärksten Volkswirtschaften der Welt aufzubauen. Mein Lieblingsort in München war der Olympiaberg, ein Park, der aus den Trümmern des Zweiten Weltkriegs entstanden war. Als ich in München lebte, wohnte ich direkt gegenüber. An den Wochenenden stieg ich auf den Hügel und schaute mir München von oben an. Ich war erstaunt über die Fähigkeit der Deutschen, aus etwas Hässlichem wie den Trümmern etwas Schönes wie diesen Park zu schaffen. Das geht nur, wenn man sich von der Scheinwelt der Ideologie löst und sich der realen Welt zuwendet, ihren Zumutungen und Möglichkeiten. Wer aber an der Vergangenheit festhält, sei es als idealisierte Phase oder als chronischer Schmerz, lernt nichts, wächst nicht und verfängt sich immer wieder in nervenaufreibenden Horrorszenarien und Verschwörungstheorien. Und wird so zur leichten Beute für die Rattenfänger aller möglichen radikalen Ideologen. In allen Protestbewegungen, die wir in der jüngeren Vergangenheit erlebt haben, gab es immer wieder Menschen, die ihre Traumata auf andere übertragen wollten.

Sie verarbeiten Angst, Scham und Wut, die sie selbst nicht bewältigen konnten, indem sie andere beleidigen oder beschämen. Sie beschimpfen andere als »Coronaleugner«, »Nazischweine«, »Kamelficker«, »asoziales Pack« oder »Dönerfresser«. Durch Schreien versuchen sie, die Aufmerksamkeit zu bekommen, die ihnen zuvor verweigert wurde. Sie lassen sich von dieser Wut mitreißen und wandeln ihren Hass auf andere in Ekelgefühle um. Wer jemanden hasst, will ihm vielleicht nur aus dem Weg gehen, wer sich vor jemandem ekelt, will ihn vernichten. Die Entmenschlichung des anderen durch das Wecken von Ekelgefühlen ist seit jeher eine bewährte Strategie. Die Islamisten nennen die Ungläubigen »unrein«, um den Kampf gegen sie zu legitimieren. Die Nazis nannten die Juden »Ungeziefer«, um sie zu entmenschlichen und so ihre Vernichtung zu ermöglichen. Die Hamas bezeichnet die Juden als »Nachkommen von Affen und Schweinen« und der israelische Verteidigungsminister Joav Gallant nannte die Palästinenser während des Gazakrieges »menschliche Tiere«. Keiner von ihnen merkt, dass sie sich eigentlich vor sich selbst ekeln, weil sie nur als Kanonenfutter für ihr hungriges Trauma dienen. Keiner von ihnen begreift, dass sie sich nicht über die anderen erheben dürfen, weil sie wie diese in der Vergangenheit gefangen sind und längst dieselbe Logik verinnerlicht haben wie diejenigen, gegen die sie kämpfen.

Wenn ich mir die Weltlage heute ansehe, kann ich klar erkennen, dass fast alle Kriege, Konflikte und Umwälzungen, mit denen wir es zu tun haben, nichts anderes sind als Störungen, die aus alten Traumata entstanden sind, die die Menschen verdrängt haben. Nach dem Zweiten Weltkrieg erlebten die Europäer die längste Friedensperiode der Geschichte, aber jetzt kommen die posttraumatischen Störungen des Krieges, des Faschismus und des Kalten Krieges. Weiße und Afroamerikaner erleben die Langzeitfolgen von Sklaverei und Rassentrennung in einer Zeit, in der Beschuldigungen und Gegenbeschuldigungen den Diskurs beherrschen. Die Russen, die den Stalinismus und die Gulags und den Zusammenbruch der Sowjetunion verdrängt hatten, erleben nun die Folgen des Schweigens in Form von Misstrauen gegenüber dem Westen und Aggression gegenüber der Ukraine. Die Chinesen, die die Millionen Toten der Kulturrevolution verdrängt haben, müssten sich heute diesem Trauma stellen, dürfen es aber nicht. Das Trauma des Kolonialismus bricht in der sogenannten Dritten Welt wieder auf, hält alte Konflikte am Leben und schafft neue. Das Wiederaufflammen und die Eskalation des Nahostkonflikts sind ein Beispiel dafür, wie alte Traumata die Gegenwart beherrschen können.

Es stellt sich die Frage, warum sich die posttraumatischen Störungen jetzt gleichzeitig und überall politisch entladen. Vermutlich, weil die Menschen in all diesen Ländern unzufriedener sind denn je. Sie erwarten viel mehr von ihren Regierungen als frühere Generationen. Hinzu kommt, dass die Software, mit der sie ihre alten Traumata erfolgreich verdrängt haben, dem rasanten Wandel nicht mehr gewachsen ist. Viele fühlen sich als Exilanten im eigenen Land. Diese Unsicherheit und Entfremdung, die bei mir in den ersten Jahren in Deutschland den Ausbruch der posttraumatischen Störung auslösten, sind für viele Menschen Realität, auch wenn sie ihre Heimat nie verlassen mussten.

Jeder steht für sich allein in einer Welt atomisierter Individuen. Nur im kollektiven Trauma und im gemeinsamen Feind finden sie einen gemeinsamen Nenner. In der Vergangenheit gab es viele soziale und berufliche Netzwerke, die die Frustration des Einzelnen in Krisenzeiten auffingen: soziale Strukturen, Kirchen, Gewerkschaften, Arbeitskollegen, die ähnliche Stresssituationen durchlebt haben, Kirchen etc. Heute, in der schnelllebigen Zeit des Wettbewerbs und der Einsamkeit, finden die Menschen selten eine dieser helfenden Hände um sich herum, wenn sie fallen oder Angst haben zu fallen. Der Staat muss heute zusätzlich zu seinen politischen und wirtschaftlichen Aufgaben die Rolle all dieser Auffangnetze übernehmen und zieht viel Hass auf sich, weil er dieser Rolle nicht gewachsen ist. Der Staat soll die Rolle des Psychiaters spielen, genießt aber das Vertrauen der Patienten nicht. Das kindische Verhalten der Traumatisierten spiegelt sich auch im Verhalten der herrschenden Eliten wider. Alle Traumata tanzen Tango zusammen. So werden die im Inneren brodelnden Konflikte nach außen projiziert in Form von inneren sozialen Spannungen, äußeren Konflikten und Kriegen.

Viele der gegenwärtigen Konflikte können gelöst werden, wenn sich jede Seite ehrlich mit ihren eigenen Traumata auseinandersetzt, anstatt sie als Rechtfertigung für irrationales politisches Handeln zu missbrauchen. Nur dann kann jede Seite erkennen, dass sie gegen ihre eigenen alten Dämonen und hässlichen Versionen ihrer selbst kämpft und nicht gegen äußere Feinde. Dies erfordert jedoch Besonnenheit und Rationalität, die bei traumatisierten Gruppen kaum vorhanden sind. Das erfordert eine gesunde Debattenkultur, die es nicht gibt.

Kapitel 11

Gefangen in der Identität: Die freiwillige Unterwerfung von Minderheiten

Salim ist ein guter Freund von mir. Er lebt im Libanon und arbeitet bei der Armee. Nur ich und ein paar Freunde wissen, dass er Salim heißt. Nur ich und einige wenige Freunde wissen, dass Salim als Frau geboren wurde und sich derzeit einer geheimen Geschlechtsumwandlung unterzieht. Dieser Prozess ist lang und schmerzhaft, und er hat dabei so gut wie keine Unterstützung. Salims Mutter, sein Vater, seine Geschwister und alle seine Arbeitskollegen behandeln ihn wie eine Frau. Keiner von ihnen wusste von den seelischen und körperlichen Qualen, die mit seiner Gender-Dysphorie verbunden sind. Es schmerzt ihn, dass er sich jeden Tag die Brüste zusammenbindet, damit er nicht wie eine Frau aussehen muss. Es schmerzt ihn, dass er vor dem Friseursalon lange warten muss, bis der letzte Kunde geht, damit er sich ungestört die Haare schneiden lassen kann, ohne dass sich die Kunden über seine sexuelle Identität lustig machen. Aber es stört ihn nicht sonderlich, dass die meisten Leute, die er kennt, ihn mit seinem weiblichen Namen ansprechen. »Es ist unangenehm, als Frau bezeichnet zu werden, aber was können die Leute schon dafür, dass ich wie eine Frau aussehe, mich aber innerlich anders fühle«, sagt er.

Salim hat ein Problem mit seiner eigenen Familie, die sein maskulines Verhalten ablehnt und eine Geschlechtsumwandlung als Schande betrachtet und seine neue Identität niemals akzeptieren wird. Dann hat er ein Problem mit der Gesellschaft im Libanon, in der alle Religionen und Traditionen eine große Rolle spielen und die Homosexualität verachtet wird. Er hat auch ein Problem mit der Armee, die sehr patriarchalisch strukturiert ist und kein Verständnis für »ungewöhnliche« Geschlechtsidentitäten hat. Das größte Problem, so Salim, sei jedoch die LGBTQ+-Gemeinschaft im Libanon. Er hält es für wichtig, dass diese Gemeinschaft gegen Diskriminierung kämpft, aber er hält das öffentliche Verhalten dieser Gemeinschaft für provokativ und kontraproduktiv. »In einem Land, in dem sich nicht einmal verheiratete Paare in der Öffentlichkeit küssen dürfen, finde ich es vermessen, wenn Schwule, Lesben und Transen halbnackt auf der Straße und auf Konzerten tanzen und erwarten, dass die Gesellschaft sie dafür bejubelt.«

Obwohl LGBTQ+-Personen im Libanon mit vielen Einschränkungen konfrontiert sind, gibt es kein Gesetz, das Homosexualität verbietet. Menschen aller sexuellen Ausrichtungen können ihre Vorlieben im Privaten ausleben, ohne Gewalt oder Verfolgung befürchten zu müssen. Deshalb versteht Salim nicht, warum LGBTQ+-Personen ihre Vorlieben auf die Straße tragen und sich als Opfer darstellen, wenn sie mit diesem Verhalten auf Ablehnung stoßen. Salims Erklärung dafür lautet: »Ich glaube, alles, was sie nach außen hin tun, ist nur ein Echo der Unzufriedenheit und Enttäuschung, die sie im Inneren empfinden. Es schmerzt sie, dass ihre Eltern sie nicht so akzeptieren, wie sie sind. Und weil ihre Eltern sie ablehnen, können sie sich selbst nicht wirklich akzeptieren, denn das würde automatisch bedeuten, dass sie ihren eigenen Eltern gegenüber ungehorsam sind. Deshalb wollen sie nicht nur von der Gesellschaft als Ausgleich dafür anerkannt, sondern auch dafür gefeiert werden. Manche akzeptieren sich selbst nicht und sind unsicher, ob sie das Richtige tun, und sie versuchen, diese Selbstzweifel zu kompensieren, indem sie laut schreien und ihre Andersartigkeit feiern.« Für Salim ist Gay Pride nichts anderes, als aus den Widrigkeiten von Ablehnung, Scham und Angst eine Tugend zu machen. Er distanziert sich zunehmend von der LGBTQ+-Gemeinschaft, weil sie »meinen Narzissmus anstelle meines Selbstbewusstseins stärkt und meine Frustration über die Welt vergrößert, anstatt meinen Schmerz zu lindern«.

Salim ist nicht damit einverstanden, dass Transgender-Aktivisten ihren eigenen Schmerz, ihre Unsicherheiten und alten Traumata in politische und rechtliche Kategorien einordnen. »Sie verstören Menschen, die sonst kein Problem mit Homosexualität haben, indem sie ihr privates Leid und ihre Vorlieben der Gesellschaft unter die Nase reiben und sie auffordern, ihre Sprache zu ändern.« Es gebe viele Heterosexuelle, die seltsame Sexualpraktiken hätten, »aber wir hören kaum von ihnen, weil sie ihre Vorlieben hinter verschlossenen Türen ausleben und keinen Kultstatus für sich beanspruchen.« Salim wurde schließlich von der LGBTQ+-Gemeinschaft zur Persona non grata erklärt, als er sagte, die Dating-Praktiken vieler Homosexueller seien für ihn inakzeptabel. »Warum verurteilen wir heterosexuelle Sugar Daddys, die Beziehungen zu jungen Frauen eingehen, finden es aber in Ordnung, wenn es sich um schwule Männer handelt? Warum nennen wir es ›Prostitution‹, wenn ein Mann mit einer Frau für Geld schläft, aber ›Liebe‹, wenn Homosexuelle und Transmänner das Gleiche tun?«

Als Freund von Salim sehe ich, wie er täglich mit vielen Qualen und Einschränkungen konfrontiert ist, die er in der Transgender-Debatte kaum wiederfindet. »Ich will nicht dafür gefeiert werden, dass ich leide oder Frauen mag. Ich will niemanden zwingen, mich mit irgendeinem Pronomen anzusprechen. Ich brauche keine Gay-Parade, um stolz auf mich zu sein. Ich möchte nur innerlich heilen und äußerlich Frieden und Akzeptanz finden. Die LGBTQ+-Aktivisten helfen mir dabei kaum.«

»Wenn du das im Westen sagen würdest, würdest du als selbsthassender Homophobiker bezeichnet werden«, sagte ich und er antwortete: »Ich habe es satt, mich wegen allem und jedem schuldig zu fühlen. Ich bin nicht gut genug für meine Eltern, weil ich nicht Frau genug bin. Ich bin nicht gut genug für Gott, weil ich seine ach so perfekte Schöpfung verändern will. Dann muss ich mich gegenüber der Armee schuldig fühlen, weil sie Homosexualität als Verbrechen betrachtet. Dann muss ich mich auch gegenüber der LGBTQ+-Gemeinschaft schuldig fühlen, weil ich mich nicht genug an sie anpasse und mir ihre Probleme nicht zu eigen mache. Nein, das ist zu viel. Ich kenne die Gemeinschaft von innen, und ich sehe, dass dort vieles schiefläuft. Jeder darf sein Glück und seine Erfüllung suchen, wo er will, aber viele in dieser Gemeinschaft leiden doppelt: Zu Hause finden sie keine Liebe und Akzeptanz, und in den LGBTQ+-Partys verwechseln sie Sex mit Liebe und lassen sich oft sexuell und psychisch ausbeuten. Ich denke, es ist eine Niederlage für einen Menschen, wenn sich seine gesamte Identität und sein Glücksversprechen um sein vorhandenes oder nicht vorhandenes Sexualorgan dreht.«

Was Salim mir erzählt hatte, half mir, das Dilemma vieler Minderheiten im Westen besser zu verstehen. Viele Angehörige ethnischer und religiöser Minderheiten finden in ihren eigenen Familien und Gemeinschaften keine Anerkennung und Freiheit. Sie sind oft nicht in der Lage, sich gegen ihre eigene Familie aufzulehnen, weil sie sich ihr gegenüber schuldig fühlen. Eltern müssen oft hart arbeiten und Rassismus und Diskriminierung in Kauf nehmen, um ihren eigenen Kindern ein besseres Leben zu ermöglichen. Das harte Leben, die Zwänge von Tradition und Religion führen oft dazu, dass die Eltern ihre Kinder stärker kontrollieren oder sogar missbrauchen. Sie erlegen ihren Kindern die Last auf, ihre eigene Kultur mit ihren strengen moralischen Normen zu bewahren. Statt nach Emanzipation von den Zwängen des eigenen Milieus zu streben, ziehen es die Minderheitenkinder vor, als Vertreter ihres Kollektivs aufzutreten und von der Mehrheitsgesellschaft einzufordern, was ihnen zu Hause verwehrt wird.

Die linksliberale Identitätspolitik und das Schuldbewusstsein der Mehrheit ermutigen, ja drängen die Angehörigen von Minderheiten dazu, nicht als Individuen, sondern als Vertreter einer benachteiligten Gruppe auftreten zu müssen. Die narzisstische

Wunde, die sie zu Hause erfahren haben, verwandelt sich in narzisstische Wut, die sich gegen die Mehrheitsgesellschaft richtet, als verspätete Rache für die frühere Diskriminierung ihrer Eltern. Die ehemals Angeklagten agieren nun als Kläger und Richter, indem sie jedem, der sie kritisiert, ein rufschädigendes Etikett verpassen: homophob, islamophob, transphob, antisemitisch, frauenfeindlich, privilegiert usw. Früher traten sie im Namen des Kampfes gegen Diskriminierung auf, aber sie haben kein Problem damit, Menschen, die ihnen nicht zujubeln, als alte weiße Männer oder *white trash* zu bezeichnen. Diese Ankläger erreichen mit ihrem Verhalten weder mehr soziale Gerechtigkeit noch weniger Rassismus. Letztlich profitieren nur sie und die kleinen Interessengruppen, die durch ihr Opfer-Narrativ Zugang zu Medien, Politik und Fördermitteln erhalten. Einige Migrantenmilieus verstehen es, die Frustration ihrer eigenen Mitglieder über den Staat oder die Mehrheitsgesellschaft zu kanalisieren, um daraus politisches Kapital zu schlagen.

2017 plante die österreichische Regierung ein Kopftuchverbot für Richterinnen und Rechtsanwältinnen, um die Neutralität der Justiz zu wahren. Daraufhin gingen Tausende muslimische Frauen in Wien auf die Straße und demonstrierten. Eine voll verschleierte Muslimin trug ein Schild mit der Aufschrift »Mein Körper, meine Freiheit«. Ein fünf- oder sechsjähriges Mädchen mit einem Schleier um den Kopf trug ein Schild mit der Aufschrift »Ich will meine Freiheit«. Ich fragte mich, wann muslimische Frauen in Europa jemals auf die Straße gegangen sind, um gegen Zwangsehen, Ehrenmorde, die Genitalverstümmelung von Mädchen oder die Geschlechtertrennung in der Moschee zu demonstrieren? Wann sind sie auf die Straße gegangen, um sich mit ihren Glaubensschwestern in Saudi-Arabien und im Iran zu solidarisieren, die ausgepeitscht werden, weil ihr Kopftuch verrutscht ist?

Nein, sie demonstrieren lieber für das Kopftuch, ein politisches und gesellschaftliches Symbol der Unterdrückung und Abwertung der Frau. Muslimische Frauen haben sich darüber empört, dass eine Frau mit Kopftuch in Österreich nicht Richterin sein darf, aber sie haben sich nie darüber empört, dass eine Frau im Islam vor Gericht nur dann als Zeugin zugelassen wird, wenn eine zweite Frau ihre Aussage bestätigt. In den meisten islamischen Ländern darf sie auch nicht als Richterin arbeiten. Dieselbe islamische Theologie, die das Kopftuch für Musliminnen als obligatorisch ansieht, besagt auch, dass eine Frau nicht Richterin oder Anführerin sein kann, und beruft sich dabei auf eine Aussage des Propheten: »Kein Volk kann gedeihen, dessen Geschicke von einer Frau gelenkt werden.«[10] Als Argument dafür führen die Theologen an, dass Frauen das psychische und physische Gleichgewicht für eine Führungsrolle fehlen.

Aber warum war ich eigentlich überrascht, dass Menschen selbstzerstörerische Ideen akzeptieren, die ihren eigenen Interessen zuwiderlaufen? Immerhin geht es hier um Religion. Religion, in der Selbstzerstörung, Selbstkasteiung und Selbstdeprivation praktisch Teil der DNA sind. Die Religion ist der einzige Weg, Frauen dazu zu bringen, so sexistische Denkweisen anzunehmen, dass sie sogar auf die Straße gehen und es als ein feministisches Recht ansehen, sich selbst zu entrechten. Nicht weil sie gegen die Würde der Frauen sind, sondern weil sie sexistische Denkweisen bereits in Würde umgedeutet haben.

Aber es geht nicht nur um Zwang. Die emotionale Ästhetik der Religion spielt eine wichtige Rolle bei der freiwilligen Unterwerfung. Es hat mich immer beeindruckt, wie mein Vater in seinen Predigten die Menschen zum Weinen brachte. Einmal zitierte er beim Freitagsgebet von der Kanzel aus einen Koranvers, in dem es heißt: »Als ihnen die Zeichen des Allerbarmers verlesen wurden, fielen sie ehrfürchtig und weinend nieder.« Es ist die Pflicht eines jeden Muslims, sich auf den Boden zu werfen, wenn er einen Vers hört, in dem das Wort »niederwerfen« vorkommt. Also warfen sich die Gläubigen in der Moschee nieder und brachen in Tränen aus, während mein Vater auf der Kanzel stand. Diese Szene hat mich fasziniert und erschreckt zugleich. Ich war vielleicht 15 Jahre alt. Es hat mich bewegt, wie Menschen durch ein einziges Wort so emotional werden können, und es hat mich gleichzeitig erschreckt, wie lustvoll sie sich selbst erniedrigen können. Unsere Freiheit wird nicht nur durch Glaubensinhalte und Vorschriften eingeschränkt, sondern auch durch diese Ästhetik, die unsere Gefühlswelt von Kindheit an vereinnahmt und manipuliert. Die Gläubigen unterwerfen sich aus freien Stücken, weil sie glauben, dass sie durch ihre Hingabe Gott helfen können, seinen Plan auf Erden zu verwirklichen. Auf diese Weise wird die Unterwerfung als moralischer Sieg und avantgardistischer Akt mystifiziert.

Deshalb verstehe ich muslimische Frauen, die so emotional am Kopftuch hängen. Was ich aber nicht verstehe, ist, wenn auch einige westliche Feministinnen die Logik verdrehen und das Kopftuch zu einem Zeichen der Selbstbestimmung muslimischer Frauen erklären, die ihren Körper »nicht als Ware zur Schau stellen wollen«. Bei Demonstrationen in Washington, D. C., unter anderem im Februar 2017, legten einige dieser westlichen Feministinnen sogar freiwillig das Kopftuch an und trugen Transparente mit der Aufschrift »Hijab means empowerment«. Nawal El Saadawi, die größte ägyptische Feministin, antwortete schon früher auf diese weißen Feministinnen mit den Worten: »Eine Prostituierte und eine verschleierte Frau sind zwei Gesichter derselben Medaille. Beide sind Waren. Beide sind Opfer und Instrumente des Patriarchats. Beide sind bestrebt, den Mann zu gewinnen. Die eine will, dass er ihren Körper eine Zeit lang gegen Bezahlung genießt, und die andere erwartet, dass er ihren Körper gegen einen Ehevertrag ein Leben lang besitzt«, so el-Saadawi 2011.[11]

Diese muslimischen Frauen in Wien sind nicht ganz freiwillig auf die Straße gegangen, sondern wurden offensichtlich von den Verbänden des politischen Islam dorthin geschickt. Die Hüter des Patriarchats verstehen es auch in Europa, Frauen für ihre politischen Zwecke zu instrumentalisieren. Sie verfolgen die perfide Taktik, das Kopftuch als Symbol der Freiheit darzustellen, weil sie inzwischen wissen, dass dies die Sprache ist, die ihre linken Verbündeten im Westen hören wollen. Die Demonstranten versuchen, das Kopftuch als Symbol für Emanzipation und Selbstbestimmung zu verkaufen, und zwingen damit ein kleines Mädchen zum Tragen eines Kopftuchs, das sich später kaum gegen dieses ideologische, geistige und soziale Korsett wehren kann. Wenn sie groß ist, wird sie eines Tages in einer Talkshow sitzen und behaupten, dass sie das Kopftuch freiwillig trägt, so wie diese Frauen in Wien glauben, dass sie für ihre Freiheit auf die Straße gegangen sind und nicht von politischen Islam-Organisationen gesteuert wurden, um politische Ziele zu erreichen.

Die Szene der demonstrierenden Musliminnen in Wien erinnerte mich an Baruch de Spinoza. In seinem Buch »Theologisch-politische Abhandlung« erklärte er bereits im 17. Jahrhundert die Freiheit zum »höchsten und kostbarsten Gut«. Er beklagt jedoch, dass die Monarchie die Menschen mithilfe der Religion in Zaum hält, sodass sie »für ihre Knechtschaft kämpfen, als sei es für ihr Heil« und es nicht als Schande, sondern als höchste Ehre ansehen, ihr Leben im Namen des Glaubens zu opfern. Ich musste an meine Mutter denken, die zum Tragen des Kopftuchs gezwungen wurde, später aber aus der Not eine Tugend machte und ernsthaft glaubte, dass sie das Kopftuch freiwillig getragen hatte. Ich konnte nicht umhin, über die Dynamik dieser freiwilligen Unterwerfung nachzudenken. Nicht nur muslimische Frauen sind von diesem Phänomen betroffen, sondern viele Minderheiten und andere gesellschaftliche Gruppen, die sich einer Ideologie, einer Gruppe unterwerfen und glauben, darin Sinn, Erfüllung und sogar Freiheit zu finden. Ich habe lange darüber nachgedacht, wie unerträgliche Zwänge von vielen Menschen als Entlastung empfunden werden und wie jede Ideologie und jede Minderheit ihre eigenen Anhänger mit denselben quasireligiösen Tricks manipuliert:

Zwänge, Schuldgefühle, Heilsversprechen, Verschwörungstheorien, Hass auf einen äußeren Feind.

Bereits im 16. Jahrhundert schrieb der französische Richter Étienne de La Boétie ein Traktat über die freiwillige Unterwerfung. Die zentrale These dieses Traktats lautete, dass ein Tyrann nur so viel Macht haben kann, wie die Massen ihm zugestehen. Die Unterdrückten akzeptieren ihre Unterdrückung freiwillig, und diese Freiwilligkeit verleiht dem Herrscher seine Macht. Am Anfang braucht der Herrscher also Gewalt, um die Massen zu unterwerfen, aber später vergessen die Unterworfenen, dass sie irgendwann einmal frei waren, und akzeptieren die Unterjochung nicht nur als Normalzustand, sondern verklären sie und sehen sie sogar als ihre Erlösung an. La Boétie erklärt den Mechanismus der Unterwerfung wie folgt: Nach dem Zwang kommt die Täuschung und Verführung, dann die Manipulation durch Brot und Spiele.

Wie im Fall meiner Mutter gibt es ein Tauschgeschäft zwischen den Herrschenden und den Beherrschten: Die Massen geben »freiwillig« ihre Freiheit auf, erhalten dafür Anerkennung, Entlastung von der Last der Eigenverantwortung und werden mit der Illusion belohnt, dass diese Unterwerfung einer höheren Sache dient. Gott will es, das Schicksal will es, das Vaterland will es, die Umwelt will es oder alles geschieht im Dienst der eigenen religiösen, ethnischen oder politischen Gruppe. Wenn Selbstaufgabe als Befreiung empfunden wird, kann der Herrscher ruhig schlafen und sich fest in den Sattel der Macht setzen. Und damit sind wir wieder bei dem Pakt zwischen den Massen und den Eliten, der die Grundlage jedes totalitären Systems ist, wie Hannah Arendt schrieb. Aber diese Dynamik ist nicht nur in Diktaturen zu beobachten, sondern auch in rechten und linken Gruppierungen im Westen und sogar in Parteien der Mitte. Während der Coronakrise kam dieser Pakt zwischen den Massen und den Regierungen zustande, sodass jede sinnlose Maßnahme als befreiend empfunden wurde.

Wer Zweifel am Sinn mancher Maßnahmen äußerte, wurde nicht unbedingt von den Regierenden gemaßregelt, sondern von Mitbürgern, die sich freiwillig unterwarfen und den Skeptiker als »Coronaleugner« oder »herzlose Virenschleuder« abstempelten.

Diese freiwillige Unterwerfung ist besonders bei Angehörigen von Minderheiten zu beobachten. Obwohl sie sich mit einer emanzipatorischen Botschaft präsentieren, sind sie oft fest in den Fesseln ihres eigenen Kollektivs. Sie beklagen sich darüber, dass sie auf ihre Herkunft reduziert und ständig danach gefragt werden, thematisieren diese Herkunft aber selbst immer wieder, weil sie ihnen diesen Opferstatus verleiht, der ihren Aktivismus überhaupt erst legitimiert. Sie wollen nicht beurteilt werden, beurteilen und verurteilen andere aber ständig.

Ich schrieb einen Beitrag auf Facebook, um mein Befremden über die Wiener Demonstration auszudrücken. Daraufhin erhielt ich viele Inbox-Nachrichten von muslimischen Frauen, die sich über meinen Beitrag empörten. »Was weißt du schon von Freiheit? Halt die Klappe!«, war eine Nachricht, oder: »Das Kopftuch ehrt mich. Warum arbeitet ihr so hart daran, mir meine Ehre zu nehmen? Niemals in meinem Leben werde ich mein Kopftuch ablegen.« Ich weiß nicht, wen sie mit »ihr« meinte, schließlich habe ich nur für mich selbst gesprochen. »Warum schreibst du nicht über deutsche Frauen, die ihren Körper in Bordellen verkaufen, oder hast du Angst, dass die Prostituierten deine Bücher nicht mehr kaufen?« Andere Nachrichten begnügten sich mit »Fick dich«, »Hurensohn« oder »Haussklave«. Plötzlich war ich derjenige, der von Weißen versklavt wurde, während verschleierte Frauen, die nicht selbst entscheiden, was sie anziehen, wen sie lieben und wo sie leben, selbstbewusste, selbstbestimmte Freiheitskämpferinnen waren.

Ich wusste, dass ich mit meinen Worten einen Nerv getroffen hatte, deshalb waren die Reaktionen auf meinen Beitrag auch so heftig. Das ist verständlich, denn die Menschen werden nicht gerne mit der Tatsache konfrontiert, dass sie unfrei sind. Sie projizieren ihre Unfreiheit, ihre Schuldgefühle und ihre Frustration gerne auf die Mehrheitsgesellschaft und werfen ihr genau das vor, worunter sie selbst leiden. Es gab jedoch auch viele positive Reaktionen auf meinen Beitrag von anderen muslimischen Frauen, die mir viele Nachrichten schickten, in denen sie mir dafür dankten, dass ich über dieses Thema geschrieben habe. Eine dieser Nachrichten kam von einer Frau, die in Deutschland lebt:

»Lieber Hamed, das ist wirklich zum Verzweifeln! Wir Frauen, die in islamischen Ländern aufgewachsen sind, wissen genau, worum es hier geht! Wir, denen so viel aufgezwungen wurde, die wir so viel für unsere Freiheit und Würde kämpfen mussten, wir wissen, worum es hier geht! Ich habe mit Entsetzen beobachtet, wie das Kopftuch, das Symbol Nummer eins der Frauendiskriminierung, zur Fahne der Freiheit gemacht wurde! Wie niederträchtig ist dieser Trick, der Welt weismachen zu wollen, dass das Kopftuch eine ›Identität und individuelle Bestimmung und Entscheidung‹ ist. Das ist an Zynismus nicht zu überbieten. Leider erkennen das nur sehr wenige Menschen!«

So wie sich einige muslimische Frauen dem Patriarchat unterwerfen, unterwerfen sich einige westliche Politiker freiwillig dem politischen Islam. Im Namen von Toleranz und Vielfalt gibt der Staat den Vertretern konservativer muslimischer Organisationen mehr Macht über Frauen und Kinder. Die unvollendete Säkularisierung Deutschlands bietet zugewanderten religiösen Institutionen sichere Häfen, in denen die Errungenschaften der Aufklärung untergraben werden können. Viele demokratische und liberale Werte wie die Gleichberechtigung von Mann und Frau, das Recht auf Abtreibung, Gewissens- und Meinungsfreiheit, sexuelle Freiheit, Pluralismus und religiöse Toleranz wurden in der Vergangenheit auch gegen den Widerstand der Kirchen durchgesetzt. Heute dürfen diese Werte im Namen von Toleranz und

Multikulturalismus weder relativiert noch infrage gestellt werden. Statt die Ermächtigung des Individuums gegenüber den Machtstrukturen religiöser Institutionen zu fördern, tut der Staat genau das Gegenteil und liefert die Muslime den konservativen religiösen Organisationen aus, indem er diesen mehr Macht in Bildung, Seelsorge, Gesundheitswesen und sogar im Rundfunkrat einräumt. Aber ein offenes demokratisches System sollte sich gegen ein patriarchalisches religiöses System bewähren und sich als die attraktivere Option darstellen, anstatt diesem anderen System nachzugeben.

Früher hat man behauptet, unsere Verfassung sei nicht verhandelbar. Aber jetzt verhandeln wir wieder über Frauenrechte, Beschneidung von Kindern, Genitalverstümmelung, Kinderehen und das Schächten von Tieren, weil Migranten diese Themen mitbringen. Wir verhandeln über das Recht auf Religionskritik und Meinungsfreiheit, weil diese die religiösen Gefühle von Migranten verletzen.

Wir verhandeln einmal mehr das Recht auf freie Entfaltung der Persönlichkeit, das in Artikel 2 des Grundgesetzes verankert ist. Kinder, die mit religiöser Indoktrination und dem Korsett des Kopftuches aufwachsen, haben kaum eine Chance, sich aus diesem eingeschränkten religiösen Welt- und Menschenbild zu befreien, um sich frei zu entwickeln. Viele muslimische Frauen leben Seite an Seite mit uns, ohne jemals wirklich mit der Freiheit in Berührung gekommen zu sein, die Deutschland auszeichnet. Es ist traurig, dass einige westliche Feministinnen diese Isolation als kulturelle Besonderheit betrachten und in ihren Seminaren zur Selbstbestimmung nicht ansprechen. Noch trauriger ist, dass es viele gebildete muslimische Frauen gibt, die kein Kopftuch tragen, aber diese Flagge des Patriarchats in den Medien verteidigen. Natürlich bedeutet Freiheit auch, dass eine Frau tragen kann, was sie will, ohne dass ihre Familie oder die Gesellschaft sie daran hindert. Genauso wenig darf sie aber auch dazu gezwungen werden, weder direkt noch indirekt, ein Kopftuch zu tragen. Viele muslimische Frauen behaupten, das Kopftuch freiwillig zu tragen. Ich will sie nicht der Lüge bezichtigen, aber wie misst man eigentlich Freiwilligkeit?

Freiwilligkeit setzt Freiheit voraus. Eine Freiheit, die in dem religiös-patriarchalischen System, das das Kopftuch vorschreibt, nicht vorgesehen ist. Dieses System sagt, dass eine Frau, die das Kopftuch trägt, eine gute Muslimin ist und eine, die es nicht trägt, eine unmoralische Frau. Die Frau, die das Kopftuch trägt, wird im Jenseits mit dem Paradies belohnt, und diejenige, die sich weigert oder das Kopftuch ablegt, wird mit der Hölle bestraft. Welche Art von Freiwilligkeit soll hier eigentlich vorliegen, wenn die Alternativen für eine Frau ohne Kopftuch die soziale Ächtung im Diesseits und die Hölle im Jenseits sind?

Der Zwang, der auf eine muslimische Frau in Europa ausgeübt wird, ist ein anderer als in einem islamischen Land, wo neben dem Vater oder den Brüdern auch eine Sittenpolizei die Einhaltung bestimmter Regeln überwachen kann. Das Ergebnis dieses etwas subtileren Zwanges ist jedoch das gleiche. Wenn eine junge Frau feststellt, dass fast alle ihre muslimischen Freundinnen, Schulkameradinnen oder Verwandten ein Kopftuch tragen und dass alle positiv darüber sprechen, wird sie sich schließlich fügen, um nicht als Außenseiterin dazustehen. Nicht dazuzugehören kann sehr belastend sein, besonders in der Pubertät und vor allem in einer konservativen Gemeinschaft.

Vor einigen Jahren sprach ich mit einer Frau, die auf dem »Türken-Markt« in Berlin Kopftücher verkaufte. Sie erzählte mir, dass ihre Tochter im Alter von zwölf Jahren eines Tages von der Schule nach Hause kam und verkündete, dass sie nun ein Kopftuch tragen wolle. Die Mutter war gegen diese Entscheidung, weil sie meinte, ihre Tochter sei zu jung dafür, konnte sich aber nicht durchsetzen. In diesem Fall kam der Druck nicht von ihren Eltern, sondern aus der mehrheitlich muslimischen Schulklasse. Das

Mädchen wollte dazugehören, ohne den tieferen Sinn des Kopftuches verstanden zu haben. Und hier kommt der Zwang der Schimpansenkolonie ins Spiel, getarnt als Freiwilligkeit. Einschüchterung, Manipulation und die Mystifizierung des Kopftuches lassen die Frauen in diese Falle tappen, die sie später als Freiheit bezeichnen.

In den Moscheen werden die Eltern daran erinnert, dass es ihre Aufgabe ist, dafür zu sorgen, dass ihre Töchter so früh wie möglich ein islamisches Leben führen und sich vom westlichen Lebensstil fernhalten. Ihre Kleidung ist das sichtbarste Signal für die Außenwelt, dass sie anders sind. Frauen, die das Kopftuch tragen, werden gebeten, andere Frauen, die es nicht tragen, anzusprechen. Manchmal ist es eine freundliche Aufforderung, eine Art »Einladung«, den Schleier zu tragen, manchmal sind es abfällige Bemerkungen oder kritische Blicke, mit denen Frauen ohne Kopftuch unter Druck gesetzt werden. In Ägypten schickten die Islamisten ihre eigenen Frauen gezielt auf die Straße und in die U-Bahn, wo sie andere Frauen ohne Kopftuch mit Blicken und Bemerkungen belästigen und einschüchtern sollten. Einige zogen unverschleierte Frauen an den Haaren, um ihnen das Gefühl zu geben, dass sie sich ohne Schleier im öffentlichen Raum nicht wohlfühlen könnten. Der systematische Druck, der in Ägypten von vielen Seiten ausgeübt wird, hat dazu geführt, dass 90 Prozent der muslimischen Frauen in meinem Heimatland heute »religiös uniformiert« sind. Vor 40 Jahren trug dort kaum eine Frau ein Kopftuch.

Ich habe hier ausführlich über das Kopftuch geschrieben, weil es die Dynamik der Uniformierung, von der viele Minderheiten betroffen sind, genau erklärt. Minderheiten leiden in jeder Gesellschaft unter Diskriminierung und Ausgrenzung. Leid und Skepsis gegenüber der Mehrheit erfordern mehr Zusammenhalt, mehr Konformität und weniger Selbstreflexion und Selbstkritik. Menschen im Allgemeinen und Angehörige von Minderheiten im Besonderen sind oft mehr mit dem Objekt ihres Hasses oder ihrer Angst beschäftigt als mit sich selbst. Individuelle Bedürfnisse zählen nicht und Kritik von innen wird als Verrat empfunden. Aus diesem Grund müssen Probleme innerhalb der Gemeinschaft verschleiert werden. Schwarze, die Missstände in ihrer eigenen Gemeinschaft ansprechen und für mehr Offenheit gegenüber der weißen Mehrheit plädieren, werden als »Token« oder gar als »Haussklaven« diffamiert. Muslime, die die Zwänge ihrer eigenen Religion kritisieren, werden als Agenten des Westens abgestempelt, aus der Gemeinschaft ausgeschlossen oder mit dem Tod bedroht. Als selbsthassende Juden werden oft Juden bezeichnet, die die Politik Israels kritisieren.

Früher war Migration auch eine Emanzipation von der eigenen Herkunft. Man behielt zwar einige Bräuche aus der Heimat bei, orientierte sich aber mit der Zeit am Einwanderungsland und machte es zum Lebensmittelpunkt. Vor dem Zeitalter von Internet und Satellitenfernsehen brach man mit der Einwanderung die Verbindung zum Herkunftsland ab und strebte danach, Teil der Mehrheitsgesellschaft zu werden. Deutsche, Iren und Griechen, die nach Amerika einwanderten, waren spätestens in der dritten Generation Amerikaner, sprachen nur noch Englisch und organisierten sich nicht mehr nach ihren früheren Identitäten. Sie wussten, dass Assimilation nicht den Verlust ihrer Identität bedeutete, sondern die Verbesserung ihrer Aufstiegschancen. Heute ist man sofort nach der Ankunft mit dem Herkunftsland vernetzt und verfolgt das politische Geschehen in der Heimat mit großer Anteilnahme live am Bildschirm. Identitätspolitik und Sozialstaat haben diese Tendenz verstärkt und den natürlichen Integrationsdruck auf Migranten abgeschwächt. Der Migrationsvertrag funktionierte damals so: Der Einwanderer zeigte der Mehrheitsgesellschaft, was er beruflich konnte, und die Gastgeber konnten ermessen, wie viel er dafür bekam. Heute funktioniert Migration so: Der Migrant zeigt seine Wunden und Traumata und die Gastgeber schauen, wie viel sie wert sind. Heute nutzen viele Migranten das Einwanderungsland nur noch, um ihrer alten Heimat politisch zu helfen. Erdoğan und Putin haben das längst erkannt und bauen ihre Infrastruktur in Europa aus, um über die Migranten Druck auf Europa auszuüben.

Der Wunsch, Minderheiten einzubeziehen, führt oft zum Ausschluss der Mehrheit. Der Staat ist bestrebt, immer mehr Gesetze zu erlassen, die Gruppen schützen sollen, die sich selbst als schutzbedürftig wahrnehmen. Das ist in doppelter Hinsicht problematisch: Wenn Menschen sich auf ihre eigene Schwäche reduzieren oder reduzieren lassen, nehmen sie sich selbst die Chance, als gleichberechtigte Bürger wahrgenommen zu werden, die einen Beitrag zur Gesellschaft leisten und nicht nur auf staatliche Unterstützung angewiesen sind. Darüber hinaus belastet der Aufbau von Beschwerdestrukturen das ohnehin überlastete Justizsystem und lässt den Bürgern untereinander kaum Möglichkeiten, Konflikte außerhalb des Gerichtssaals zu verhandeln. Eine gesunde Gesellschaft ist aber eine Gesellschaft, die auch ohne staatliche Vermittlung eine gesunde Kommunikation mit sich selbst pflegt.

Die Rechtsphilosophin Frauke Rostalski stellt in ihrem Buch »Die vulnerable Gesellschaft« fest, dass sich immer mehr Gruppen in der Gesellschaft als verletzlich deklarieren und mehr Schutz durch den Staat fordern, was insgesamt zu weniger Freiheit in der Gesellschaft führt. Je mehr Schutz die Gesetze den verletzlichen Gruppen in einer Gesellschaft garantieren, desto weniger Freiheit gestehen sich die Menschen gegenseitig zu. Auch die schutzbedürftigen Gruppen selbst werden durch diese Gesetzgebung ihrer Freiheit beraubt. Die Autorin will nicht, dass der Staat sich der Aufgabe entzieht, die Schwachen zu schützen, sie kritisiert nur, dass die Individuen immer mehr Schutz vom Staat verlangen bei kleinen Konflikten, die sie durch Eigenverantwortung und Verhandlung mit anderen lösen können. »Diskursvulnerabilität« ist ein zentraler Begriff des Buches. Vulnerable Gruppen empfinden nicht nur eindeutig diskriminierende Äußerungen als Angriff auf ihre Identität, sondern auch kritische Meinungen zu Themen, zu denen sie eine moralische Haltung haben, was oft zu einer Verkrampfung der Diskursatmosphäre führt.

Das Problem ist nicht, dass der Staat die Schwachen schützt, sondern dass immer mehr Gruppen ihre Verletzlichkeit in den Vordergrund stellen und damit die Freiheit anderer, aber auch ihre eigene Freiheit, einschränken, so eine These des Buches. Immer dann, wenn der Staat mit seinen Mitteln dafür sorgt, Vulnerable zu schützen, geht Freiheit auf allen Seiten verloren – nicht bloß bei denjenigen, die zu den jeweils »Stärkeren« gehören. Alle verlieren Freiheit, auch die Vulnerablen, sobald der Staat eingreift. Auf die Debatten über neue Gesetze zum Schutz vulnerabler Personen – sei es im Kontext des Klimawandels, sozialer Gerechtigkeit oder des Umgangs mit Umweltrisiken – kann sich diese Einsicht erheblich auswirken.

Nicht nur die Gesetzgebung und der gesellschaftliche Diskurs, sondern auch die akademische Forschung werden in zunehmendem Maße von Minderheiten beeinflusst. Früher war die Wissenschaft frei von religiösen, ethnischen und ideologischen Befangenheiten oder sollte es zumindest sein, heute sehen wir, wie viele Wissenschaft und Kunst in den Dienst der eigenen Gemeinschaft oder Ideologie stellen. Migrationsforscher mit Migrationshintergrund bemühen sich, Studien zu verfassen, die belegen, dass Muslime genauso gut in den Arbeitsmarkt integriert sind wie Deutsche ohne Migrationshintergrund und die Demokratie genauso achten wie diese. Sie tendieren dazu, jede kritische Studie zur Integration von Migranten und sogar die offiziellen Polizeistatistiken zur Ausländerkriminalität zu relativieren oder scharf zu kritisieren. Andere veröffentlichen Studien, die belegen, dass das Fasten im Ramadan gesund ist, obwohl jeder Arzt sagen würde, dass ein Wasserentzug von mehr als 15 Stunden am Tag gesundheitsschädlich ist.

In ihrem Buch »Der neue Kulturkampf« beklagt Susanne Schröter, Professorin an der Universität Frankfurt, dass Woke-Aktivisten und ihre akademischen Unterstützer auch an deutschen Universitäten Professoren und Hochschulverwaltungen in Angst und Schrecken versetzen und Veranstaltungen im Namen von Humanität und Weltoffenheit aufmischen. »Tatsächlich geht es um die Durchsetzung einer totalitären Ideologie, die weder gerecht noch human ist. Wer widerspricht, muss mit Störung von Veranstaltungen, Rufmordkampagnen oder tätlichen Angriffen rechnen. Das schüchtert viele Wissenschaftler ein und führt zu einer Kultur des Schweigens sowie zu einer signifikanten Einschränkung der Wissenschaftsfreiheit. Doch es geht nicht nur um Freiheitsrechte, sondern letzten Endes um einen Angriff auf die Wissenschaft selbst, da woke Akteure eine vollständige Eliminierung von Themen und Positionen anstreben, die ihrer Weltanschauung widersprechen.«[12]

Schröter kritisiert, dass beispielsweise das Thema »Islamismus in der Diaspora« an deutschen Universitäten zunehmend unerwünscht sei. Diejenigen, die das Thema dennoch aufgreifen, führen das Phänomen auf soziale Probleme wie Armut, Marginalisierung und Diskriminierung zurück. Dass dahinter auch Glaubensinhalte der orthodoxen islamischen Theologie stehen, wird übersehen. Auch an deutschen Universitäten wird das Kopftuch zunehmend zum Tabuthema, stellt Schröter fest. Wer Probleme an Universitäten benenne, werde als Rassist verunglimpft, beklagt die Ethnologin Schröter. »Rassist*innen von der Uni jagen« und »Schröter raus aus der Uni« stand auf Plakaten vor dem Büro der Ethnologin, weil sie 2019 eine Tagung zum Kopftuch organisiert hatte, zu der sowohl Befürworter als auch Gegner eingeladen waren. Auch die Themen »Migration«, »Kolonialismus« und »Gender« sind fest in woker Hand. Wer dazu abweichende wissenschaftliche Studien vorlegt, wird gecancelt oder einer Rufmordkampagne ausgesetzt. Was in Amerika und Kanada begann, ist auch in Europa Realität geworden: Die Ideologie vereinnahmt die Wissenschaft.

Die Critical Race Theory und die Postcolonial Theory wurden im Dienste von Minderheiten entwickelt und sind alles andere als wissenschaftlich. Deshalb fördert Migration heute nicht die Emanzipation des Individuums, sondern stärkt die Macht des Kollektivs. Doch die Ermächtigung des Kollektivs auf Kosten des Individuums kann fatale Folgen haben für beide. Kinder, die sich zu Hause nicht gegen Autoritäten in der eigenen Familie oder Community auflehnen können, suchen sich andere Autoritäten in der Schule, bei Polizisten und Bademeistern und lassen ihren Frust an ihnen aus. Sie schießen Feuerwerkskörper auf Sanitätsfahrzeuge oder belästigen Frauen auf offener Straße. Andere werden kriminell, radikalisieren sich und schließen sich dem Kampf gegen die Ungläubigen an. Andere werden zu Anti-Rassismus-Aktivisten und fordern von der Mehrheitsgesellschaft, was ihnen zu Hause verwehrt wurde: Respekt und Anerkennung. Aber eines begreifen sie nicht: Wer zu Hause keine Freiheit erlebt, kann sie in der Gesellschaft nicht ausleben.

Die Ängste von Minderheiten sind nachvollziehbar, da es im Westen immer noch viele Menschen gibt, die das Anderssein als Bedrohung empfinden. Wenn Menschen täglich mit Diskriminierung konfrontiert sind, werden sie unsicher und brauchen Beistand. Wenn die identitäre Rechte über die Remigration von Millionen Menschen fantasiert, wächst diese Angst und das Bedürfnis nach Zusammenhalt und Abschottung. Manchmal schießen Angehörige von Minderheiten aber auch über das Ziel hinaus, wenn sie mehr Respekt und Teilhabe fordern, ihren Kritikern aber diesen Respekt und diese Teilhabemöglichkeit verweigern.

Die Reaktionen der Gesellschaft auf die Förderung von Minderheiten sind gespalten: Die eine Hälfte hat Angst, ein falsches Wort zu benutzen, das sie als homophob, islamophob, antisemitisch, transphob, fremdenfeindlich oder frauenfeindlich erscheinen lässt. Die andere Hälfte weigert sich, ihre Sprache und Gesetze zu ändern, nur um den spezifischen Bedürfnissen einer sehr kleinen Minderheit gerecht zu werden. Die Bewegung, die als Aufruf zu Inklusion und Toleranz begann, hat sich zu einem Kulturkampf entwickelt, der von Angst, Hass und gegenseitigem Misstrauen genährt wird. Dem liegt ein Missverständnis zugrunde, das die Identitätspolitik ignoriert: Wenn man versucht, eine bestimmte Identität durch Gesetze und Sprachregelungen zu stärken, provoziert man das Ressentiment und die Abwehr einer Gegenidentität, die sich durch den Vormarsch der geförderten Identität bedroht fühlt. Es wächst zusammen, was zusammengehört, nicht was durch Gesetze und Sprachregelungen zusammengewürfelt und zur Symbiose gezwungen wird.

Ideologen stören den natürlichen Rhythmus des Wandels. Wenn die Rechten auf die Straße gehen und schreien »Wir sind das Volk«, geht der Rest der Gesellschaft auf die Straße und sagt »Wir sind mehr«, und am Ende bleiben wir, wo wir sind. Wenn die Linken für eine Frauenquote eintreten, blockieren die Konservativen dies mit dem Argument, dass »Frauen nicht diskriminiert oder privilegiert werden dürfen, nur weil sie Frauen sind«. Wenn Politiker behaupten, der Islam sei die Religion des Friedens, zählen die Rechten all die Terroranschläge auf, die im Namen dieser Religion verübt wurden, und verängstigen damit die Bevölkerung immer mehr. In dieser aufgeheizten Atmosphäre wird der selbstverständliche Slogan »All Lives Matter« zur Provokation, weil er als Relativierung des Slogans »Black Lives Matter« gesehen wird.

Die Unterstützung von Minderheiten, die sicherlich ein hehres und wünschenswertes Ziel ist, wird zu einer Hierarchie der Zwänge pervertiert. Je mehr Druck die Mehrheit auf die Minderheiten ausübt, sich zu öffnen, desto mehr Druck üben die Minderheiten auf ihre Mitglieder aus, sich mehr zu ihrem Kollektiv zu bekennen und es weniger zu kritisieren.

Diese Konformität und der Mangel an Selbstreflexion wirken

sich auf den Aktivismus im Westen insgesamt aus. So wurde beispielsweise die Me-Too-Bewegung, die das Bewusstsein für sexuelle Belästigung und Übergriffe schärfen wollte, dafür kritisiert, dass sie sich zu sehr auf die Belange von Frauen konzentrierte und die Erfahrungen männlicher Opfer ignorierte. Der Bewegung wurde auch vorgeworfen, vor allem heterosexuelle weiße Männer an den Pranger zu stellen, bei sexistischem Verhalten schwarzer oder muslimischer Männer aber die Augen zu verschließen. So blieb die Me-Too-Bewegung im August 2022 stumm, als ein muslimischer Asylbewerber aus Tschetschenien in Münster einen Transmann beim Christopher Street Day erschlug. Denn der Täter gehörte nach der neuen postkolonialen Definition von Rassismus zur Opfergruppe der Migranten und war damit ein Verbündeter der Neo-Feministinnen im Kampf gegen die Vorherrschaft des heterosexuellen weißen Mannes.

In ähnlicher Weise wurden einige feministische Gruppen dafür kritisiert, zu exklusiv zu sein und farbige Frauen und Transfrauen auszuschließen. Sie haben den Begriff »Sexismus« enorm ausgeweitet, sodass fast jeder Mann sexistisch oder toxisch ist. Ein Mann, der seine Frau idealisiert und sagt, er könne ohne sie nicht leben, gilt als Mann mit toxischer Männlichkeit. Ein Mann, der seiner Frau in den Mantel hilft, gilt als vereinnahmend. Ein muslimischer Mann hingegen, der seine Frau schlägt, ist ein Opfer von Diskriminierung. So gesehen ist auch seine Frau ein Opfer des weißen Mannes. In der Silvesternacht 2015/2016 kam es in Köln zu mehr als 2000 sexuellen Belästigungen und Vergewaltigungen. Auch Teile der Frauenbewegung schwiegen dazu, weil die Täter vor allem Asylbewerber aus Nordafrika, Syrien und Afghanistan waren. Die Medien zögerten tagelang, über die Fälle zu berichten. Auch die Justiz war sehr langsam, sodass es nur in sechs Fällen zu einer strafrechtlichen Verfolgung kam. Aus Angst, die AfD könnte davon profitieren, wurden Hunderte von Frauen im Stich gelassen und die Täter konnten ungestraft davonkommen. Der *intersektionale Feminismus*, eine Erfindung des postkolonialen Diskurses, ist so gesehen ein Rückschritt für Frauen, bleibt aber maßgebend im Forschungsfeld »Gender Studies«, weil er der woken Ideologie entspricht. So wie die Religion vor vielen Jahrhunderten eine Asymmetrie zwischen Männern und Frauen geschaffen hat, so verstärken heute einige radikale feministische Gruppen diese Schieflage zwischen den beiden Geschlechtern und flößen ihnen gegenseitiges Misstrauen ein.

Der Wunsch nach mehr Inklusion und Toleranz kann sich ins Gegenteil verkehren. Kulturelle Sensibilität kann die Freiheit der Kunst gefährden oder zumindest einschränken. Bei Netflix beispielsweise werden die Rollen in Filmen und Serien nach ethnischen und religiösen Kriterien verteilt. So kann die Rolle eines Muslims nur von einem Muslim gespielt werden. Die Rolle eines Homosexuellen kann nur von einem Homosexuellen gespielt werden usw. Aber was ist mit der Rolle eines homosexuellen Muslims? Muss sie von einem homosexuellen Muslim gespielt werden? Muss sich dieser Muslim dann zuerst outen? Das ist doppelt problematisch: Zuerst kommt der Zwang, sich zu outen, und dann bekommt er vielleicht Probleme mit seiner eigenen Gemeinschaft und Familie. So macht die Übertoleranz der Mehrheitsgesellschaft auf die Intoleranz der Minderheit aufmerksam und bringt den Einzelnen in Teufels Küche. So führt Inklusion auf der einen Seite zu Exklusion auf der anderen. Wenn ein Muslim selbst im Kino in der Rolle eines Muslims gefangen bleibt, wenn Schwarze selbst in der Kunst über ihre Hautfarbe definiert und behandelt werden, wo bleibt dann der Raum zur Kreativität? Wo öffnet sich die Tür zur Emanzipation? So wird die Gesellschaft nicht offener. So wird sie noch fragmentierter. So frisst der Multikulturalismus seine eigenen Kinder.

Die kollektive Identität einer Minderheit dreht sich oft um die Mystifizierung vergangenen Leids, die Überbetonung der eigenen Unterdrückung durch die Mehrheit und das Misstrauen gegenüber der Außenwelt. Aus der Not wird eine Tugend gemacht: Ohnmacht, Angst und Misstrauen werden in ein Anspruchsdenken verwandelt. Minderheiten in nicht demokratischen Ländern mögen heute mehr leiden als in demokratischen Gesellschaften, aber dort sind sie dynamischer und eher in der Lage, sich von innen heraus zu verändern, weil Druck von außen und von innen auf sie ausgeübt wird. In den modernen westlichen demokratischen Gesellschaften hingegen kann sich eine Minderheit den Luxus leisten, im Namen der Vielfalt, der Toleranz oder des Kampfes gegen den Rassismus zu erstarren und dem Druck zur Veränderung zu widerstehen. Das macht es leichter, externen Druck als Hass und internen Druck als Verrat abzutun. So werden die Minderheit, ihre Werte und Bräuche in einem fremden Land eher zum Gegenstand von Bewahrung und Mystifizierung als von Erforschung und Kritik.

Der Wokismus sieht sich als Verfechter des Minderheitenschutzes, schadet aber den Minderheiten, weil er die Dynamik der Entwicklung und Selbstveränderung innerhalb der Minderheit außer Kraft setzt, indem er diese als ein Kollektiv betrachtet, das unkritisch geschützt werden muss, während er die Individuen innerhalb dieses Kollektivs, die unter innerer Gewalt und Unfreiheit leiden, nicht anerkennt. In der Vergangenheit haben die Marxisten versucht, das Proletariat und später die Dritte Welt vor dem Westen zu retten. Sie haben niemanden gerettet, ganz im Gegenteil. Heute versuchen die Woken, die Minderheiten sowohl vor dem Westen als auch vor den Kritikern in ihren eigenen Reihen zu schützen. Sie helfen ihnen, den Westen zu kritisieren, seine Werte neu zu bewerten, neue Machtpositionen zu erobern, ohne selbst kritisiert zu werden, oder über die eigenen Werte zu reflektieren. Sie merken nicht, dass dies eine erneute Vereinnahmung oder Bevormundung von Minderheiten ist. Denn diese gesenkte Erwartungshaltung ist eine Form des Rassismus und hilft den Minderheiten nicht, Teil des Westens zu werden, sondern ist lediglich ein Mittel, den alten marxistischen Kampf gegen den Westen fortzusetzen.

Die Ermächtigung von Minderheiten ist eine humanistische und demokratische Notwendigkeit. Wenn dies jedoch geschieht, ohne den Einzelnen innerhalb der Minderheit zu stärken und ohne Kritik an dieser Minderheit von außen zuzulassen, wird das nicht zu einem friedlichen Zusammenleben führen, sondern zu einem Aufflammen neuer ideologischer und ethnischer Konflikte. Dies geschieht bereits. Die Lösung kann niemals darin bestehen, dass die vermeintlich Schwachen nun die Macht über ihre vermeintlichen Peiniger erlangen, über sie richten und die Spielregeln selbst bestimmen und ihre Kritiker ausschalten. Die Lösung besteht darin, dass eine offene Gesellschaft offen bleibt für jeden Einzelnen, unabhängig von seiner Herkunft, und dass sie kritisch bleibt gegenüber jeder Gruppe, die nicht im Interesse der Gesellschaft als Ganzes arbeitet, sondern nur für mehr Macht der eigenen politischen, ethnischen oder religiösen Gruppe, ohne Rücksicht auf den Einzelnen und die Gemeinschaft. Die Lösung besteht darin, sich auf den natürlichen Rhythmus des Wandels in einer dynamischen Gesellschaft zu verlassen, anstatt zu versuchen, Jahrhunderte der Unterdrückung und Benachteiligung in einem Jahr durch starrsinnigen und wütenden Aktionismus auszugleichen. Der Rhythmus des Wandels innerhalb der Minderheit muss ebenfalls natürlich bleiben und die Kritik von innen und außen aufrechterhalten, ohne die Minderheiten auszuschließen oder zu bevormunden.

Minderheiten, Religionen und politische Ideologien sollten im Interesse ihrer eigenen Mitglieder arbeiten, damit sie nicht zu Relikten alter Epochen werden und sich selbst zur Last fallen. Sie sollten ihnen helfen, sich in einer modernen Gesellschaft zurechtzufinden, anstatt ihnen Skepsis und Paranoia gegenüber der Außenwelt einzuflößen. Sie sollten einen Ausweg für den Einzelnen finden, statt ihn immer wieder in ein Dilemma und einen

Loyalitätskonflikt zu bringen. Und damit Mehrheiten Minderheiten besser integrieren können, sollten sie sich sowohl von Angst als auch von Schuldgefühlen gegenüber diesen Minderheiten befreien. Denn Angst und Schuldgefühle schlagen schnell wieder in Misstrauen und Aggression um. Sie sollten verstehen, dass die Befreiung einer Minderheit mit der Freiheit der einzelnen Mitglieder innerhalb der Minderheit beginnt, nicht mit der Ausweitung der Macht des Kollektivs auf Kosten des Einzelnen. Sie sollten erkennen, dass Vielfalt eine Voraussetzung für eine dynamische, tolerante Gesellschaft ist. Damit ist aber nicht nur die Vielfalt der Ethnien und Religionen gemeint, sondern auch die Vielfalt der Meinungen, Lebensstile und politischen Haltungen, selbst innerhalb einer Minderheit.

Ob Mehrheit oder Minderheit, wir alle müssen uns immer daran erinnern, dass die Schale und der Schleier überall um uns herum sind, auch wenn sie eine andere Gestalt annehmen; und dass wir nur einen Wimpernschlag von der Schimpansenkolonie entfernt sind, wenn unsere Traumata und Ängste und nicht unsere Vernunft und unsere gemeinsamen Interessen uns leiten.

Kapitel 12

Gefangen im narzisstischen Moralismus: Was Jugendliche, Journalisten und Aktivisten verbindet

Kritische Medien sind Frucht und Schutzschild der Freiheit. Guter Journalismus zeichnet sich durch Unabhängigkeit, Distanz zur Macht und aufrichtige Suche nach der Wahrheit aus. Heute sind die Medien selbst zu einer Macht geworden, die die Nähe zur politischen und wirtschaftlichen Macht sucht und genießt. Harald Welzer und Richard David Precht haben dazu ein Buch mit dem Titel »Die vierte Gewalt« geschrieben, in dem sie den politischen Leitmedien eine Art Herdenmentalität, Konformität und fehlende Distanz zur Politik vorwerfen. Spätestens seit der Flüchtlingskrise, der Coronapandemie und dem Krieg in der Ukraine, so die These der beiden Autoren, begnügten sich die Leitmedien nicht mehr mit einer umsichtigen Kontrollfunktion des politischen Journalismus, sondern versuchten selbst Politik zu machen. Sie beklagen eine große Diskrepanz zwischen öffentlicher und veröffentlichter Meinung und vertreten die These, dass die meisten Journalisten in den Leitmedien je nach Zeitgeist herdenartig ähnliche Meinungen vertreten und oft auch die gleichen Themen aus der gleichen Perspektive behandeln.

»Cursor-Journalismus« nennen Precht und Welzer das. Der Cursor ist das Licht, das die Motten anzieht. Gerade in Krisenzeiten oder bei neuen Phänomenen, wenn Journalisten nicht alle Fakten kennen, neigen sie dazu, sich an Kollegen zu orientieren und eine Haltung einzunehmen, die nicht vom Mainstream abweicht. So waren sich fast alle Journalisten einig, dass die Touristen in Ischgl und die Karnevalisten in Heinsberg für die Verbreitung des neuartigen Coronavirus verantwortlich waren. Damit beteiligten sich Journalisten an der Schaffung von Feindbildern für die verunsicherte Bevölkerung, was nicht zum Auftrag der Medien gehört. Innerhalb von drei Monaten waren fast alle Journalisten erst gegen, dann für und dann wieder gegen eine Impfpflicht. Das hing nicht von der Faktenlage ab, sondern von der Stimmung. Die Autoren nennen dieses Phänomen den »Cursor des gefühlten Anstands«. Aufgabe der Medien ist es aber nicht, auf einer Welle mitzuschwimmen, sondern die Lage zu sortieren und den Lesern Orientierung zu geben. Ihre Aufgabe ist es, offizielle Narrative zu hinterfragen und Fakten zu recherchieren. Natürlich gab und gibt es immer Journalisten, die gegen den Strom schwimmen und auf eigene Faust recherchieren. Sei es, weil sie ihren Beruf ernst nehmen, sei es, weil sie anders und damit interessanter sein wollen als der Mainstream.

Eigentlich ist es gut, wenn die Medien mächtig sind, denn das erleichtert die Recherche und setzt die Eliten eines Landes unter Druck. Aber ihre Macht kommt selten der Bevölkerung zugute, die das Weltgeschehen und seine komplizierten Zusammenhänge verstehen will. Problematisch wird es, wenn sich die Medien als Elite verstehen, die die Massen nicht nur informieren, sondern auch belehren und erziehen will. Natürlich muss man immer wieder betonen, dass es die Medien als solche nicht gibt und dass sie nach wie vor vielfältig und dynamisch sind. Es gibt nach wie vor genügend Journalistinnen und Journalisten in unserem Land, die ihr Handwerk verstehen und hervorragende Arbeit leisten. Ich weise auch diffamierende Begriffe wie »Lügenpresse« und »Gleichschaltung« entschieden zurück, weil ich hinter den Fehlentwicklungen mancher Medien keine böse Absicht sehe, sondern den Wunsch, das Richtige zu tun. Aber viele Bürger haben heute den Eindruck, dass die Hauptaufgabe der

Mainstream-Medien darin besteht, die Macht der Mächtigen zu stützen und die herrschende Leitideologie des Multikulturalismus zu festigen, anstatt kritische Themen auf den Tisch zu bringen.

Investigativer Journalismus spielt heute nicht mehr die zentrale Rolle in der Berichterstattung, sondern Haltungsjournalismus und ein pseudomoralischer Ton. Zuerst kommt die Haltung des Journalisten, dann die Recherche, die seine Haltung bestätigt. Hinzu kommt, dass manche Journalisten gezielt die Nähe zu bestimmten Politikern suchen, um an exklusive Informationen zu gelangen. Politiker neutralisieren solche Journalisten, indem sie sie zu bestimmten Galaveranstaltungen einladen oder im Kanzlerflugzeug mitfliegen lassen. Die Politiker können sich dann darauf verlassen, dass diese Journalisten nicht besonders kritisch über sie schreiben.

In der Diktatur stützen sich die Machthaber auf die Polizei, das Militär, die Indoktrination durch den Schulunterricht und die staatlichen Medien sowie auf eine korrupte Justiz, um die Meinung der Bevölkerung zu unterdrücken. In der Demokratie setzen die Machthaber auf eine moderne Form der Propaganda, die so gar nicht nach Propaganda aussieht. Deshalb brauchen sie »freie« Medien, die ihre Politik unterstützen und gut kommunizieren. Gerhard Schröder hat einmal gesagt, er brauche zum Regieren nur »Bild«, BamS und Glotze. Donald Trump wäre ohne Twitter und die Unterstützung von Fox News nicht US-Präsident geworden. In den 16 Jahren, in denen Angela Merkel das Land regiert hat, ist zwischen ihr und vielen Medien hierzulande eine unheilige Allianz entstanden. Beide schienen in den letzten Jahren dieselben Ziele zu verfolgen: die Förderung der Ideologie des Multikulturalismus, die Rechtfertigung der Flüchtlingspolitik der Bundesregierung und den Kampf gegen die AfD. Und so wurden viele Medien Teil eines politischen und gesellschaftlichen Konflikts, anstatt neutrale Beobachter und Erklärer dieses Konflikts zu sein. Sie wurden parteiisch, wo sie eigentlich eine Bühne für alle Stimmen sein sollten.

Auch dies ist eine Form der freiwilligen Unterwerfung. Journalisten unterwerfen sich nicht der Regierung, nicht den Massen, sondern einer hohen Moral, einer guten Sache. Und hier verschwimmt die Grenze zwischen Journalismus und Aktivismus. Hier beginnt die narzisstische Ethik, von der die Philosophin Isolde Charim in ihrem Buch »Die Qualen des Narzissmus« spricht. Moral ist, was in der Gesellschaft Konsens ist. Narzisstische Moral hingegen ist das, was ich für moralisch halte, weil es für mich persönlich gut ist. Gut ist, was ich begehre. Narzisstische Moral, so Charim, stellt keine Verbote auf, sondern Gebote, Forderungen des Ideals. Sie stellt kein Gesetz auf, sondern Regeln. Auch der Philosoph Slavoj Žižek spricht in diesem Zusammenhang von einer Zwangsneurose, bei der es zu einer »Umkehrung der repressiven Regulierung des Begehrens in das Begehren nach Regulierung« kommt. Dieses Begehren nach Regulierung und sogar Verboten haben wir während der Coronakrise deutlich gesehen. Auch persönlich unterwirft man sich freiwillig bestimmten Regeln und Ritualen beim Sport oder bei der Diät, um das persönliche Ideal von sich selbst zu erreichen. Am deutlichsten wird diese Haltung in der Umweltbewegung. Auch in der Islam- und Migrationsdebatte unterwerfen sich viele Journalisten ohne Not Denkverboten und Selbstzensur, weil sie moralisch sein wollen.

In den vielen Interviews, die ich in den letzten 15 Jahren geführt habe, konnte ich allein an den Fragen, die mir ein Journalist oder eine Journalistin gestellt hat, sofort erkennen, wo sie politisch stehen. Selten kam ein Journalist auf mich zu und wollte wissen, was ich wirklich denke und wie ich zu meinen Gedanken komme. Fast immer schwang im Hintergrund die moralische Keule mit. Immer wieder wurde ich gefragt, ob ich keine Angst hätte, dass die AfD von meinen islamkritischen

Thesen profitieren könnte. Ich habe immer zurückgefragt, ob es angemessen ist, die Richtigkeit meiner Thesen davon abhängig zu machen, wer davon profitieren könnte. Im Jahr 2016 wurde ich beispielsweise ins ARD-»Nachtmagazin« eingeladen und gefragt, ob Islam und Demokratie miteinander vereinbar seien. Ich antwortete, dass der Islam politische und juristische Elemente enthalte, die mit der Demokratie nicht vereinbar seien, und wollte meine Aussage weiter differenzieren, doch die Moderatorin der Sendung unterbrach mich mit den Worten: »Stopp, stopp, das ist doch genau das, was die AfD sagt.« Meine Antwort war: »Und wo ist das Problem? Wenn die AfD sagt, dass heute die Sonne scheint, dann muss ich doch nicht gleich widersprechen, vor allem, wenn die Sonne tatsächlich scheint.« Bis zu diesem Tag war ich häufiger Gast in der »Tagesschau«, im »Heute Journal« und im »Nachtmagazin«. Danach wurde ich nie mehr in eine dieser Sendungen eingeladen. Außer von Markus Lanz wurde ich nie wieder in eine Talkshow der ARD oder des ZDF eingeladen. Beim »Morgenmagazin« und beim »Mittagsmagazin« wurde ich mindestens fünfmal ohne Erklärung ein- und wieder ausgeladen.

Ähnlich war es während des Gazakrieges im Herbst 2023. Der Multikulturalismus musste in dieser Zeit eine Pause einlegen und mit ihm die Journalisten, die ihn unterstützten. Die Regierung schlug sich vorbehaltlos auf die Seite Israels, und fast alle Medien taten es ihr gleich. Im Oktober 2023 verteilte die ARD ein Papier mit dem Titel »Glossar Berichterstattung Nahostkonflikt. Für den internen Gebrauch« mit Anweisungen und Sprachregelungen für die Berichterstattung über den Gazakrieg. Darin heißt es zum Beispiel: »Was unbedingt zu vermeiden ist, sind Begriffe wie ›Gewaltspirale‹ – und auch ›Eskalation im Nahen Osten‹.« Bei der Übernahme von Agenturtexten soll die Sprache bei der ARD korrigiert werden, wenn sie nicht den ARD-Sprachregelungen entspricht. Wörtlich heißt es in der Anweisung: »Außerdem bitte bei der Übernahme von Agenturtexten genau überlegen, ob die Formulierungen von dpa und Co. korrekt sind. Die Kolleginnen und Kollegen machen auch nicht immer alles richtig.« Auch die ARD wünschte sich, dass in der Berichterstattung nicht von zivilen Opfern in Gaza gesprochen wird. Wörtlich hieß es: »Oft sterben viele Zivilisten (…), dennoch sollten wir stets klarmachen, dass es sich in der Regel um Angriffe auf militärische Ziele handelt. In diesem Zusammenhang sollten wir auch auf die immer wieder auftauchenden euphemistischen ›Luftschläge‹ verzichten. Es handelt sich um Angriffe mit Raketen und Kampfjets.«[13] Es ist erschreckend, dass die ARD zu diesem Zeitpunkt keinen Kriegsberichterstatter in Gaza hatte und nicht wusste, was dort wirklich geschah, sich aber dennoch entschloss, die Darstellung der israelischen Armee unkritisch zu übernehmen. Das ist alles andere als Journalismus.

Ich verstehe natürlich, dass der Schock nach dem schrecklichen Terroranschlag am 7. Oktober auch in Deutschland groß war. Aber die oben zitierten Anweisungen zeigen, dass man sich nicht bemüht hat, die Wahrheit über das Kriegsgeschehen herauszufinden oder den Zuschauern Transparenz zu vermitteln, sondern dass man sich eindeutig auf die Seite der israelischen Armee gestellt hat. Diese Haltung kann man verstehen, wenn sie von der deutschen Regierung kommt, aber Medien haben eigentlich eine andere Aufgabe. Das gilt auch für die vielen westlichen Journalisten, die als *embedded journalists* in den Panzern der israelischen Armee in Gaza saßen, nur das sahen, was die israelische Armee ihnen zeigen wollte, und dementsprechend im Sinne der israelischen Armee berichteten. Dass in den ersten drei Monaten des Krieges über 36 000 Palästinenser in Gaza starben, die meisten von ihnen Kinder und Frauen, spielte in der Berichterstattung nur eine untergeordnete Rolle.

Außer bei Markus Lanz saß in den ersten Kriegsmonaten kein Palästinenser in einer deutschen Talkshow, um über das Leid der

Menschen in Gaza zu sprechen. Viele palästinensische und arabische Journalisten, die früher im Auftrag der öffentlich-rechtlichen Sender multikulturelle Beiträge produzierten, wurden während des Gazakrieges regelrecht stummgeschaltet. Einige dieser Beiträge wurden den Sendern angeboten, aber nie gesendet, obwohl sie weder die Hamas verherrlichten noch gegen Israel hetzten. Allein die Kritik an der israelischen Kriegsführung und die Thematisierung des Leidens der Palästinenser reichten aus, um diese Beiträge nicht zu senden.

Auch im Kunst- und Filmbereich wurde die palästinensische Stimme gecancelt. Die ARD wollte am 20. November 2023 den preisgekrönten palästinensischen Film »Wajib« ausstrahlen, doch wenige Tage vor der Ausstrahlung wurde er aus dem Programm genommen. Auch aus der Mediathek wurde der Film entfernt. Dabei geht es weder um Krieg noch um Checkpoints, sondern um die Hochzeitsvorbereitungen einer arabisch-israelischen Braut. Gegenüber »Spiegel.de« begründete der Sender seine Entscheidung damit, dass er schauen muss, ob im Rahmen einschneidender gesellschaftlicher oder aber auch weltpolitischer Ereignisse das »geplante Programmangebot mit der aktuellen Lage in Einklang steht«.

Diese dürftige Erklärung zeigt, wie politisiert und machtnah manche Medien geworden sind, ohne es überhaupt zu merken. Ich habe mich gefragt, wo all jene geblieben sind, die immer »Cancel Culture« gerufen haben, wenn ein Redner ihrer Fraktion ausgeladen oder eine Meinung zensiert wurde. Warum gilt die Meinungsfreiheit für uns, aber nicht für die Palästinenser? Wie soll man diesen Menschen erklären, warum die Freiheit plötzlich auf einem Auge blind geworden ist? Wie können wir von ihnen später verlangen, sich zu unseren Werten zu bekennen, wenn wir uns selbst nicht mehr dazu bekennen? Wir kritisieren zu Recht, wenn bei propalästinensischen Protestaktionen Lesungen und Vorträge von jüdischen und israelischen Referentinnen gestört oder antisemitische Parolen gerufen werden, aber warum kritisieren wir nicht mit der gleichen Vehemenz, wenn vernünftige palästinensische Stimmen aus dem Diskurs verbannt werden?

Verteidigen wir noch die Meinungsfreiheit als hohes Gut der Demokratie oder sind nur noch bestimmte Meinungen durch die Meinungsfreiheit geschützt? Warum bezeichnen westliche Medien und Politiker den Tod von 4000 ukrainischen Kindern in zwei Jahren Krieg gegen Russland als »Kriegsverbrechen«, weigern sich aber, den Tod von über 10 000 palästinensischen Kindern nach nur vier Monaten Krieg als solches zu bezeichnen? Erst als sieben westliche Mitarbeiter der World Kitchen in Gaza bei einem Luftangriff der israelischen Armee ums Leben kamen, sprachen westliche Medien erstmals von einem Kriegsverbrechen. Dies löste in der arabischen Welt Befremden aus und man fragte sich, ob sieben westliche Mitarbeiter mehr wert seien als Zehntausende palästinensische Zivilisten, die zuvor getötet worden waren. Man fragte sich, warum westliche Journalisten den Tod von über 160 ihrer Medienkollegen in Gaza während des Krieges nicht verurteilten. Man fragte sich, warum man als Antisemit bezeichnet wird, nur weil man diese Fragen stellt. »Nicht jeder Tod kann verhindert werden; aber wenn der Tod so hingenommen wird wie gerade in Gaza, und wenn die Konsequenzen bis weit in diese Gesellschaft hineinwirken, dann zerfasert das bisschen Konsens, das es braucht, damit die universellen Werte, wenn überhaupt, verbindend sein können«, schreibt Georg Diez in einem Artikel in der »taz«.[14]

Die Kulturwissenschaftlerin Sarah El Bulbeisi schreibt in einem Artikel in der »NZZ«, dass sich die palästinensische Diaspora in der Schweiz und in Deutschland in ihrem Schmerz isoliert fühle. »Die Menschen der palästinensischen Diaspora eint etwas anderes als die Angst und Trauer um Angehörige im Gazastreifen. Sie eint das Gefühl, über ihren Schmerz nicht sprechen zu können.

Dass Palästinenser nicht als betrauernswerte Menschen betrachtet werden. Dass sie gewissermaßen selbst schuld an ihrem Schmerz seien.«[15]

Ich habe die Hamas und alle islamistischen Organisationen in meiner schriftstellerischen Laufbahn oft kritisiert und werde das auch in Zukunft tun. Aber der Kampf gegen den Terror rechtfertigt nicht die hohe Zahl der Opfer in Gaza. Die Palästinenser sind Menschen und haben Menschenrechte. Wenn die Hamas diese Menschenrechte mit Füßen tritt, dann kritisieren wir das auf das Schärfste. Wenn aber Israel dasselbe tut, ohne dass ein Aufschrei durch die Medien geht, dann missachten diese Medien die Universalität dieser Menschenrechte und das Gebot der fairen Berichterstattung. Es ist nicht die Aufgabe der Medien, Israel in Schutz zu nehmen, sondern die Werte der Freiheit und der Menschenrechte zu verteidigen, wo auch immer. Es kann nicht sein, dass Medien und Politik hier ständig die AfD kritisieren und vor ihr warnen, gleichzeitig aber eine rechtsextreme israelische Regierung unterstützen oder mit Waffen beliefern.

Ich habe versucht, diese Dynamik der Medien zu verstehen. Vor dem Gazakrieg förderten die öffentlich-rechtlichen Sender den Multikulturalismus und ermutigten Menschen mit Migrationshintergrund, ihre Identität öffentlich zu zeigen und laut über ihr Leid zu sprechen. Während des Krieges mussten sie schweigen. Warum? Zuvor war es im Interesse der Regierung, dass mehr Menschen mit Migrationshintergrund ihre Sorgen in den Medien zum Ausdruck brachten, da dies der offiziellen Migrationspolitik der Regierung entsprach und dem Kampf gegen die AfD diente. Während des Krieges in Gaza kam es zu einem Paradigmenwechsel in manchen Medien, weil die Politik sich anders zum Nahostkonflikt verhielt. Viele Medien folgten der Linie der Regierung und wurden so zu Unterstützern der Macht und nicht zu deren kritischen Beobachtern. Der alte Grundsatz der Bundesregierung, keine Waffen in Kriegsgebiete zu liefern, wurde missachtet. Die Rüstungsexporte nach Israel verzehnfachten sich während des Krieges. Die »Tagesschau« berichtete darüber, ohne wie in anderen Fällen zu bewerten oder zu kritisieren.

Es ist zwar verständlich, dass die Medien in Krisenzeiten darauf achten, nicht den »Falschen« eine Propagandabühne zu bieten. Genauso wichtig ist es aber, dass die Medien ein Ort der Vermittlung und eine Plattform bleiben, auf der unterschiedliche Positionen zu einem heiklen Thema zivilisiert miteinander streiten können. Sonst verlieren die Medien ihre Glaubwürdigkeit und die Menschen wandern ab und informieren sich im Netz, wo es von Fake News und Verschwörungstheorien wimmelt. Das haben wir nicht nur beim Nahostkonflikt, sondern auch bei der Flüchtlingskrise, der Coronapandemie, dem Krieg in der Ukraine und der Diskussion um den Klimawandel immer wieder beobachten können. Die Annäherung zwischen Medien und Politik ist besorgniserregend und eine Gefahr für die Meinungsfreiheit.

In Berlin spreche ich mit Frank A. Meyer, dem Leiter der Ringier Journalistenschule in Zürich. Ich frage ihn nach der Annäherung von Politik und Medien. Er antwortet: »In der Tat ist der Journalismus zu einem der größten Machtfaktoren in der Demokratie geworden. Er ist die einzige Macht, die nicht kontrolliert wird. Die konstituierenden Mächte der Demokratie, also Justiz, Parlament und Regierung, kontrollieren sich gegenseitig.« Aber auch die Medien bedürfen einer Kontrolle ihrer Macht: »Die Kontrolle der Medien besteht darin, dass sich die Journalisten gegenseitig widersprechen, nicht darin, dass sie die Macht der Mächtigen stärken oder dass sie alle einer gerade aktuellen Ideologie folgen.« Auch Meyer stellt fest, dass viele Medien den politischen Machthabern näher stehen als der Opposition. Er beobachtet, dass die Beiträge in den Medien »nicht die Stimmung in der Bevölkerung widerspiegeln, sondern eher die Meinung der politischen Elite und das linksgrüne Ideal«. Aufgefallen ist Meyer auch, dass es eine deutliche mediale Kritik an der Politik und dem Führungsstil von Angela Merkel erst gab, als sie nicht mehr Kanzlerin war. Auch für Robert Habeck und Annalena Baerbock sangen die Medien auf dem Höhepunkt ihrer Macht Liebeslieder. Erst als die Grünen in den Umfragen schwächelten, kam zögerlich Kritik.

In Talkshows hören wir die gleichen Stimmen, die vorgegebene Rollen spielen. Abweichler wie Thilo Sarrazin, Boris Palmer, Sahra Wagenknecht oder andere Andersdenkende zu den Themen Russland, Klimapolitik und Corona werden gelegentlich in Talkshows eingeladen. Der Moderator übernimmt dabei immer die Rolle des Inquisitors, der drei oder vier weitere Gäste einlädt, um die Positionen des einzigen Abweichlers zu demontieren und ihn moralisch zu diskreditieren. In diesen Debatten geht es nie darum herauszufinden, wie diese Abweichler denken und welche Argumente und Erfahrungen hinter ihren Weltbildern stehen, sondern nur darum zu beweisen, dass sie kategorisch falschliegen. Das Urteil »falsch« beruht nicht auf vernünftigen Argumenten, sondern auf einer moralischen Haltung gegenüber diesen abweichenden Positionen. Gerade in solchen Debatten zeigt sich, dass es vielen Medien nicht mehr um die Suche nach der Wahrheit geht, sondern darum, die öffentliche Meinung in eine bestimmte Richtung zu lenken. Diese Richtung muss nicht unbedingt von der Politik vorgegeben sein, aber die ideologische Verstrickung im Kulturbetrieb gibt die Richtung vor.

Anders verhält es sich bei einigen Internet-Talkformaten, bei denen der Moderator Personen einlädt, mit denen er nicht unbedingt einer Meinung ist, ihnen aber dennoch die Möglichkeit gibt, ihre Weltsicht, ihre Motivation und ihre Gedanken transparent darzustellen. Ein Beispiel dafür ist die Podcast-Sendung von

Joe Rogan in den USA, die weitaus beliebter ist als die Talkshows von CNN und Fox News zusammen. Was die Talkshow von Joe Rogan auszeichnet und so beliebt macht, ist, dass es in der Sendung keine Tabus gibt und der Moderator nur Fragen stellt und mit Argumenten arbeitet und nicht mit der Moralkeule gegen Meinungen vorgeht, die ihm nicht gefallen.

In Deutschland gefällt mir die YouTube-Sendung »Jung & Naiv«, die ebenfalls mit Argumenten und nicht mit moralischen Haltungen arbeitet. Besonders das Gespräch zwischen Tilo Jung und dem damaligen AfD-Vize Alexander Gauland aus dem Jahr 2017 fand ich vorbildlich. Jung ließ seinen Gast ausführlich seine Sicht der Dinge erläutern, ohne ihn als bösen rechten Hetzer darstellen zu wollen. Er wollte nur in dessen Kopf eindringen und ihn verstehen. Zuerst ließ er ihn über seine Kindheitserfahrungen mit dem Krieg, seine Jugend und seinen Glauben sprechen, um zu verstehen, wie seine Sozialisation seine politischen Ansichten beeinflusst. Er stellte ihm unangenehme Fragen zu Migration, Rassismus, Klimawandel und Digitalisierung, ohne ihn bloßzustellen. So fragte er ihn zum Beispiel, ob er es gut finden würde, wenn seine Tochter einen Muslim heiraten würde. Gauland verneinte nicht, sagte aber, dass er den Islam nicht als Teil seiner Familie sehen wolle. Jung bezeichnete seine Antwort nicht als Rassismus. Warum ist so etwas in öffentlich-rechtlichen Talkshows nicht möglich? Man kann es den Zuschauern selbst überlassen, wie sie die Aussagen der Gäste bewerten, ohne dass der Moderator ihnen moralisch unter die Arme greift. Reden und reden lassen. Verstehen statt urteilen.

Gerade bei jungen Journalisten vermisse ich die Fähigkeit, auch Positionen zu respektieren oder Raum zu geben, die der eigenen Überzeugung widersprechen. Der jungen Generation wird oft mangelndes Selbstvertrauen, ein Hang zur Konformität und eine geringe Frustrationstoleranz vorgeworfen. Diese Unsicherheit und Frustration verstecken sie hinter Aktivismus und Heilsideologien, leider auch im Journalismus. Selbst junge Menschen, von denen man Individualität und Mut erwartet, sind in einer Denk- und Verhaltensweise gefangen, die von Stammesdenken und Gruppendynamik geprägt ist. Freiheit bedeutet für sie die Freiheit zu konsumieren, sich beruflich zu verwirklichen und Andersdenkende als Feinde der Freiheit zu diffamieren. Rebellion bedeutet für sie nicht mehr, die herrschende politische Elite herauszufordern, sondern den eigenen politischen, ethnischen oder religiösen Clan zu verteidigen und die eigene Leitideologie des Multikulturalismus, des türkischen oder deutschen Nationalismus zu legitimieren, indem man die Kritiker zum Schweigen bringt.

Es ist eine Generation, die schlecht diskutieren kann, aber sehr schnell urteilt. Diese Generation kann nicht mit sich selbst hadern, also hadert sie mit anderen oder mit Abweichlern in der eigenen Gruppe, um ihre Unsicherheit und ihre Selbstzweifel so schnell wie möglich loszuwerden. Ihre intellektuelle Trägheit hindert sie daran, das zu praktizieren, was Aufklärung ausmacht: Zweifel, Infragestellung der eigenen bequemen Narrative und kritische Distanz zur eigenen Gruppe. Und darin unterscheiden sich linke Aktivisten kaum von Rechtspopulisten und religiösen Fundamentalisten. Für sie alle steht das Gefühl vor dem Verstand und das Kollektiv vor dem Individuum.

Die neue Generation hat nicht das Privileg, eine echte Wahl zu haben. Wie in religiösen Familien werden diese Kinder von klein auf indoktriniert und manipuliert, aber sie glauben, dass sie ihren Lebensstil und ihre Gedanken selbst wählen können. Denn die Macht, die auf sie ausgeübt wird, ist nicht die Macht der Gebote, sondern die Macht der Angebote. Obwohl diese Generation frei von Not und Angst aufgewachsen ist und nicht gegen soziale und politische Zwänge ankämpfen musste, ist sie eine unsichere Generation, weil sie in einer Welt aufgewachsen ist, die ihr Skepsis gegenüber sich selbst eingeimpft hat. Diese Generation leidet unter einem enormen inneren Druck und wird zum Spielball von Wirtschaft, sozialen Netzwerken und Ideologien. Sie versucht, ihre Ängste und Unsicherheiten durch Aktivismus für eine höhere Sache zu überdecken. Sie engagiert sich zum Beispiel gegen Klimawandel und Rassismus, was großartig ist. Aber ihr Engagement basiert oft auf demselben Misstrauen, das auch Rassisten und Verschwörungstheoretiker antreibt. Denn Angst und Schuldgefühle können nur Wut und Misstrauen erzeugen. Es ist die neugierigste und toleranteste Generation, die die Koexistenz vieler Lebensstile zulässt, aber es ist auch die Generation mit einer Anspruchsmentalität und einer geringen Toleranz für Frustration und Widerspruch. Sie urteilen und verurteilen sehr schnell und grenzen jeden aus, der ihrer Weltsicht, ihrem Aktivismus oder ihren Idealen widerspricht.

Mit den jüngeren Generationen Z und Alpha verschärfen sich die Probleme. Diese Generationen sind kommunikativer, flexibler, intelligenter, toleranter, autodidaktischer als frühere Generationen. Sie sind viel freier, aber ihre Freiheit macht sie auch einsamer. Man hat aber den Eindruck, dass diese Generation nicht bereit ist, diese Einsamkeit aufzugeben. Kinder diagnostizieren sich selbst als psychisch krank, indem sie Online-Checklisten mit Symptomen psychischer Erkrankungen ausfüllen. Manche Teenager gehen zum Schönheitschirurgen, um so auszusehen wie ihr TikTok-Idol.

Die Kinder dieser Generation sind frei von genealogischen Fesseln, frei von staatlicher und elterlicher Gewalt. Und doch sind sie den eigenen Eltern ausgeliefert, vor allem, wenn diese überfürsorglich sind. Sie haben nie die Gnade, übersehen zu werden. Die Eltern von heute erforschen die Hobbys und Talente ihrer Kinder und verfolgen sie auf Schritt und Tritt. Die Nachkriegskinder dagegen hatten mehr Freiheit vom Elternhaus, einfach weil es viele Kinder gab und die Eltern sich nicht um jedes einzelne kümmern konnten. Der Münchner Kabarettist Gerhard Polt sprach mit Gregor Gysi über seine Kindheit. Im München der Nachkriegszeit habe es die maximale Freiheit gegeben, es war für ihn faszinierend, weil die ganze Stadt ein Trümmerhaufen war. »Und es gibt keinen schöneren Spielplatz für ein Kind als eine so große Stadt, wo man durch die Trümmer rennen, Metall sammeln und dafür Geld bekommen kann. Die Kinder konnten den ganzen Tag in den Ruinen spielen und die Eltern haben gar nicht auf sie gewartet.« Was heute als »Verwahrlosung« bezeichnet werden könnte, beschreibt Polt als höchst befreiend. Die Zeiten ändern sich. Und natürlich kann man eine Generation, die im Wohlstand geboren wurde, nicht mit der gleichen Methode erziehen wie eine Generation, die nichts hatte.

Die heutige junge Generation lebt in einem Paradox: Sie wird von ihren Eltern überbehütet, aber dieselben Eltern lassen sie digital verwahrlosen. Sie leben ihre Sensibilität aus und sind empathischer, aber sie können keine Entscheidungen treffen und nicht mit ihren Gefühlen umgehen. Sie haben alles und sind traurig und gelangweilt. Sie werden von Informationen überflutet, wissen aber zu wenig und können sich kaum konzentrieren. Und genau das ist die Aufgabe der Eltern und der Schule: den Kindern beizubringen, mit Frust und Wut umzugehen und sich auf das Wesentliche zu konzentrieren. Neben schulischem Wissen sollen sie auch Gelassenheit, Achtsamkeit und Empathie lernen. Denn es ist die Generation, die sich den größten Herausforderungen der KI stellen muss. Sie ist es, die den Abstieg verhindern oder ausbaden muss.

Smartphones machen Jugendliche süchtig nach sofortiger Gratifikation durch Likes und Kommentare. Sie machen sie auch anfällig für vorschnelle Urteile. Sie müssen zu allem eine Meinung haben und werden aufgefordert, diese sofort zu posten. Sie haben keine Zeit, über ihre Meinungen und Urteile nachzudenken, denn wenn sie eine Meinung gepostet haben, werden sie sofort dafür gefeiert oder angegriffen und können ihre Meinung nur noch verteidigen. Das fördert nur Echokammern, Rechthaberei und Narzissmus. In einem Artikel auf »Zeit Online« schreibt der Journalist Jens Jessen über die junge Generation: »Unglücklicher und unfreier war noch keine Generation zuvor.« Bei einer Umfrage für die Studie »Jugend in Deutschland« gaben 46 Prozent der Befragten zwischen 14 und 29 Jahren an, unter psychischen Belastungen und Stress zu leiden.

In ihrem Buch »Serious Shit« porträtiert die Journalistin Marlene Knobloch ihre Generation der heute 30-Jährigen und stellt wichtige Fragen nach den Werten dieser Generation und ihrem Beitrag zur Verteidigung von Demokratie und Freiheit. Sie nimmt ihre Generation in Schutz, die von den Babyboomern immer wieder als Weicheier, Narzissten oder Verwöhnte bezeichnet wird. Aber sie geht auch mit ihren Altersgenossen hart ins Gericht. Vor allem der Hang der Jugend zur Konformität ist Knobloch ein Dorn im Auge. Auf einer Party, an der auch ihre Kollegen aus der Medien- und Kulturbranche teilnahmen, schlug sie ein Spiel vor: Jeder bekam zwei Zettel, auf einem stand »Ja«, auf dem anderen »Nein«. Einer stellte eine Frage, die anderen warfen ihre Antworten anonym in einen Hut. Dann musste jeder schätzen, wie viele mit »Ja« und wie viele mit »Nein« geantwortet hatten. Das Spiel sollte die Vermutungen mit der Realität abgleichen. Vier hatten Sex im Club, zwei hatten ihren Partner betrogen, mehrere hatten Gruppensex. Alles kein Grund zur Aufregung. Erst als ein Theaterautor die Frage in die Runde warf: »Wer hat schon einmal rechts von der SPD gewählt?« – »Never. Keiner«, lautete die Antwort, der die Gruppe nicht widersprach. In der Auszählung fand sich aber dann doch eine Ja-Stimme. Die Stimmung sei plötzlich frostiger und die Augen schmaler geworden, schreibt Knobloch. Um sich für diese Kälte zu rächen, stellte sie die Frage: »Wer von euch glaubt, dass sein Opa ein Nazi war?« Damit war das Spiel aus und die Party vorbei. Knobloch sinniert: »Die deutsche Schuld, ein Wald ohne Bäume. Wir können die Hälfte aller deutschen Parteien zu einer Gesinnungseinheit verschmelzen, über Sex in Clubs reden, aber auf keinen Fall darüber, was die eigenen Großeltern getan haben.«[16]

Damit spricht die Autorin zwei Probleme an, die für einen Teil der jungen Generation charakteristisch sind: die Last der Schuld, die sie von sich weisen und auf Rechte und Umweltverschmutzer projizieren, die aber in den eigenen Familien nicht diskutiert wird. Und die Neigung, die ideologischen Mauern der Gruppe nicht zu verlassen und andere moralisch zu beurteilen. Wenn es als Schande gilt, eine Frau wie Merkel zu wählen, die in Sachen Umweltschutz, Atomausstieg und Flüchtlingspolitik sowohl die Grünen als auch die SPD links überholt hat, dann geht es in dieser Generation nicht mehr um politische Prinzipien, sondern um ideologische Sippenhaft. Und genau aus dieser Geisteshaltung kommen viele Journalisten und Aktivisten, die nicht über bestimmte politische und gesellschaftliche Ziele verhandeln und diskutieren wollen, sondern eine bestimmte moralische Agenda durchsetzen wollen, die sie nicht selbst definiert haben.

Die jüngere Generation bezieht ihre Informationen und Analysen von ideologisch uniformierten Journalisten oder von Twitter und TikTok. Dies wird die bereits bestehenden Echokammern noch verstärken und zu einer weiteren Fragmentierung und Verschlechterung der Kommunikation in der Gesellschaft führen. Es ist nicht verwunderlich, dass die jungen Generationen dadurch immer wankelmütiger, unverbindlicher und intoleranter gegenüber Kritik, kontroversen Meinungen und politischen Einstellungen werden. Viele wollen sich nicht auf eine Beziehung festlegen, wechseln häufig das Studienfach und später den Arbeitsplatz, weil sie ständig auf der Suche nach etwas sind, das ihnen Spaß macht. Sie wollen die Welt verändern, gehen aber selten wählen. Sie definieren ihre Freiheit eher über Konsum, Reisen oder Sport. Sie wollen weniger arbeiten und sich mit wenigen lästigen Themen beschäftigen, aber ihren Wohlstand erhalten und vermehren. Sie suchen sich ihre Feinde selbst, schreien sie an und erwarten, dass sich die Welt dadurch verändert. Sie sind tief im Sumpf des verwahrlosten Individualismus versunken und nicht mehr in der Lage, mit anderen zusammenzuarbeiten.

Sie haben keine Angst vor irgendeiner Autorität außer der Autorität der eigenen Gruppe. Sie können sich nur einer Gruppendynamik unterwerfen, freiwillig natürlich. Das Gemeinwesen ist für sie nur ein Staat, der Schulden macht, die sie später zurückzahlen müssen, um den Wohlstand künstlich am Leben zu erhalten. Marlene Knobloch bringt es auf den Punkt, wenn sie über ihre Generation schreibt: »Wir denken augenblicklich, unsere Aufmerksamkeit ist punktuell. Was uns interessiert, ist das, was uns emotionalisiert und womit man in der eigenen Gruppe punkten kann. Auch deshalb hängen wir auf Social Media neben unseren Namen ein schwarzes Herz, die Regenbogenflagge, Europafahne oder ein Bakteriensymbol. Politik als Emoticons. Annika, Europaflagge, Regenbogenflagge, she/her. Schnelle Verschlagwortung, wer hat heute denn Zeit, Diskussionen zu verfolgen? Zeig mir dein Profil und ich sag dir, wer du bist.«[17] Sie reflektiert ihre Zeit an der Journalistenschule und erinnert sich, dass sich dort die meisten Debatten um moralistische oder kulturalistische Themen drehten. Gender, Rassismus, Postkolonialismus, Sexismus, Quoten. Was auch immer sie und ihre Kollegen über Politiker, Wirtschaft oder Außenpolitik zu sagen hatten, es war immer mit oberflächlichen Fehltritten verbunden. »Wir waren bereit, bis zum Eklat zu gehen, wenn wir in Zwischentönen von Dozenten Rassismus witterten. Die Boomer waren schnell Feinde, sie hielten nicht Schritt mit unseren Forderungen, zu alt, zu weiß, zu unflexibel.«[18]

Das erinnerte mich an einen Vortrag, den ich vor einigen Jahren an einem hessischen Gymnasium gehalten habe. Dort sprach ich vor einer 12. Klasse, die den Leistungskurs Politik belegt hatte, über die Herausforderungen der Flüchtlingskrise. Dabei habe ich mich auf die Probleme konzentriert, die mit der Integration von Flüchtlingen verbunden sind, wie Sprache, Bildung und Radikalisierung. Ein Schüler stand auf und fragte: »Was sollen wir tun? Sollen wir alle Flüchtlinge im Mittelmeer ertrinken lassen oder was?« Daraufhin brach die ganze Klasse in Applaus aus. Eigentlich hatte ich von Gymnasiasten im Leistungskurs Politik eine andere Art der Argumentation erwartet. Seine Frage und der Applaus seiner Mitschüler waren eine moralische Keule, um nicht mit mir zu diskutieren. Warum sollten sie mit mir diskutieren, wenn sie mich stattdessen als herzlos abstempeln konnten. Der Antifa-Aktivist, der mich 2015 als »Faschist« beschimpfte und versuchte, mir ins Gesicht zu schlagen, handelte nach derselben Logik. Der linke Aktivist, der im Sommer 2023 den Journalisten Constantin Schreiber an der Universität Jena angriff, handelte nach derselben Logik. Diese Art der Diskursverweigerung beobachte ich zunehmend bei jungen Menschen, die eine klare moralische Haltung zu Migration, Islam und Klima haben, die sie nicht zur Disposition stellen wollen.

So entstehen eigentlich die modernen Glaubenskulturen, von denen ich oben gesprochen habe, denn hier kommen alle Faktoren zusammen, die zur Entstehung einer Sekte führen: Ideologie, Wahrheitsanspruch, Konformität, Schuldgefühle, Feindbilder und hohe Ansprüche an die Welt. Ideologie ist nichts anderes als ein freiwilliger Zwang. Der Einzelne unterwirft sich einem System oder Ideal, das eigentlich gegen seine individuellen Interessen gerichtet ist, ihm aber eine Scheinbefreiung verspricht. Man fühlt sich zu etwas Großem berufen. Man erhebt sich über die Massen und betrachtet sie als Unwissende, die aufgeklärt werden müssen. Es geht dann nicht darum, Menschen zu überzeugen, sondern darum, Status zu gewinnen und andere zu beschämen.

Rechte, Linke, Islamisten, Antirassisten und Klimaaktivisten haben diese Haltung längst verinnerlicht. Sie alle sind Gerechtigkeitsfanatiker, die den anderen als Sünder betrachten und ihm »How dare you?« entgegenschleudern, wie es Greta Thunberg vor der UN tat. Die Welt besteht nur noch aus Ketzern und Inquisitoren. Jeder hält seine selbst gebastelten Zehn Gebote hoch und reibt sie dem anderen unter die Nase. Alle sind tiefgläubig, immun gegen Kritik, Zweifel und Ambivalenz. Es geht ihnen meist nicht um Aufklärung oder Problemlösung, sondern um Statusgewinn und Beschämung anderer.

Ich persönlich finde es gut, wenn sich junge Menschen über die bestehenden Verhältnisse aufregen und diesen heiligen Zorn auch zeigen, aber wenn jeder jeden anschreit, ohne auf eine Antwort zu warten, dann ist das nur Selbstdarstellung und Verschwendung der eigenen Energie. Aristoteles sagte einmal: »Jeder kann wütend werden, das ist leicht. Aber wütend zu sein auf die richtigen Leute, im richtigen Maß, zur richtigen Zeit, zum richtigen Zweck und auf die richtige Art und Weise, das ist schwer.« Und genau daran mangelt es in allen aktuellen Debatten. Wut wird zum Selbstzweck, wenn jeder bereits eine Lizenz zur Empörung besitzt und niemand bereit ist, sich mit den Argumenten seiner Gegner auseinanderzusetzen.

So wird der Diskursraum verengt, nicht nur, weil die Cancel Culture in den Medien und in der Politik Einzug gehalten hat, sondern auch, weil die Basis und vor allem die junge Basis keine Leidenschaft für den Diskurs hat. Sie will recht haben und kann das, ohne sich auf eine Diskussion einzulassen, weil sie von vornherein bestimmt, wer gut und wer böse ist. Wählst du CDU oder CSU? Pfui Teufel! Wählst du die AfD? Dann rede ich gar nicht erst mit dir. Wenn du einen SUV fährst, vergiftest du die Umwelt. Glaubst du, dass es nur zwei Geschlechter gibt, dann bist du ein reaktionäres Arschloch, das sich schämen sollte. Wenn du einen Migranten fragst, woher er kommt, dann bist du ein Rassist. So wird der moralisierende junge Mann zum narzisstischen Abbild jener identitären Rechten, die man für die Inkarnation des Bösen hält. So beraubt man die Demokratie eines ihrer wichtigsten Instrumente: der Suche nach der besten Erklärung und der besten Lösung im zivilisierten Streit.

Im Juli 2023 fühlten sich einige Studenten der Universität Flensburg beim Anblick einer Bronzefigur von Fritz During im Foyer der Universität »unwohl«, weil sie eine nackte Frau darstellte. Sie beschwerten sich bei dem Gleichstellungs- und Diversitätsausschuss der Universität, woraufhin die Figur entfernt wurde. An ihrer Stelle wurde ein Fragezeichen in Regenbogenfarben aufgestellt. Als die Primavera-Figur vor 67 Jahren geschaffen wurde, galt sie als innovative Kunst, die das wachsende Leben darstellt. Heute empfinden manche diese Kunst als abstoßend, weil sie die Frau angeblich auf ihre Weiblichkeit und Fruchtbarkeit reduziert. Und so versuchen diese Aktivisten, wie so oft, die Kunst der Vergangenheit mit ihren eigenen Maßstäben von heute zu beurteilen, obwohl sie oft keine Ahnung von Kunst oder Kunstgeschichte haben. Sie haben nur ihre Gefühle, ihre subjektiven Urteile, die sie für das Maß aller Dinge halten. Und das ist für mich der Anfang vom Ende der Kultur, wenn subjektive Gefühle an die Stelle von Rationalität und Meinungsvielfalt treten.

Apropos Gefühle: Ich habe mich gefragt, was passieren würde, wenn jetzt einige muslimische Studenten zum selben Gremium für Gleichstellung und Vielfalt kämen und sagten, sie fühlten sich unwohl beim Anblick des Regenbogen-Fragezeichens und fühlten sich dadurch nicht repräsentiert, weil Homosexualität in ihrer Religion als unmoralisch gilt. Würde die Universität das Fragezeichen entfernen? Wohin würde das führen? In einen Bürgerkrieg der Gefühle?

Echte Vielfalt bedeutet nicht, dass eine kleine, lautstarke Minderheit die Deutungshoheit über Kunst und Kultur gewinnt und selbst entscheidet, was gemalt oder gesagt werden darf und was nicht. Vielfalt lebt davon, dass unterschiedliche Meinungen und Lebensstile friedlich nebeneinander existieren und sich gegenseitig tolerieren, solange keiner gegen das Gesetz verstößt oder die Freiheit des anderen einschränkt. Die einen mögen Gendern, die anderen nicht. Aber keiner darf dem anderen das eine oder das andere verbieten! Manche Menschen sind religiös, andere können Religion nicht ausstehen. Weder können die einen den Religiösen verbieten, ihre Religion auszuüben, noch können die Religiösen den Religionskritikern verbieten, ihre Religion zu kritisieren. Die einen mögen abstrakte Kunst, die anderen klassische Kunst. Eine gesunde Kultur hat Platz für alle Kunstrichtungen und Geschmäcker. Wenn ausgerechnet an Universitäten dieser Raum immer enger wird, dann ist es wirklich der Anfang des Endes von Kultur und Diskurs.

In einer im Oktober 2020 veröffentlichten Studie haben zwei Wissenschaftler empirisch untersucht, wie es um die Meinungsfreiheit an deutschen Universitäten bestellt ist. Dazu befragten sie Studierende der Sozialwissenschaften an der Goethe-Universität Frankfurt. Ihre Ergebnisse sind dramatisch, zumindest für einen Ort, an dem man sich ein Höchstmaß an Diskursfähigkeit und Lust am freien Gedankenaustausch wünscht. Ein Viertel der Befragten hat sich aufgrund eigener Äußerungen schon einmal von anderen persönlich abgelehnt gefühlt, ein Drittel fühlt sich gehemmt, die eigene Meinung zu äußern. Und: Haben Personen politisch konservative Ansichten zu Islam, Zuwanderung, Homosexualität oder Geschlechterverhältnissen, sind je nach Fall nur 44 bis 69 Prozent der Befragten dafür, dass diese Person überhaupt an der Hochschule sprechen darf. Nur 17 bis 36 Prozent der Befragten sind dafür, dass diese Personen an der Universität lehren dürfen. Ein Drittel der Befragten möchte Bücher solcher Autoren aus der Bibliothek entfernen.[19]

Dieser Trend geht von den amerikanischen Universitäten aus, wo die Studenten die Hörsäle zunehmend nicht mehr als Orte der

Kontroverse, sondern als »safe spaces« betrachten, in denen sie nicht mit Meinungen belästigt werden wollen, die ihrem Weltbild widersprechen. Diese Studenten werden später Lehrer, Professoren, Journalisten und Politiker.

Die Personalpolitik in Zeitungen und öffentlich-rechtlichen Rundfunkanstalten führt dazu, dass die meisten Positionen mit Personen besetzt werden, die der postkolonialen Multikulti-Doktrin anhängen. Eine Umfrage unter den Volontären, die bei der ARD ihre Ausbildung absolvieren, ergab beunruhigende Ergebnisse. 57 Prozent der Praktikanten wählten die Grünen, 23 Prozent die Linke, 11 Prozent die SPD und nur 3 Prozent die CDU. Die FDP kam gerade noch auf 1 Prozent.[20] Dass Rot-Rot-Grün auf 91 Prozent kommt und es kaum konservative oder liberale Stimmen gibt, zeigt, wie die Gegenwart und Zukunft der Berichterstattung aussehen könnte. Da wundert man sich nicht mehr, dass bestimmte Themen lieber totgeschwiegen und bestimmte Gäste nicht mehr in Talkshows eingeladen werden. Da braucht man sich nicht mehr zu wundern, dass Greta Thunberg und ihr Fridays for Future gefeiert werden, dass die ARD ein Lied mit dem Titel »Meine Oma ist 'ne alte Umweltsau« sendet oder dass ZDF-Moderator Jan Böhmermann in seinem »ZDF Magazin Royale« Feministinnen, die den Transhype kritisieren, als »Scheißhaufen« und die CDU als »Nazis mit Substanz« bezeichnet, ohne dass dies Konsequenzen hätte. Was in der ARD passiert, ist in den meisten Zeitungen längst Realität. Die Chefredakteure wundern sich dann, dass es in ihrer Redaktion oft eine einheitliche Meinung zu bestimmten Themen gibt. Und sie wundern sich, dass manche Bürger angesichts dieser ideologischen Einheitsmeinung von »Systemmedien« sprechen.

Verantwortlich für den viel kritisierten Konformismus in den Medien ist die personale Zulieferkette vom Gymnasium bis zum Vorstellungsgespräch in der Redaktion. An Schulen und Universitäten sind junge Menschen nicht an kontroverse politische Diskussionen gewöhnt, viele werden in linksgrünen Familien sozialisiert oder von linksgrünen Lehrern und Professoren unterrichtet. Diese ideologische Gleichschaltung lähmt die Dynamik des Journalismus, der von Kontroversen und Dialektik lebt. Frank A. Meyer kritisiert, dass die meisten Journalisten ohne Berufserfahrung direkt von der Universität in die Redaktion wechseln. Das schränke ihren Blick auf die Welt ein und lasse sie in einer Blase leben, in der alle gleich denken und die gleichen Erfahrungen machen. In seiner Journalistenschule achtet Meyer darauf, dass nur die Hälfte seiner Schüler Akademiker sind. Die andere Hälfte kommt aus der beruflichen Praxis. »Die beste Schülerin in meinem letzten Kurs war eine Köchin«, sagt er. »Solche Leute verstehen mehr vom Leben, haben einen besseren Zugang zur Bevölkerung, wissen genau, was in den Betrieben passiert, wie die Menschen in der Provinz denken und welche Probleme sie haben. Die meisten Akademiker wissen das nicht. Ihre moralische Überlegenheit und ihr Mangel an Erfahrung trennen sie von den Menschen auf der Straße und in den Betrieben. Sie halten sich für aufgeklärte Diskursführer und verweigern sich dennoch oft einer offenen und fairen Debatte.«

Diese Diskursunfähigkeit und dieser Moralismus greifen von den Universitäten auf die Medien über und prägen auch die Politik. »Ich muss ganz ehrlich sagen, wenn wir jetzt anfangen, uns dafür entschuldigen zu müssen, dass wir in Notsituationen ein freundliches Gesicht zeigen, dann ist das nicht mein Land«, antwortete Angela Merkel auf die Kritik an ihrer Flüchtlingspolitik im Jahr 2015. Der Begriff »alternativlos«, der viele Entscheidungen Merkels begleitete, zeugt von der Erstarrung der Politik angesichts der Herausforderungen der Gegenwart. Alternativlos waren der Atomausstieg, die Abhängigkeit von russischem Gas, die Öffnung der Grenzen für Hunderttausende Flüchtlinge und illegale Einwanderer. Alles ohne parlamentarische und gesellschaftliche Debatte. Auch die Ampelregierung hält ihre Wirtschafts- und Energiepolitik für alternativlos und lässt sich dabei nicht von den Interessen der Bevölkerung, sondern von den eigenen ideologischen Scheuklappen leiten. Beispiele: das neue Wärmegesetz, das Beharren auf dem Atomausstieg inmitten der Energiekrise, die Kürzung der Subventionen für die eigenen Landwirte bei gleichzeitiger Beibehaltung der Subventionen für brasilianische Amazonasprojekte und peruanische Radwege oder die Förderung positiver Männlichkeit in Ruanda. Alternativlosigkeit bedeutet aber das Fehlen eines politischen Handlungsspielraums und damit das Versiegen der Quelle der Freiheit, die nach Hannah Arendt untrennbar mit dem Politischen verbunden ist. Hinter dieser Alternativlosigkeit hat sich die Politik im Westen selbst verbarrikadiert, als sie nicht mehr die Freiheit, sondern kurzsichtige Wirtschaftsinteressen und moralisierende Neuzeitideologien wie den Multikulturalismus als Richtschnur ihres Handelns nutzte.

Es ist verständlich, dass die politische Einstellung eine Prädisposition hat, die nichts mit einer vernünftigen oder neutralen Einstellung zu tun haben muss. Vorurteile, Erfahrungen, Ängste und alte Traumata spielen dabei eine entscheidende Rolle. Problematisch wird es aber dann, wenn diese vorgefassten Meinungen durch eine pseudomoralische, überhebliche Haltung verschleiert und dem Gegenüber als einzig akzeptable Haltung präsentiert werden. Das hatte in der Politik eine gewisse Legitimation, solange die politische Bühne für alle Positionen offen war. Das ist aber nicht mehr der Fall. Auch im gesellschaftlichen Diskurs ist es zulässig, eine vorgefasste Meinung zu haben, solange jeder Gegner dieser Meinung das Recht hat, sie öffentlich zu demontieren. Auch dies ist nicht mehr der Fall.

Eine wichtige Voraussetzung für das Gelingen eines Dialogs oder einer politischen Debatte ist eigentlich eine Selbstverständlichkeit: nämlich die Überzeugung, dass alle Beteiligten gleichberechtigt sind und niemand recht hat, nur weil er einer bestimmten Gruppe oder politischen Richtung angehört. Ein Argument sollte nur danach beurteilt werden, wie sachlich und rational es ist. Narzisstischer Moralismus, Empörung, Dogmatismus und die Aufwertung von Gefühlen gegenüber Argumenten schaden dem Diskurs und machen eine freie Streitkultur unmöglich. Diese aber ist für den Prozess der Selbstverständigung und für die Lösung der Probleme des Landes unverzichtbar.

Einige Politiker, Intellektuelle, Journalisten, Vertreter der Kirchen und andere Säulen der Zivilgesellschaft verweigern sich der Diskussion mit Politikern oder Anhängern der AfD. Sie unterliegen dem Irrglauben, das rechte Lager durch Ächtung schwächen zu können. AfD-Bashing und Warnungen vor den Gefahren, die von dieser Partei ausgehen, haben weder die Partei geschwächt noch ihre Anhänger zum Umdenken gebracht, denn diese Partei lebt einerseits von ihrer Opferrolle und andererseits von ihrer ablehnenden Haltung gegenüber der politischen Klasse. Sich moralisch über sie zu erheben, ohne sie argumentativ zu konfrontieren und zu entlarven, ist letztlich eine Form der Politikverweigerung, die nur die Ränder stärkt. Wer abweichende Meinungen ablehnt, ohne sich mit ihnen intellektuell und politisch auseinanderzusetzen, verweigert den Diskurs und ebnet den Weg für eine Vertiefung der gesellschaftlichen Spannungen. Diese kann nur im Dialog abgebaut werden – mit denen, die anderer Meinung sind.

Auch den Migranten ist nicht geholfen, wenn im Namen der Partizipation gemeinsame Sache mit religiösen und nationalistischen Migrantenverbänden gemacht wird oder rational begründete Islamkritik mit Rassismus gleichgesetzt wird. Im Gegenteil, davon profitieren nur Islamisten und die verlängerten Arme ausländischer Regierungen, die gegen Integration arbeiten. Denn sie nutzen die Keule des Rassismus und der Islamophobie als Schutzschild, um ihre antidemokratischen Projekte auch hierzulande durchzusetzen. Das wiederum gibt dem Rechtspopulismus Auftrieb. Und so bewirkt die moralisierende Attitüde von Medien, Politik und Aktivismus genau das Gegenteil von dem, was sie ursprünglich erreichen wollte.

Kapitel 13

Gefangen in der Irrationalität: Auf dem Weg zu einer statischen Gesellschaft

Als ich über diese neue soziale, politische und mediale Dynamik nachdachte, stieß ich auf das Konzept der rationalen und antirationalen Meme, das der Physiker David Deutsch in seinem Buch »Der Anfang der Unendlichkeit« erläutert. Ein Mem ist eine Idee, die sich verbreitet. Es handelt sich dabei um Ideen und Verhaltensweisen, die über Generationen hinweg von älteren an jüngere Menschen weitergegeben werden. Meme reproduzieren, ähnlich wie Gene, kulturelle Ideen und Praktiken, die mit der Identität einer Gesellschaft verbunden sind.[21]

Rationale Meme, die von Nützlichkeit und Fortschritt getrieben sind, verbreiten sich durch freiwillige Kooperation und Ideenwettbewerb. Sie brauchen keine Gesetze oder moralischen Wächter, um sich zu erhalten, weil sie überzeugend und nützlich sind. Toleranz, Gleichberechtigung von Mann und Frau und Meinungsfreiheit sind Meme, die sich bewährt haben, weil die Maxime »leben und leben lassen« dafür sorgt, dass es nur wenige gesellschaftliche Konflikte über persönliche Präferenzen gibt. Es sind Ideen, von denen die Mehrheit der Gesellschaft profitiert, nicht nur eine Elite, die sich an solchen Ideen bereichert.

Statische Meme hingegen sind von Natur aus antirational und benutzen Strategien der Gedankenkontrolle, um kritisches Denken zu unterdrücken und ihr Überleben zu sichern. Statische Gesellschaften pflegen bestimmte Tabus, die sie als Gesetze oder Bräuche bezeichnen, um eine Veränderung der Meme zu verhindern. »Sie erzwingen die Ausübung bestehender Meme, verbieten die Ausübung von Varianten und unterdrücken die Kritik am Status quo.«[22] Eine weitere Methode, den Status quo aufrechtzuerhalten, ist die Unterdrückung menschlicher Kreativität. In starren Gesellschaften werden Kinder dazu erzogen, ihr kritisches Denken abzuschalten, und so wird sichergestellt, dass neue Ideen, die die Gesellschaft verändern könnten, gar nicht erst entstehen.[23]

Ich glaube, dass religiöse Meme den Fortbestand einer statischen Gesellschaft fördern, weil sie auf Rationalität und Selbstkritik verzichten und von ihren Anhängern Gehorsam und Konformität verlangen. Schuldgefühle, Selbstzensur, Angst vor einer höheren Autorität, Gebote und Verbote und das magische irrationale Denken verhindern wirkliche Veränderung und halten eine Gesellschaft in einem Teufelskreis, in dem es nicht um die Weiterentwicklung der Gesellschaft geht, sondern um die Selbsterhaltung der irrationalen Meme. Religiöse Vorstellungen wie »Eine katholische Frau darf keinen Protestanten heiraten« oder »Ein Mann darf seine Frau körperlich züchtigen, um sie zu disziplinieren« oder »Homosexuelle sollten hingerichtet werden« können nur durch religiöse Überhöhung, Hierarchisierung und das Schüren von Hass und Angst von einer Generation zur nächsten überleben.

Meme wie »Schwarze Katzen bringen Unglück« leben weiter, weil sie an die diffusen Ängste der Menschen und ihren Hang zum Aberglauben appellieren. In der Vergangenheit beherrschten statische Gesellschaften das menschliche Dasein und verhinderten Wandel und Innovation. Irrationalität, Autoritätshörigkeit, Vorurteile, Religiosität und Wunschdenken spielten eine wichtige Rolle bei der Aufrechterhaltung dieser statischen Meme. Kulturen gehen unter, wenn sie nicht mehr in der Lage sind, rationale Meme zu reproduzieren, und wenn sie nicht rechtzeitig auf die Herausforderungen des Wandels reagieren. Der Untergang der Polynesier auf der Osterinsel ist ein Beispiel dafür.

Das Mem der Freiheit hat Europa von vielen statischen mittelalterlichen Memen befreit, aber im Namen der Freiheit werden auch heute noch viele irrationale Ideen und Praktiken toleriert. Das Problem beginnt dort, wo sich irrationale Ideen und Verhaltensweisen als fortschrittliche Ideen tarnen, wo Selbstzensur, autoritäres Denken, Gebote und Verbote als Mittel des Zusammenlebens, des Klimaschutzes oder des Sprachgebrauchs ausgegeben werden. Wenn wir irrationale Meme nicht sofort als solche entlarven, werden sie sich immer weiter reproduzieren und verbreiten, bis wir sie für rational halten. Von Oskar Panizza stammt der Satz »Wenn der Wahnsinn epidemisch wird, heißt er Vernunft«. Und genau das geschieht heute zunehmend im Westen. Sowohl auf der linken als auch auf der rechten Seite der westlichen Gesellschaft dominieren irrationale Meme die Debatten und bestimmen das Verhalten von Mehrheiten und Minderheiten. Das marxistische Mem kämpft seit Generationen gegen das nationalistische Mem, und dieser Kampf treibt die Gesellschaft nicht voran, weil beide Meme undialektisch und daher irrational sind.

Wie in den Schimpansenkolonien klammern sich die westliche Linke und die identitäre Rechte an Stammesidentitäten und sehen in der rivalisierenden Gruppe eine Bedrohung für die Welt. Die linke Erlösungserzählung ist ebenso pseudoreligiös wie die rechte Idee der Nation als Bestimmung, die ihre Wurzeln im religiösen Heiligen Römischen Reich Deutscher Nation hat. Auch viele Einwanderer, manche schwarzen Aktivisten und einige feministische und LGBTQ+-Bewegungen sind zu modernen Stämmen geworden und akzeptieren keine Kritik an ihnen. Sie alle sind besessen von der Idee der Erlösung, und sie alle sind besessen von der absoluten Wahrheit und verweigern den Dialog mit jedem, der anderer Meinung ist als sie. Sie alle sind Sklaven ihrer Hautfarbe, Ethnie, ihres Geschlechts oder ihrer sexuellen Orientierung. Die Antwort der Rechten auf die Irrationalität der Linken ist die Steigerung der eigenen Irrationalität. Noch nie wurden Begriffe wie »Wahrheit« und »Freiheit« von so vielen irrationalen Ideen und Verhaltensweisen begleitet.

Vernunft wird immer mehr zur Mangelware, auch auf der Führungsebene. In der Vergangenheit erwartete man von westlichen Politikern Rationalität, Integrität, Ehrlichkeit, moralische Standhaftigkeit und eine politische Vision für ihr Land. Die Gründerväter der USA und die europäischen Staats- und Regierungschefs Charles de Gaulle, Margaret Thatcher und Helmut Schmidt waren solche Politiker. In jüngster Zeit haben Donald Trump und Boris Johnson zwei der größten westlichen Demokratien regiert und neue Maßstäbe für die politische Kultur gesetzt. Beide Politiker setzen bewusst Ironie, vulgäre Sprache, Beleidigungen und manchmal auch rassistische oder sexistische Äußerungen ein, um ihre Gegner zu diskreditieren. Das hat ihrer Popularität nicht geschadet. Ganz im Gegenteil. Dahinter steckte Kalkül: Die Beschimpfungen spiegelten die Frustration großer Teile der Bevölkerung über die politisch korrekte Elite wider.

Im Zeitalter der Unterhaltung ist es nicht mehr wichtig, welchen Inhalt eine politische Botschaft hat und welche Werte ein Politiker vertritt. Wichtig ist, dass der Politiker den Menschen aus der Seele spricht und dass seine Botschaft eine starke emotionale Wirkung auf sie hat. Trump und Johnson und viele Populisten haben heute verstanden, dass alte Werte wie Fleiß, Integrität, Höflichkeit und Großzügigkeit keine große Rolle mehr spielen. Fleiß ist keine Erfolgsgarantie mehr. Wer Millionen verdient, arbeitet nicht unbedingt hart, sondern ist einfach nur clever und denkt über den Tellerrand hinaus. Wer großzügig ist, kann nicht haushalten und ist ein Verlierer. Menschen, die ehrlich sind, sind politisch inkorrekt, unsensibel und haben keinen Filter. Menschen, die nicht nehmen, was leicht zu nehmen ist, sind Idioten. Unsere Welt liebt Gauner, Heuchler, Clowns und Opportunisten. Wir lieben nicht die Bauern, Fabrikarbeiter, Bäcker, Köche und Ärzte, die unser Überleben sichern, sondern Menschen, die uns unterhalten. Wir leben in einem großen römischen Zirkus, in dem Spiele wichtiger sind als Brot.

Die erfolgreichsten Unternehmen produzieren heute nichts mehr, sie verkaufen Geld oder Informationen. Unsere Daten und damit unsere Privatsphäre sind zur Ware geworden. Die Umwertung der Werte und das Fehlen sozialer Strukturen, die früher die Frustration der Verlierer des Wandels auffangen konnten, haben einen neuen Menschentypus hervorgebracht, der sehr reizbar ist und sich ständig gedemütigt fühlt. Den Populisten ist es gelungen, aus den diffusen Ängsten und der Verdrossenheit der Massen politisches Kapital zu schlagen. Wichtiger als ihr konstruktiver Beitrag zur Lösung der Probleme dieser Menschen ist die Art und Weise, wie Populisten ihre politischen Gegner demontieren und lächerlich machen. Für die gedemütigten Massen ist die Demütigung des politischen Gegners eine Quelle der Genugtuung. Verschwörungstheorien stärken die Schwachen und geben ihnen das Gefühl, einen exklusiven Zugang zur Wahrheit zu haben. Populisten verwandeln die Ohnmacht der Schwachen in politische Macht.

Der Sturm auf das US-Kapitol im Januar 2021 war die logische Konsequenz des Verfalls der politischen Kultur im Westen. Nach einer aufrührerischen Rede von Donald Trump, in der er behauptete, die Wahlen seien manipuliert worden, um ihn an einer zweiten Amtszeit zu hindern, stachelte er seine Anhänger auf, das Kapitol zu stürmen, um die Abgeordneten und Senatoren daran zu hindern, die Wahlergebnisse offiziell zu bestätigen. Bei der Erstürmung dieses symbolträchtigen Ortes starben fünf Menschen und 140 wurden verletzt. Einer der Angreifer trug Hörner und einen primitiven Pelz, ein Symbol der Barbarei und der Rückkehr zur Clan-Kultur. Das erinnerte mich an eine Szene, die ich während des Arabischen Frühlings mit eigenen Augen gesehen habe. Wir haben über eine Woche auf dem Tahrir-Platz ausgeharrt und gegen den Machthaber Mubarak demonstriert. Nachdem die Polizei den Kampf gegen uns aufgegeben hatte, weil wir zu viele waren, schickten Mubaraks Anhänger Kamelreiter in die Innenstadt, um uns vom Tahrir-Platz zu vertreiben. Die Ankunft der Kamele versetzte uns in Erstaunen, als wären wir Jahrhunderte zurückversetzt in die Zeit der arabischen Eroberungen. Die Kamele trieben uns aus den Zelten, und die Reiter beschimpften uns als Verräter und Feinde Ägyptens. Ich sah, wie der Fuß eines Kamels auf einen Laptop trampelte. Das war das Symbolbild dieser Revolte: Mittelalter gegen 21. Jahrhundert, Barbarei gegen Moderne, Stammeskultur gegen Freiheit. Nie im Leben hätte ich gedacht, dass ich solche Szenen bald auch im Westen erleben würde. Ich dachte, die Moderne ginge nur vorwärts und nicht zurück. Ich dachte, der Westen hätte das Mittelalter für immer hinter sich gelassen. Aber ich habe mich geirrt.

Die Erstürmung des Kapitols war der Höhepunkt des Erosionsprozesses der politischen Kultur im Westen und zeigt insbesondere die zunehmende Irrationalität im Umgang mit dem politischen Gegner. Die Weigerung, das Ergebnis einer demokratischen Wahl zu akzeptieren, und die Anwendung von Gewalt als Mittel des Protests zeugen von einer beunruhigenden Abkehr von den Grundsätzen einer vernünftigen Debatte und der Achtung demokratischer Prozesse. Diese Erstürmung kam nicht aus dem Nichts. Sie hat eine Vorgeschichte und wird fatale Folgen für die Demokratie im Westen haben. Die Irrationalität der Rechten war die logische Folge der Irrationalität der Linken, der Identitätspolitik, der Verengung des Diskursraums und der Dämonisierung der Konservativen.

Der Aufstieg von Verschwörungstheoretikern wie QAnon innerhalb der rechten Szene hat zu einer verzerrten Wahrnehmung der Realität beigetragen. Warum aber glauben Menschen, die in einer Wissenskultur sozialisiert wurden, an Verschwörungstheorien und misstrauen zunehmend dem Staat, seinen Institutionen und den Mainstream-Medien? Ist es möglich, dass Staat und Medien für diese Atmosphäre des gegenseitigen Misstrauens und der Missachtung demokratischer Regeln mitverantwortlich sind?

Wir erleben eine Abkehr ganzer Gruppen von rationalen Memen und eine Hinwendung zu Bauchgefühlen, Clanstrukturen und quasireligiösen Weltbildern, in denen die Dichotomie von Gut und Böse den politischen Diskurs belastet. Viele Bürger leiden zunehmend unter emotionaler Inkontinenz und erheben ihre Gefühle zu einer politischen Kategorie. Der rationale Austausch von Ideen innerhalb der Grenzen etablierter Institutionen ist einem konfrontativen Ansatz gewichen, der zu einer Erosion der demokratischen Grundlagen führt. Die wachsende Irrationalität der Rechten spiegelt sich in der zunehmenden Polarisierung und der mangelnden Bereitschaft zu einem konstruktiven Dialog wider. Die Ereignisse vom 6. Januar 2021 haben gezeigt, dass die Bereitschaft zur Gewalt größer ist als die Suche nach einer gemeinsamen Basis durch demokratische Prozesse, was die ohnehin gespaltene politische Landschaft weiter zersplittert.

Die Irrationalität war im Widerstand verschiedener Gruppen gegen die Coronamaßnahmen kaum zu übersehen. Im Angesicht einer globalen Pandemie haben einige Fraktionen innerhalb der Rechten und der Linken einen irrationalen Widerstand gegen Maßnahmen im Bereich der öffentlichen Gesundheit an den Tag gelegt. Der vehemente Widerstand gegen Maskenpflicht und Impfkampagnen trug zur Politisierung des Gesundheitswesens bei und untergrub die Bemühungen, die Ausbreitung der Infektionskrankheit einzudämmen.

Auf der anderen Seite begegnete das linksliberale Lager berechtigten Protesten gegen die Einschränkung persönlicher Freiheiten während der Pandemie mit Spott und Verachtung. Ich habe selbst an einer solchen Demonstration in Berlin teilgenommen. Die Teilnehmer waren ausnahmslos linke und liberale Ärzte, Rechtsanwälte, Künstler und Schriftsteller, die nur gegen sinnlose freiheitsberaubende Maßnahmen protestierten. Am nächsten Tag schrieb der »Tagesspiegel«, unsere Demonstration sei rechtslastig gewesen. Der einzige Grund für diese Diffamierung war, dass wir ein Plakat mit der Aufschrift »Im Zweifel für die Freiheit« hochhielten. Wir sind also an einem Punkt angelangt, an dem allein der Begriff »Freiheit« eine rechte Gesinnung suggeriert. Während der Coronakrise wurden generell alle möglichen Traumata reaktiviert, und die Lust an der Unterwerfung auf der einen Seite war ebenso groß wie die Lust am Aufruhr auf der anderen.

Der rechte Flügel hat in einigen Fällen einen irrationalen Widerstand gegen kulturelle Veränderungen gezeigt, etwa gegen Bewegungen, die sich für die Gleichstellung der Ethnien und der Geschlechter einsetzen. Die Ablehnung einer integrativen Politik und das Schüren kultureller Ängste haben den Fortschritt hin zu einer gerechteren Gesellschaft behindert, wie damals die Kampagne »Kinder statt Inder« gezeigt hat. Die Dialektik des Fortschritts hat uns in diese schwierige Lage gebracht. Je mehr Fortschritt, desto mehr Gerechtigkeit, desto mehr Sensibilität gegenüber Minderheiten. Das ist grundsätzlich eine positive Entwicklung. Aber hier kommt der Tocqueville-Effekt ins Spiel, auch Tocqueville-Paradoxon genannt. Darunter versteht man das Phänomen, dass die soziale Frustration schneller wächst, wenn sich die sozialen Bedingungen und Möglichkeiten verbessern.[24]

Dieser Effekt beruht auf den Beobachtungen von Alexis de Tocqueville über die Französische Revolution und spätere Reformen in Europa und den Vereinigten Staaten. Eine andere Möglichkeit, den Effekt zu beschreiben, ist der Aphorismus »Der Appetit wächst beim Essen.« Dies lässt sich auch mit der Bedürfnispyramide von Maslow erklären. Nach der Sicherung der Grundbedürfnisse strebt man nach mehr sozialer Anerkennung und nach mehr Möglichkeiten zur Selbstverwirklichung. So kann es beispielsweise sein, dass nach dem Erreichen größerer sozialer Gerechtigkeit der Widerstand gegen noch kleinere soziale Ungerechtigkeiten größer ist als zuvor. Dieser Effekt deutet auf einen Zusammenhang zwischen sozialer Gleichheit bzw. Zugeständnissen des Regimes und unbeabsichtigten Folgen hin, da Sozialreformen Erwartungen wecken können, die nicht erfüllt werden können. Dem Tocqueville-Effekt zufolge ist eine Revolution nach einer Verbesserung der sozialen Bedingungen wahrscheinlich, im Gegensatz zu Marx' Theorie der Revolution als Folge einer fortschreitenden Verelendung des Proletariats.[25]

Mit dem Fortschritt kam die Unzufriedenheit, und aus der Unzufriedenheit entstanden die postkoloniale Theorie, der Multikulturalismus und der Wunsch, Minderheiten gerechter und respektvoller zu behandeln. Heute genießen Minderheiten mehr Freiheiten und haben bessere Aufstiegschancen als vor 50 Jahren. Aber wenn Angehörige von Minderheiten mehr Zugeständnisse vom Staat bekommen, geben sie sich damit nicht zufrieden, sondern wollen noch mehr Einfluss und Privilegien, weil sie die Traumata ihrer Eltern noch in sich tragen. Sie neigen dazu, die Mehrheit leichtfertig als »rassistisch«, »islamophob«, »antisemitisch« oder »homophob« zu bezeichnen, weil die kleinste Ablehnung oder Kritik bei ihnen die alten Traumata reaktiviert. Die zunehmende Sichtbarkeit ethnischer, religiöser und sexueller Minderheiten und ihrer Symbole in der Öffentlichkeit und die neuen Sprachregelungen, die mehr Respekt bezeugen sollen, rufen nicht nur bei Rechtsextremen Überreaktionen hervor. Sie fühlen sich von der Identitätspolitik bevormundet oder gar entmündigt.

Die Identitätspolitik, die ursprünglich das hehre Ziel hatte, historische Ungleichheiten zu beseitigen und marginalisierte Gruppen zu stärken, hat irrationale Aspekte, die zu einer weiteren Polarisierung beitragen. Die gendergerechte Sprache, die ursprünglich mehr Respekt gegenüber Frauen zeigen sollte, löste bei den Menschen, die darin einen Frontalangriff auf ihre Sprachkultur sahen, Häme und Empörung aus. Statt sich an die Sprachregelung zu halten, wurde mit spöttischen Begriffen wie »Sesselfurzerin«, »Sexualstraftäterin« oder »Bösewichtin« die Sinnlosigkeit der neuen Sprachregelung unterstrichen. Auch die Debatte um das geplante Selbstbestimmungsgesetz, das es einem Mann ermöglicht, sich ohne Geschlechtsumwandlung und ohne medizinisches Gutachten rechtlich als Frau zu identifizieren, sorgte immer wieder für Aufregung. Die einen wollten das Geschlecht nicht biologisch, sondern emotional definieren, die anderen sahen die Gefahr, dass ein Mann, der behauptet, sich als Frau zu fühlen, in die Schutzräume von Frauen und kleinen Mädchen eindringen und sie belästigen könnte. Im Jahr 2018 sorgten nur zwei Buchstaben der Harry-Potter-Autorin Joanne K. Rowling in Großbritannien für Aufruhr. Transgender-Aktivisten projizierten folgende Botschaft auf das Gebäude des britischen Justizministeriums: »Repeat after us: Trans women are women«. Rowling veröffentlichte ein Foto dieser Botschaft auf Twitter und schrieb »NO« darüber. Daraufhin erhielt sie Morddrohungen.

Auch in Deutschland sorgte das Thema Geschlechteridentität selbst bei einem Fußballspiel für Furore. Während des Spiels gegen Werder Bremen im November 2023 hielten die Fans von Bayer Leverkusen ein Transparent mit der Aufschrift: »Es gibt viele Musikrichtungen, aber nur zwei Geschlechter«. Das Sportgericht des Deutschen Fußball-Bundes hat daraufhin eine Geldstrafe von 18 000 Euro gegen den Verein verhängt. Die Vereinsführung distanzierte sich von den von Fans gefertigten Bannern. »Diese Aktion war geschmacklos und falsch und hat nichts mit Werten wie Offenheit und Toleranz zu tun, für die Bayer 04 als Organisation steht«, sagte Leverkusens Geschäftsführer Fernando Carro unmittelbar nach dem Spiel an die Adresse der Anhänger des Vereins.[26]

Allein die Tatsache, dass Fußballfans es für notwendig erachten, diese Botschaft im Stadion zu zeigen, allein die Empörung darüber und die Reaktion des Vereins zeigen, dass aggressive Identitätspolitik nicht das geeignete Mittel ist, um für mehr Toleranz gegenüber Minderheiten in der Bevölkerung zu werben.

Die Cancel Culture als Schutzmaßnahme für Minderheiten provoziert Wut und Hass bei den Gecancelten und ihren Anhängern. Wenn ein Schriftsteller wie Constantin Schreiber bei einer Lesung an der Uni Jena von einem Linken angegriffen und ihm eine Torte ins Gesicht geschlagen wird, weil er eine kritische Studie über Moscheen in Deutschland und später einen fiktiven Roman über eine muslimische Kanzlerkandidatin veröffentlicht hat, und danach kein Aufschrei durch die Medien geht, dann fühlt man sich zu Recht in seiner Meinungsfreiheit und Menschenwürde verletzt. Denken wir es andersherum, wenn ein Schriftsteller mit Migrationshintergrund von einem Rechtsextremen angegriffen würde. Dann würde in allen Zeitungen und Talkshows darüber berichtet, es gäbe Demonstrationen mit Lichterketten und Mahnungen von Politikern an die Bevölkerung.

Identitätspolitik begann mit der berechtigten und rationalen Forderung »Gleiche Rechte für alle«. Dass diese Rechte nun einigen zustehen und anderen nicht, ist Ausdruck einer Irrationalität, die von links kommt und mit einer Irrationalität von rechts beantwortet wird. An amerikanischen und kanadischen Universitäten muss man lange suchen, um einen konservativen Professor zu finden. Wenn die Universität einen konservativen Professor zu einer Lesung einlädt, wird er von linken Studenten schikaniert und terrorisiert. Oft werden die Veranstaltungen unterbrochen, manchmal lädt die Universität den Professor nach Protesten linker Studenten wieder aus.

Dies hatte eine intellektuelle Uniformität zur Folge, die meines Erachtens eine Verarmung der Wissenskultur ist. An den nordamerikanischen Universitäten erstarkt eine Gruppe, die fordert, das Wissen der indigenen Völker, einschließlich Folklore und Mythologie, der Wissenschaft gleichzustellen. Sie sollen als gleichwertige Formen des Wissens betrachtet werden.[27] Dass Wissenschaft eine strenge Methode hat und nicht kulturspezifisch sein kann, interessiert die Linke nicht. Zunehmend wird von »weißer Wissenschaft« gesprochen, als hätte Wissenschaft eine bestimmte Ethnizität. Eine wachsende Zahl von Universitäten verlangt nun als Teil des Einstellungs- und Beförderungsverfahrens, dass die Bewerber ihr Engagement für die Diversity-Prinzipien unter Beweis stellen. Nicht die Qualifikation des Bewerbers soll im Vordergrund stehen, sondern seine ethnische, religiöse und sexuelle Zugehörigkeit.

Am 29. Juni 2023 entschied der Oberste US-Gerichtshof, dass diese Race-conscious-Zulassungspolitik von Universitäten, die darauf abzielt, die Vielfalt der Studentenschaft zu erhalten, gegen die Gleichheitsschutzklausel des 14. Verfassungszusatzes verstößt, die Diskriminierung aufgrund der Rasse weitgehend verbietet. Für das Gericht ist auch eine positive Diskriminierung eine Diskriminierung.[28] Im Vorfeld des Urteils hat eine Gruppe von Präsidenten von Kunsthochschulen einen offenen Brief veröffentlicht, in dem sie das Engagement ihrer Hochschulen für Vielfalt bekräftigen, unabhängig davon, wie die Richter des Obersten Gerichtshofs letztendlich entscheiden werden.[29]

Identitätspolitik geht manchmal von einer Homogenität innerhalb von Gruppen aus und übersieht dabei die interne Vielfalt und die individuellen Unterschiede und Bedürfnisse. Aus »Black is beautiful« wurde im Laufe der Zeit »Black is better«. Wenn ein weißer Mann oder eine weiße Frau Dreadlocks trägt, nennt man das »kulturelle Aneignung«. Wenn aber die schwarze Bewegung »Afrocentric« die gesamte Menschheitsgeschichte neu schreibt, ja neu erfindet und behauptet, Schwarze hätten die Pyramiden gebaut und die ägyptische Königin Kleopatra sei schwarz gewesen, dann ist das keine kulturelle Aneignung.[30] Man wollte Vorurteile gegen Schwarze abbauen, aber jetzt verbreitet man Vorurteile gegen den alten weißen Mann und wirft ihm vor, er sei von Geburt an rassistisch, weil er in rassistischen Strukturen sozialisiert wurde. Hier kommen irrationale quasireligiöse Vorstellungen wie Erbsünde und Erlösungsbedürftigkeit ins Spiel. Und so agieren Antirassisten wie Rassisten: Sie reduzieren Menschen auf ihre Herkunft und Hautfarbe und schreiben ganzen Gruppen oder

Ethnien bestimmte Eigenschaften zu, ohne die individuellen Unterschiede zu berücksichtigen. Sie sehen Menschen nicht als Individuen, sondern als Vertreter einer Gruppe oder Kultur. Das wiederum stärkt die Gruppenidentität und die Bereitschaft zum Kulturkampf.

In vielen Fällen kann Identitätspolitik konkurrierende Opfernarrative fördern, in denen verschiedene Gruppen um die Anerkennung als die am stärksten marginalisierte oder unterdrückte Gruppe konkurrieren. Und so bleibt es nicht beim Kampf links gegen rechts, sondern es kommt auch zu Verteilungskämpfen zwischen Muslimen, Juden, Schwarzen, Homosexuellen etc. Und so gelingt nicht die beabsichtigte Integration der Benachteiligten, sondern es kommt zu mehr Fragmentierung, weil jeder Einzelne nur über die Zugehörigkeit zu einer benachteiligten Gruppe Zugang zu Ressourcen hat. Benachteiligung wird so zum Selbstzweck. Es entsteht eine Atmosphäre, in der das Verhältnis der verschiedenen Gruppen und Minderheiten zueinander von Ressentiments und Abneigung geprägt ist.

Die AfD-Gegner in Deutschland machen den gleichen Fehler wie die Trump-Gegner in Amerika. Trump mobilisierte seine Wähler nicht nur gegen die irrationale linke Identitätspolitik, sondern auch, indem er genau die Themen ansprach, die sie interessierten: Wirtschaft, Steuerpolitik, Einwanderungspolitik, Außenpolitik. Hillary Clinton hingegen konzentrierte sich auf die Gefahren, die von Trump und seinen »rassistischen« Wählern ausgingen. Auch ihre Anhänger malten den Teufel an die Wand und sahen in einem möglichen Sieg Trumps das Ende Amerikas. Viele versprachen auszuwandern, sollte Trump Präsident werden. Sie bezeichneten Trump als einen Feind der Migranten, obwohl Barack Obama während seiner Amtszeit mehr als drei Millionen illegale Einwanderer abgeschoben hatte, verglichen mit nur zwei Millionen während der Amtszeit von George Bush Jr.[31] Auch Trump ließ weniger Migranten als Obama deportieren.[32]

Die Hysterie der Linken nach Trumps Wahlsieg schlug vier Jahre später in eine Hysterie der Rechten um, als er wieder abgewählt wurde. Die Trump-Anhänger verdächtigten das linke Establishment, das Trump verteufelt hatte, die Wahlen manipuliert zu haben, um eine zweite Amtszeit zu verhindern. Deshalb gingen sie wütend auf die Straße, um ihren Retter zu retten.

Wenn die Identität über die Wissenschaft und das Gefühl über die Vernunft gestellt wird, wenn die Spielregeln des Zusammenlebens beliebig ausgetauscht und Fakten ignoriert werden, wenn Menschen andere wegen ihrer Herkunft oder ihrer politischen Einstellung verachten, wenn Menschen ihre Meinung nicht mehr frei im öffentlichen Raum äußern dürfen, was bleibt dann vom Westen übrig? Es ist höchste Zeit, dass mehr Rationalität, mehr Streitkultur, mehr Selbstkritik einkehrt, sonst mündet der geistige Bürgerkrieg irgendwann in einen realen Bürgerkrieg.

Kapitel 14

Der Aufstand der (Un)anständigen: Kommt jetzt die Revolution?

Europa war immer der unruhige Stillstand zwischen zwei Revolutionen und der zerbrechliche Frieden zwischen zwei Kriegen. Nun ist in Europa ein neuer Krieg ausgebrochen, der die Freiheit gefährdet und große Zweifel an der Verteidigungsfähigkeit des Westens aufkommen lässt. Auch ein neuer revolutionärer Geist macht sich breit. Querdenker, Rechtsextreme, Linksextreme, Gelbwesten, Pazifisten, Bauern, Migrantenkinder, Umweltschützer – alle rebellieren und machen ihrem Unmut öffentlich Luft. Die Frage ist nur: Bleiben die Demonstrationen im Rahmen des demokratischen Systems oder eskalieren einige dieser Proteste zu einem Massenaufstand, der das demokratische System selbst zu Fall bringen könnte?

Nach Jahrzehnten des Friedens und des Wohlstands glaubt man, Revolutionen seien ein Relikt der Vergangenheit. Die Not sei nicht groß genug, um in eine Massenrevolte zu münden, glaubt man. Außerdem können die Bürger ihre Regierung jederzeit durch Wahlen wechseln. Uns geht es zu gut, um das System zu stürzen, das unseren Wohlstand verwaltet, mag man denken, wenn die Idee eines bevorstehenden Volksaufstands aufkommt. Mit diesem Argument wird die Möglichkeit einer Revolution ausgeschlossen: Noch sind wir frei, noch leben wir in einer Demokratie, noch haben wir Überfluss, noch ist der Sozialstaat in der Lage, die Unzufriedenheit der Unterprivilegierten aufzufangen. Aber wir erleben einen Kampf um die Deutungshoheit über die Begriffe »Freiheit«, »Demokratie« und »Gerechtigkeit«. Jeder definiert diese Begriffe danach, was ihm persönlich fehlt.

Immer mehr Menschen fühlen sich in ihrer Freiheit beschnitten. Immer mehr Menschen misstrauen Politikern oder verachten sie und halten das gegenwärtige demokratische System für unfähig, ihre Bedürfnisse zu befriedigen. Mehr und mehr Menschen verlieren das Vertrauen in staatliche Institutionen und in die Justiz. Mehr und mehr Menschen vereinen in sich eine explosive Mischung aus Ohnmacht und Anspruchsdenken. Und immer mehr Menschen suchen ein Ventil für ihre Wut und Frustration. Es wimmelt von Revolutionären mit vielen Ansprüchen, manche Proteste haben klare Ziele, andere nicht. Was alle Protestbewegungen eint, sind Frustration und Gereiztheit. Die einen sehen im Klimawandel einen Angriff auf ihre Freiheit und wollen den Rest der Gesellschaft zu mehr Verzicht bewegen. Die anderen sehen in Maßnahmen gegen den Klimawandel Ökodiktatur und Planwirtschaft und empfinden dies als Angriff auf ihre persönliche Freiheit. Die einen sehen in der Migration einen Angriff auf ihre nationale Souveränität und ihren Wohlstand. Die Migranten selbst beklagen mangelnde soziale Gerechtigkeit und wollen mehr Aufstiegschancen. Und viele weiße Männer sehen sich mittlerweile als unterdrückte Minderheit, die von Medien und Politik nicht nur marginalisiert, sondern verachtet wird.

Alle werfen dem Staat vor, zu wenig gegen ihre eigenen Gegner zu unternehmen. Alle sind erzürnt. In dieser emotional aufgeladenen Atmosphäre, in der es an gesunder Kommunikation mangelt, in diesen konkurrierenden Vorstellungen von Gerechtigkeit und Freiheit liegt das Potenzial für eine große europaweite Umwälzung. Es fehlt sowohl in der Politik als auch in den Medien der Raum der Vermittlung, um diese unterschiedlichen Meinungen und Empfindungen in einen Dialog zu bringen. Soziale Netzwerke entwickeln sich zu Wut- und Aggressionsmaschinen, die Frustration verstärken, anstatt eine alternative Plattform für Vermittlung und Verständigung zu bieten. So bleibt für viele der lautstarke Protest, der jederzeit in Gewalt umschlagen kann, der einzige Ausweg. Eine neue Protestwelle und mit ihr eine neue

Protestkultur begann mit PEGIDA, wo das Wort Freiheit oft verwendet wurde, aber für Zwecke, die der Idee der Freiheit zuwiderliefen. Die Proteste richteten sich gegen Migranten, ohne eine konkrete politische Forderung zu formulieren. In Amerika richtete sich die Protestbewegung mit dem Sturm auf das Kapitol im Januar 2021 direkt gegen die demokratischen Institutionen selbst. Damit wurde ein Tabu gebrochen und die Hemmschwelle für Demokratieskeptiker gesenkt.

Die Grenzen der Gereiztheit wurden aber erst mit der Coronapandemie überschritten. Die Skepsis gegenüber dem Staat und den Mitmenschen war noch nie so groß. Das Gefühl, dass der Staat nicht wisse, was er tue, oder gar etwas im Schilde führe und unter dem Deckmantel der Pandemiebekämpfung heimlich durchziehen wolle, war in der Bevölkerung weit verbreitet. Die Bewegung der Querdenker hat dieser Skepsis Ausdruck verliehen. Das meiste blieb jedoch im Verborgenen und droht jederzeit wieder aufzubrechen. Die Klimabewegung wird radikaler und kompromissloser und mit ihr die Gegenbewegung, die in den Klimaaktivisten Wohlstandskinder sieht, die einem quasireligiösen Umweltkult anhängen. Massen gehen gegen die identitären Rechten auf die Straße, was auf den ersten Blick als Zeichen von Zivilcourage gedeutet werden kann. Dahinter steckt leider kein Aufstand der Anständigen, sondern eher die politische Verzweiflung der Parteien der Mitte, die dem Aufstieg der AfD politisch und argumentativ nichts entgegenzusetzen haben.

Jede Protestbewegung will etwas anderes, aber sie finden nicht zueinander und wollen auch nichts miteinander zu tun haben. Jede Gruppe hält sich für die Stimme des Volkes und kämpft mit heiligem Furor für ihre Interessen und gegen die Interessen der anderen. Manche haben gar keine Interessen, sondern nur unverarbeitete Gefühle, für die sie ein Ventil oder ein Feindbild suchen, an dem sie ihre eigene Frustration auslassen. Selbst die Parteien der Mitte führen keine konstruktiven Gespräche über den Umgang mit der AfD. Protest provoziert Gegenprotest und die Deutschen können sich nicht mehr ausstehen.

Harald Jähner beschreibt in seinem Buch »Höhenrausch« eindrucksvoll den Niedergang der politischen Kultur in der Weimarer Zeit. Die Menschen hätten den politischen Streit damals kaum gelernt, weil er im Kaiserreich weitgehend patriarchalisch geführt worden sei. Ab 1930 habe die Gesellschaft eine enorme Selbstverdrossenheit entwickelt. Die Deutschen konnten einander nicht mehr hören. Das lag auch daran, dass die politisch sorgsam sortierte Presse vor allem die Vorurteile und Einstellungen ihres jeweiligen Publikums bediente. Links die Zeitschrift »Die Weltbühne« mit 50 000 Lesern, aber dem Anspruch, für die Welt zu sprechen; rechts »Die Tat« mit über 300 000 Exemplaren und viel Einfluss in der Provinz. Der Spott über die Berliner Blase, über die politischen und kulturellen Eliten beflügelte die Rechten.[33] Auch damals wurden die Medien mit den Vorwürfen »Lügenpresse« und »Systemmedien« konfrontiert. Die Chance, die Meinung des politischen Gegners zu hören, war gering. Daran änderte auch der damals neu erfundene öffentlich-rechtliche Rundfunk nichts, der nicht als Vermittlungsraum, sondern als Systemmedium verstanden wurde. So löste sich die streitbare Kommunikationsgemeinschaft von innen heraus auf. Politischer Streit wurde zunehmend als »Gezänk« und Demokratie als untaugliches Problemlösungsinstrument empfunden. Die Sehnsucht nach dem starken Mann nahm zu.

Noch heute sieht fast ein Drittel der Deutschen die Demokratie mit Skepsis, nicht unbedingt, weil man sich nach der Diktatur zurücksehnt, sondern weil man zunehmend die Ineffizienz demokratischer Institutionen und die Unfähigkeit vieler Politiker wahrnimmt. Die Tatsache, dass China ohne Demokratie und ohne inklusive und integrative Institutionen wirtschaftlich erfolgreicher zu sein scheint, macht das autokratische System für einige attraktiv. Jähner erinnert daran, dass es damals keinen Zwang gab, die NSDAP zu wählen. Alles geschah freiwillig, aus wirtschaftlicher Not, aus ideologischer Überzeugung, aber auch aus Enttäuschung über die Unfähigkeit der republikanischen Eliten, das Ruder herumzureißen und wieder Vertrauen zu stiften. Stattdessen gab man sich dem hin, was die Nationalsozialisten und ihre Sympathisanten die »nationale« Erhebung nannten. Es war die völkische Variante des Berliner »Höhenrausches«. Eine Erhebung, die später das Land in Ruinen legte.

Welche Schlussfolgerungen müssen wir heute ziehen? Wenn die Mitte der Gesellschaft aufgibt und sich aus Angst oder Gleichgültigkeit den Rändern überlässt, kann sie eines Tages aus einem bösen Traum erwachen und sich entmündigt finden. Wenn man dem politischen Gegner nicht mit Argumenten, sondern mit Überheblichkeit, Mahnungen oder moralisierenden Appellen begegnet, werden am Ende diejenigen gewinnen, die den Finger in die Wunde legen und Klartext reden, auch wenn sie keine Rezepte zur Heilung der Wunde haben.

Eine weitere Mahnung aus der Weimarer Zeit ist: Eine kulturelle Blase, in der die Welt immer bunt und schön ist, reicht zwar für eine kurze Flucht, löst aber nicht die schwierigen Fragen des Zusammenlebens. Auch ein verwahrloster Individualismus provoziert irgendwann Menschen, die sich nach Gemeinschaft sehnen. Anfang der 1930er Jahre verschwand der Charleston, dieser dynamische Tanz der modernen Industriegesellschaft und des Individualismus, von den Tanzflächen und der Walzer feierte an seiner Stelle eine Renaissance. Jazz wurde vor seinem Verbot 1933 rassistisch als »Negermusik« abgetan.[34] Alles schlug ins Gegenteil um: Ein Paartanz aus der guten alten Zeit, der nostalgisch um sich selbst kreist, war die Konterrevolution gegen den Individualismus und den Multikulturalismus. Neues Wohnen, neue Kunst, Körperkult, Showbusiness und Selbstoptimierungswahn waren die Rauschmittel der Berliner Blase in der Weimarer Republik. Die Antwort der Rechten darauf war die Sehnsucht nach Gemeinschaft als Erweckungsdroge aus der Lethargie. Diese Erweckungsdroge hatte auch eine körperliche Seite. Sogar die Frisuren der Frauen standen im Zentrum des Kulturkampfes. »Arisch ist der Zopf, jüdisch ist der Bubikopf«, lautete die Hetzparole der Nazis.[35] Der Körper wurde in den Dienst des Nationalismus gestellt. Bei Harald Jähner kann man nachlesen, welche ungeheure Anziehungskraft die Fackelmärsche der SA auf die Massen ausübten.

Es ist nicht auszuschließen, dass die gegenwärtige Proteststimmung in Deutschland bald in einen Volksaufstand mündet. Unklar ist, wie eine solche Revolution aussehen könnte und ob die Demokratie noch stark genug ist, um diese Welle aufzufangen. Fraglich ist aber auch, ob sich der Westen inmitten des Wandels und umgeben von all den inneren und äußeren Herausforderungen eine solche politische und gesellschaftliche Unruhe leisten kann. Es stellt sich die Frage, ob die derzeitige politische Führung im Westen die richtigen Rezepte und Visionen hat, um die Menschen durch diese Umwälzungen zu lotsen. Denn Feuerlöschpolitik und Beruhigungspillen werden irgendwann nicht mehr ausreichen.

Ein Indiz dafür, dass wir nicht weit von einer Bürgerrevolution entfernt sind: Die Bevölkerung spürt, dass das System wackelt und die politische Elite nicht mehr an sich zu glauben scheint. Sie merkt, dass die Regierungspolitiker der eigenen Bevölkerung misstrauen und nicht in der Lage sind, ihr die Wahrheit zu sagen. Sie merkt, dass die Elite versucht, die Massen mit Placebo-Pillen und Sozialleistungen ruhigzustellen. Coronahilfen, Bürgergeld und Subventionen für sinnlose Projekte werden von vielen Menschen als Bestechung der eigenen Bevölkerung empfunden, damit diese keinen Aufstand wagt. Immer mehr Menschen haben das Gefühl, dass Europa keine Chance gegen Russland hat. Spätestens wenn Trump wiedergewählt wird, wird Europa kaum verteidigungsfähig sein. Sie spüren, dass Europa wirtschaftlich keine Chance gegen China hat, weil die westlichen Regierungen nicht nach wirtschaftlichen, sondern nach ideologischen Gesichtspunkten arbeiten. Ein System, dass das Vertrauen seiner Bürger verliert und nur mit Beruhigungspillen reagiert, lädt diese Bevölkerung geradezu ein, es zu stürzen.

Die Menschen erheben sich nicht gegen ein System, weil es zu stark oder zu autoritär ist, sondern wenn sie merken, dass es die Kontrolle verloren hat. In Ägypten sind die Menschen nicht gegen Nasser auf die Straße gegangen, weil der viel brutaler und diktatorischer war als seine Vorgänger und Nachfolger. Sie gingen gegen Mubarak auf die Straße zu einem Zeitpunkt, als er viele Reformen einleitete und mehr Meinungsfreiheit in den Medien zuließ. Es waren nicht die Ärmsten, die auf die Straße gingen, sondern eine Mittelschicht, die sich ein Smartphone leisten konnte und den Luxus hatte, politisch anspruchsvoller zu sein. General al-Sisi hat das verstanden und sorgt nun dafür, dass diese Meinungsfreiheit wieder zurückgenommen wird und die Menschen sich wieder ums Überleben kümmern müssen. Auch im Iran kam es erst zu einer Revolution gegen den Schah, nachdem dieser eine Landreform durchgeführt und den Mullahs mehr Religionsfreiheit zugestanden hatte. Die Mullahs wehren sich jetzt gegen Reformen, weil sie genau wissen, dass das der Anfang vom Ende des Schahs und der Sowjetunion war.

Zu Massenprotesten kommt es, wenn die Menschen merken, dass das System seinen Zenit überschritten hat und kein identitätsstiftendes Narrativ mehr anbietet. Viele Politiker im Westen senden genau diese Signale an ihre eigene Bevölkerung. Spätestens nach dem Überfall Russlands auf die Ukraine reicht die Parole »Nie wieder Krieg« als Leitmotiv und Gründungsmythos des neuen Europas nicht mehr aus. Die Menschen in Europa befinden sich vielleicht nicht in der schlimmsten Phase ihrer Geschichte, aber sie sind seit 1945 unzufriedener denn je und haben den Eindruck, dass ihre Politiker nicht zu ihrem Wohl, sondern im Dienste von Lobbyisten und Minderheiten handeln. Zum ersten Mal in der Geschichte können sich die Menschen die Zukunft in zehn oder 20 Jahren kaum mehr vorstellen, weil die Veränderungen durch künstliche Intelligenz vieles infrage stellen.

Viele Menschen befürchten, dass sie in einigen Jahren keine Relevanz mehr in der Gesellschaft haben werden. Der fossile Kapitalismus hat seinen Zenit überschritten. Fortschritt, Spieltheorie und KI haben ihr Glücksversprechen nicht eingelöst, sondern mehr Unsicherheit, Zukunftsangst und Misstrauen erzeugt. Die Freiheit, die die Menschen im Westen verbinden sollte, führt zu mehr Spaltung, weil sie nicht mehr von klaren Werten und Zielen begleitet wird. Stattdessen gibt es konkurrierende Freiheitskonzepte, die sich gegenseitig bekämpfen und die gesellschaftliche Dynamik lähmen. Viele gehen nicht auf die Straße, um etwas Neues zu schaffen, sondern um etwas zu verhindern, was andere wollen. So bleibt die Gesellschaft starr und statisch, obwohl sie flexibel und tatkräftig sein sollte. Soziale Ordnungen drohen an der Schwelle zu einer neuen Epoche zu kippen, schildert der Soziologe Andreas Reckwitz in seinem Werk »Das hybride Subjekt«.[36] Frank A. Meyer sieht die aktuellen Protestbewegungen gelassen. »Proteststimmung ist zunächst einmal demokratische Stimmung. Die Protestmittel sind es nicht immer. Letztlich ist die Demokratie die Ordnung der Unordnung. Provokativ sage ich gern: Die Demokratie – die offene Gesellschaft im Sinne von Karl Popper – ist die rechtsstaatlich gesicherte Ordnung des Anarchismus. Ein Widerspruch in sich? Ja, Demokratie ist immer Widerspruch.«

Ich gebe Meyer recht. Widerspruch ist wichtig, wenn er gut moderiert wird. Aber was ist, wenn der Widerspruch die Gräben vertieft, statt zu einer Verständigung zu führen? Ja, aktuelle und zukünftige Krisen erfordern intensive gesellschaftliche Debatten, um gemeinsame Lösungen zu finden. Und ja, Protest bleibt ein wichtiges demokratisches Mittel. Schließlich sind auch in Deutschland wichtige demokratische Errungenschaften aus Protesten hervorgegangen. Die Revolte von 1918 brachte die Republik. Nach den Protesten der 68er kam die Liberalisierung der Gesellschaft. Nach den Protesten in der DDR 1989 kam die Wende. Die Demokratie selbst war und ist umkämpft, wie der Historiker Friedrich Kießling und der Strafrechtler Christoph Safferling in ihrem aktuellen Buch »Der Streitfall« betonen. Die beste Form der Demokratie sei immer ein Streitfall gewesen und die Stärke von Demokratien liege darin, diesen Streit bei Bedarf zu führen – und ihn auf diese Weise auch zu erneuern. Das Wesen des demokratischen Streits besteht darin, dass sein Ausgang unbekannt ist. Das unterscheidet Demokratien von autoritären Regimen, die solche erneuernden Debatten gerade nicht zulassen.[37]

Damit diese Debatten und Proteste aber konstruktiv verlaufen und nicht zu neuen Konflikten führen, brauchen wir mehr Diskursfähigkeit und eine größere Kompromissbereitschaft. Das Fehlen einer gesunden Streitkultur provoziert Proteste, die nicht immer im Sinne der Demokratie sind und sich nicht immer demokratischer Mittel bedienen. Carolin Amlinger und Oliver Nachtwey warnen in ihrem Buch »Gekränkte Freiheit« davor, dass die Bewegung der Querdenker, die sich während der Coronapandemie zusammengefunden hat, in Zukunft eine heftige Protestbewegung gegen notwendige Reformen in den Bereichen Bekämpfung des Klimawandels, Veränderung der Arbeitswelt durch die Digitalisierung und Maßnahmen zur Bekämpfung weiterer Pandemien bilden könnte. Die Autoren gehen davon aus, dass sich in zukünftigen Krisen weitere verquere Fronten zwischen der Linken, der Rechten und der Mitte der Gesellschaft bilden werden, die sich über eine verquere Herrschaftskritik verbinden.[38] Dabei benennen sie ein Paradox: Die Proteste richten sich zwar gegen die spätmoderne Gesellschaft, rebellieren aber im Namen ihrer zentralen Werte: Selbstbestimmung und Selbstverwirklichung.[39]

So wendet sich die Freiheit gegen sich selbst. So lähmt sich die

Demokratie selbst und verhindert positive Veränderungen. So beschäftigt sich der Westen mit sich selbst und verliert den Anschluss an die Welt. Der Westen verliert nicht nur das Vertrauen seiner Bevölkerung, nicht nur seine Machtposition in der Welt, sondern auch seine moralische Überlegenheit und die Deutungshoheit über das Thema Freiheit. Nicht zuletzt wegen seiner Haltung zum Gazakrieg wenden sich Staaten und Menschen des sogenannten globalen Südens zunehmend von ihm ab. China und Russland nutzen diesen Ansehensverlust des Westens und bauen ihre Machtstrukturen weltweit aus, während der Westen sinnlose Debatten führt und wichtige Debatten vermeidet.

Amerika droht sich von Europa abzukoppeln, China und Russland könnten Europa bald marginalisieren und unter Druck setzen. Diese beiden Mächte haben in Europa mehr Verbündete als Europa in China und Russland. Dort tritt die Herde geschlossen auf und weiß, was sie will, während in Europa Selbstzweifel, Selbstzerfleischung und Zukunftsängste wachsen. Europa droht sich politisch zu spalten, und jedes Land des alten Kontinents droht sich von innen heraus zu zersetzen. Proteste können kaum Reformen hervorbringen, sondern nur weitere Spannungen und Risse in der Gesellschaft. Das ist die ideale Atmosphäre für eine neue Bürgerrevolution. Aber es fehlt ein Ideal wie in der Französischen Revolution. Nicht für Brüderlichkeit, Gerechtigkeit und Freiheit werden die Menschen auf die Straße gehen, sondern gegeneinander und gegen den Staat. Ein neuer europäischer Frühling wird den Abstieg des Westens nicht aufhalten können, denn diese Revolte wird den Westen viel Zeit, Energie und Ressourcen kosten, die er braucht, um sich den neuen Herausforderungen (KI, Aufstieg Chinas, Machtansprüche Russlands, Klimawandel, Migration etc.) zu stellen. Die Revolte könnte mehr rechte bis rechtsextreme Regierungen hervorbringen, die die Demokratie in ihrem Sinne umgestalten würden.

Im Idealfall wird die Bevölkerung aufwachen und erkennen,

dass sie sich auf die Werte einer liberalen Demokratie besinnen muss. Im Moment gibt es dafür keine Anzeichen. Wie in der Weimarer Zeit schweigt die Mitte und wartet darauf, dass ein Rand zur neuen Mitte wird, um sich anzuschließen. Wie damals schreien sich die Protestbewegungen an, statt sich auf einen gemeinsamen Nenner und Spielregeln des Zusammenlebens zu verständigen. Wie damals schottet sich das neue Babylon Berlin von der Welt ab, gaukelt den Menschen Zuversicht vor, ohne zu wissen, wie sie aus dem Schlamassel herauskommen sollen.

Wir stehen an vielen Wendepunkten der westlichen Zivilisation: Tribalismus steht der Zivilgesellschaft gegenüber. Gefühle und Identitäten überlagern Rationalität und Wissenschaft und verhindern einen gemeinsamen Wertekanon. Moralismus spielt in den Medien und in politischen Debatten eine größere Rolle als Diskursethik und Kompromissfähigkeit. Autoritäres Denken gewinnt gegenüber der Freiheit an Boden. Der Umbruch kann sehr schnell in einen Zusammenbruch umschlagen. Damit dieses düstere Szenario vermieden wird, muss Europa die Lehre aus den Geschehnissen vor 100 Jahren ziehen. Nationalismus und Rechtspopulismus lassen sich nicht durch überheblichen Moralismus und inhaltsleeren Liberalismus überwinden. Der Wandel ist unausweichlich, aber dieser muss effizient und behutsam gestaltet werden, damit die Menschen in Europa ihn mittragen und fördern können. Er muss die unterschiedlichen Geschwindigkeiten in den eigenen Gesellschaften vor Augen haben, ohne die globalen Herausforderungen außer Acht zu lassen. Freiheit und Aufklärung müssen wieder die Leuchttürme sein, an denen sich politisches Handeln und gesellschaftliche Entwicklung orientieren. Die Mutter aller Freiheiten ist die Redefreiheit, und der Kern der Aufklärung sind die Rationalität und die Toleranz.

Kapitel 15

Lobpreis der Freiheit

Der Westen kann aus der Geschichte des Auf- und Abstiegs der islamischen Kultur viel lernen. Die islamische Zivilisation begann mit einer Symbiose von Glauben und Stammesbewusstsein. Der Kampfgeist, der von dieser Symbiose ausging, verhalf den Muslimen im Mittelmeerraum zur Macht. Aber militärische Erfolge allein hätten nicht ausgereicht, um in Bereichen der Philosophie, Medizin und Technik führend zu sein. Die muslimische Elite vom 8. bis zum 11. Jahrhundert hat sich einer Kultur des Wissens gewidmet, die zum Florieren der Wirtschaft, der Wissenschaft und der Kunst geführt hatte. Diese Wissenskultur wurde mit persönlichen Freiheiten verbunden. Einige Regeln der Scharia wurden außer Kraft gesetzt, so durften Muslime Alkohol trinken, in den Kneipen singen und tanzen, erotische und sogar religionskritische Poesie waren erlaubt. Religiöse Minderheiten genossen für die damaligen Verhältnisse erstaunliche Freiheiten. Auch Freiheiten der Forschung, der Rede und der Kunst waren, im Vergleich zum damaligen Europa, in der islamischen Welt ausgeprägt. Die größte Leistung dieser Kultur war, sich von den irrationalen, tribalen und religiösen Memen für einige Zeit zu lösen, um den Weg zu einer Wissenskultur freizumachen.

Das gelang drei Jahrhunderte lang, danach kehrten die irrationalen Meme zurück und bestimmten die Gesellschaft. Der Überfall der Mongolen auf Bagdad und der Untergang des Abbasiden-Reiches ließen die Muslime an der Kultur des Wissens zweifeln. Die religiösen Gelehrten führten die Niederlage darauf zurück, dass die Muslime sich mehr um die Philosophie, die Chemie und die Kunst kümmerten als um den Dschihad und die Einhaltung der Regeln der Scharia. Sie machten Alkohol, Tanz, Gesang und erotische Poesie für die Niederlage verantwortlich. Dabei war das Aufflammen von ethnischen Konflikten zwischen Arabern, Persern und Türken für den Niedergang des islamischen Reiches lange vor dem Einfall der Mongolen verantwortlich.

Religiöse Gelehrte verteufelten die Philosophie und warnten Muslime vor ihr, weil sie angeblich den Glauben verderben würde. Sie verteufelten die Chemie und hielten sie für eine Veränderung der Schöpfung Gottes. Die islamische Identitätspolitik gewann die Oberhand: neue Sprachregelungen, Cancel Culture, Moralismus. Bücher wurden verbrannt oder verboten, Wissenschaftler, Künstler und Philosophen zu Ketzern erklärt und verfolgt, wenn sie sich dem Mainstream widersetzten. Die Freiheit wurde für den Abstieg der Muslime verantwortlich gemacht, dabei war es die Freiheit, die diesen Aufstieg erst ermöglicht hatte. Mit der militärischen Niederlage der Muslime kam der Einfluss der religiösen Autorität zurück. Man achtete darauf, was die Menschen anzogen, was sie sagten und wie sie sich kleideten. Nur über die Religion oder den eigenen Stamm war der Aufstieg des Einzelnen möglich. Rationalität und Wissen waren nicht mehr gefragt. Gefühle, Rituale und Stammesbewusstsein waren die neuen Träger der Identität.

Kulturen brechen nicht zusammen, weil sie von außen angegriffen werden, sondern wenn sie sich von innen selbst zersetzen. Ein System, das an sich selbst glaubt, das klare Werte hat, die von der Mehrheit der Bevölkerung nicht bestritten werden, zerfällt nicht so leicht. Systeme brechen zusammen, wenn sie sich weigern, sich zu reformieren, oder wenn sie zu spät mit Reformen beginnen, die sie schon vor Jahrzehnten hätten durchführen müssen, wie in der Sowjetunion. Kulturen gehen unter, wenn sie ihre Kinder dazu erziehen, sich selbst zu misstrauen und das eigene Land zu hassen. Kulturen gehen unter, wenn sie aufhören, rationale Meme zu produzieren und stattdessen antirationale Ideen durch Einschüchterung und Indoktrinierung als Teil ihrer eigenen Identität forcieren.

Auch Europa hat einen unglaublichen Aufstieg während der letzten drei Jahrhunderte erlebt. Nicht nur die militärische Macht war Träger dieses Aufstiegs, sondern die Kultur des Wissens seit der Aufklärung. Die Freiheit der Forschung, die Redefreiheit, der Wettbewerb der Ideen ohne ideologische Schranken waren die Motoren des Fortschritts. Eine der größten Leistungen der Aufklärung war, dass der Mensch sich nicht mehr über seine Ethnie oder Religion definieren muss, sondern als Individuum seinen eigenen Weg ins Glück suchen und finden darf. Erst ein selbstbewusstes Individuum kann sich für das Gemeinwohl engagieren und einen sozialen Vertrag mit dem Staat abschließen. Nur unter dem Schirm der Freiheit konnte ein Ausgleich zwischen den Bedürfnissen des Einzelnen und den Zielen der Gemeinschaft erreicht werden. Nur in der Freiheit konnten Innovationen und neue politische, gesellschaftliche und wirtschaftliche Ideen Europa und die ganze Welt verändern.

Der Westen ist heute der Sehnsuchtsort von Abermillionen Menschen, die nach Freiheit dürsten. Hier aber mäkelt eine freiheitsverwöhnte linksgrüne Eliten-Generation an dieser Freiheit herum. Das darf sie natürlich, denn auch das gehört zur Freiheit. Aber ich halte es für sehr problematisch, wenn Menschen, die in Freiheit aufgewachsen sind, die Freiheit nicht mehr schätzen. Für viele Europäer scheint die Freiheitsidee heute nicht mehr erfüllend zu sein, Europa glaubt nicht mehr so wie früher an sich selbst und ist sich seiner Werte nicht mehr sicher. Veränderungen und Abstiegsängste verunsichern viele Menschen und lassen sie an der Demokratie zweifeln. Autoritäre politische Führung wie in Russland, China und der Türkei scheinen für viele Europäer mit und ohne Migrationshintergrund attraktiv zu sein. In einer Zeit, da Russland, China und die Türkei Druck auf den Westen von außen üben und die Demokratie bedrohen, lässt der Westen zu, dass die Verbündeten Chinas, Russlands und der Türkei den Westen von innen unterwandern , Infrastrukturen bauen und autoritäre, antiwestliche Propaganda verbreiten. Das ist das Paradox der Freiheit. Das kann die Demokratie aushalten, solange sie sich selbst verteidigen kann. Doch die westliche Demokratie scheint keine Zähne und die Freiheit scheint keine Flügel mehr zu haben. Und die Politiker haben keine Konzepte, um den Zerfall der politischen Kultur zu stoppen, außer Appelle in die Welt zu setzen oder Demos gegen rechts zu initiieren.

Wie in der islamischen Welt im Mittelalter kommt es auch im Westen zu einem unerfreulichen Paradigmenwechsel. Immer mehr Menschen und Gruppen wenden sich von der Rationalität und der Wissenschaftlichkeit ab und widmen sich quasireligiösen Idealen, die vom narzisstischen Moralismus getragen werden. Man diskutiert ungern über große Themen wie Russland, China, Inflation, Schulden- und Energiekrise, sondern über emotionale Themen wie Gendersprache, Kopftuch, Minarettverbot, Transgender und Aufstieg der AfD. Gefühle erleben wieder eine Renaissance als eine politische Kategorie und drängen die Wissenskultur in den Hintergrund. Tribalismus siegt wieder über den Individualismus. Wie die muslimischen Sittenwächter im Mittelalter tauchen auch in Europa solche auf, die die Sprache der Menschen scannen und ihnen bestimmte Worte, Gedanken und Verhaltensweisen verbieten. Überall im Westen sind die Politiker überfordert und versorgen ihre Bevölkerungen mit immer neuen Beruhigungspillen statt mit klaren Maßnahmen, die den Zerfall verhindern könnten. Bürgergeld statt effizienter Umbau der Wirtschaft, Parolen gegen rechts statt politisches Handeln. Die junge Generation, die allein die Zeche für diesen Niedergang zahlen wird, wird kaum in politische Entscheidungen einbezogen. Einige junge Menschen orientieren sich an lautstarkem, aber ineffektivem Aktivismus für die Umwelt, gegen den Kapitalismus, gegen Migration oder für die eigene ethnische oder religiöse Gruppe. Dieser Verhinderungsaktivismus reicht jedoch nicht aus, um den Abstieg aufzuhalten und neue Konturen zu schaffen, die die Gesellschaft in eine bessere Zukunft führen könnten.

Irrationale Meme durchdringen alle Diskurse. Alle scheinen gereizt und unnachgiebig. Man schreit sich an, statt zielorientiert über die Zukunft des Zusammenlebens zu diskutieren. Noch bevor die Mongolen unserer Zeit (China, Russland und der Islamismus) aktiv in den Westen einfallen, zersetzt sich der Westen von innen heraus und macht es den Angreifern leicht.

Der alte Kontinent hat in der Vergangenheit viele Fehler gemacht, aber es zeichnet Europa aus, dass es aus seinen Fehlern gelernt hat. Und genau das ist die Geschichte des Fortschritts: aus Fehlern zu lernen und vorwärtszugehen. Ja, Revolutionen und Kriege haben viele Veränderungen erzwungen, aber der eigentliche Motor des Fortschritts war immer das Wissen. Der Abstieg des Westens hat mehrere Gründe, die miteinander verbunden sind: Der Fortschritt ist auf die Innovation angewiesen, und die Innovation braucht eine gesunde Atmosphäre, in der Ideen in einem fairen Wettbewerb konkurrieren, und der Wettbewerb benötigt Mut und Freiheit. Eine effektive Politik muss Konzepte bereithalten für die Gegenwart und langfristige Pläne für die Zukunft, nicht nur punktuelle Feuerlöschaktionen als Reaktion auf unerwartete Krisen.

Freiheit ist ein Ökosystem. Sie braucht das richtige Klima und sie braucht Vielfalt. Nicht nur Vielfalt der Ethnien, sondern vor allem Vielfalt der Meinungen und politischen Konzepte. Die Meinungsfreiheit ist die Mutter aller Freiheiten und der erste Garant dafür, dass das Ökosystem der Freiheit intakt bleibt. Die Freiheit ist nicht die Krönung des Fortschritts, sondern deren Grundlage. Der Westen ist gerade dabei, diese Grundlage zu verlieren und dieses Ökosystem zu stören. Dennoch ist alles noch nicht verloren.

Ja, aus evolutionärer Sicht leben wir immer noch in einer Schimpansenkolonie, in der die Suche nach Nahrung und die Sorge, selbst zur Nahrung für andere zu werden, unser Handeln und unsere Ängste vor anderen bestimmen. Ja, wir sind von vielen Schleiern, Zwängen und Manipulationen umhüllt. Ja, die Welt ist gerade im Aufruhr, totalitäre Staaten und radikale Ideologien haben einen Höhenflug. Ja, wir wissen noch nicht, wie unsere Zukunft mit künstlicher Intelligenz und Klimawandel aussehen wird. Aber wir Menschen haben über Jahrtausende viel Wissen und Erfahrung gesammelt. Wir haben uns aus dem Leben in der Höhle befreit, Zivilisationen aufgebaut, Krankheiten und Epidemien erfolgreich bekämpft. Wir haben die Natur gezähmt und Metall zum Fliegen gebracht. Wir haben die Sklaverei abgeschafft, Diktaturen gestürzt, Demokratien aufgebaut und unsere Gesetze von Generation zu Generation verbessert. Wir haben wunderschöne Kunstwerke geschaffen und atemberaubende Geschichten erzählt. Aber wir haben immer noch Angst voreinander, vor unserer eigenen Schöpfung und vor der Zukunft.

Ja, wir stehen vor vielen Herausforderungen und sind vielen Gefahren ausgesetzt, aber nichts kann uns auf diesem Weg besser leiten als Freiheit, Vernunft, Wissen, Bewusstsein und Empathie. Es gibt jedoch viele Kräfte, die versuchen, genau diese Säulen unserer Zivilisation anzugreifen. Reaktionäre Kräfte bedrohen unsere Lebensweise von außen und von innen. In dieser entscheidenden Phase unserer Geschichte ist daher nichts wertvoller und notwendiger als der Kampf für die Freiheit.

Man kann immer einzelne Elemente der Demokratie kritisieren. Was man aber nicht infrage stellen darf, ist die Struktur der Demokratie. Nach Churchill ist die Demokratie die Werkstatt der Freiheit, und man kann ohne Werkstatt nicht arbeiten. Wissenschaftler, die im Labor arbeiten, stellen alles infrage, sogar ihre eigenen Forschungsergebnisse. Aber eines stellen sie nie infrage: das Labor selbst. Sie versuchen, das Labor zu optimieren: größere Teleskope, empfindlichere Geräte, aber sie geben das Labor und die wissenschaftliche Methode nicht auf. Neben dem Rechtsstaat und der freiheitlichen Verfassung ist die bürgerliche Mitte die dritte Säule der Demokratie. Und genau diese bürgerliche Mitte ist nun gefragt, mehr Verantwortung für die Demokratie zu übernehmen. Die vierte und wichtigste Säule ist die Meinungsfreiheit, nicht nur in den Medien, sondern auch am Arbeitsplatz und im öffentlichen Raum. Diese Säulen sind Teil jeder freiheitlichen Verfassung und stehen nicht zur Disposition.

Die Demokratie als Rahmen der Freiheit ist nicht diskutabel, wohl aber das, was in ihr geschieht. Freiheit braucht Struktur und Haltung. Der Rechtsstaat ist die Struktur, in der die Freiheit des Einzelnen ihre politische und gesellschaftliche Verwirklichung findet. Die Geisteshaltung kommt vom mündigen, diskursfähigen Bürger, der Widersprüche und Unsicherheiten aushält und seine Verantwortung weder an den Staat noch an die eigene Gruppe delegiert. Freiheit ist ein täglicher Kampf jedes Individuums, auch und vor allem mit sich selbst. Sie ist aber auch eine tägliche Beglückung, denn ohne Freiheit gibt es keine Würde, keine Erkenntnis, keine Selbstverwirklichung.

Die Demokratie hat auch weitere geistige Säulen: Vernunft, Erkenntnistheorie und eine freie Wissenskultur. In seinem Buch »Der Anfang der Unendlichkeit« stellt David Deutsch die polynesische Osterinsel im Südpazifik als Beispiel für eine statische Gesellschaft vor, die durch die Reproduktion irrationaler Meme die Kreativität hemmt und damit den eigenen Untergang heraufbeschwört. Als die Holländer 1722 die Insel entdeckten, fanden sie keine Menschen, aber über 2000 Steinstatuen, die nahezu identisch waren, obwohl sie über mehrere Jahrhunderte hinweg hergestellt worden waren. Sie dienten offensichtlich einem religiösen Kult, bei dem die Ahnenverehrung eine zentrale Rolle spielte. Die vorherrschende Theorie über den Untergang der Osterinsel geht davon aus, dass die Inselbewohner selbst für die Katastrophe verantwortlich waren. Sie hätten im Dienste der Ahnen ihre Wälder abgeholzt und damit ihre Lebensgrundlage zerstört.[40] Sie hatten alle nützlichen Baumarten gefällt, um aus den Baumstämmen Straßen zu bauen, auf denen sie die Statuen ihrer Ahnen transportierten. Die Abholzung führte zu Bodenerosion und zerstörte die Umwelt, was die Katastrophe beschleunigte. Anstatt das Holz zum Bau von Booten, zum Fischen oder für den Handel mit anderen Inseln zu nutzen, verwendeten die Bewohner die Bäume zum Transport der Statuen. Selbst als Hungersnöte die Insel heimsuchten und sich der Untergang abzeichnete, richteten die Inselbewohner ihre Anstrengungen nicht auf die Lösung des Problems, sondern auf die Errichtung immer neuer Denkmäler für ihre Ahnen.[41]

Verantwortlich für das traurige Schicksal der Osterinsel ist eindeutig das religiöse, irrationale Denken, das die Ahnenverehrung dem eigenen Überleben vorzieht. Eine Kultur, die sich auf die leere Wiederholung von Ritualen und Verhaltensweisen beschränkt, lähmt sich selbst und kommt nicht weiter. Eine Kultur, die über ein Jahrtausend nur identische Statuen aufstellt und für deren Transport Bäume benutzt, statt Schiffe zu bauen, kann nicht überleben. Dennoch finden wir heute im Westen Intellektuelle und Journalisten, die das Schicksal der Osterinsel anders interpretieren. Sie glauben, dass die westliche Zivilisation in die Fußstapfen der Osterinselbewohner getreten ist. In einer BBC-Sendung über die Osterinsel bezeichnete der Naturforscher David Attenborough die identischen, einfachen Statuen der Polynesier auf der Insel als »erstaunliche Steinskulpturen, (…) ein lebendiger Beweis für die technischen und künstlerischen Fähigkeiten der Menschen, die einst hier lebten«. David Deutsch vermutet, dass Attenborough dies nur aus Höflichkeit sagte, denn »in unserer Kultur gehört es zum guten Ton, jede Errungenschaft einer primitiven Gesellschaft mit Lob zu überschütten«.[42]

Attenborough interessierte sich wenig für die Unterschiede zwischen der westlichen Wissenskultur und der religiösen Tradition der Polynesier, sondern versuchte, eine Gemeinsamkeit zwischen beiden zu finden. »Auch wir leben so, als gäbe es kein Morgen, wir holzen die Wälder ab.« Er sieht in dieser Ausbeutung der

Umwelt einen weiteren Schritt zum Untergang der menschlichen Zivilisation. Er übersieht, dass der Westen im Gegensatz zu den Polynesiern durch Wissenschaft und rationales Denken immer auf dem Weg des Fortschritts war. Seine Gedanken und Projekte sind nicht auf die Vorfahren ausgerichtet, sondern auf Gegenwart und Zukunft seiner Bürger. Die Erkenntnistheorie, die Rationalität der Menschen, der Wettbewerb der Ideen, die entwickelte Technologie, auch im Bereich des Umweltschutzes, machen uns Hoffnung, dass auch dieses Problem gelöst werden kann.

Die Wissenschaft steht nicht still. Sie irrt sich manchmal, aber sie irrt sich vorwärts, nicht rückwärts. Sie hat uns geholfen, kleine Geräte zu erfinden, die große Dinge tun. Sie hat uns geholfen, effiziente landwirtschaftliche Anbaumethoden zu entwickeln, die unser Überleben in großer Zahl gesichert haben. Sie hat uns geholfen, den Hunger in der Welt zu minimieren und große Epidemien zu besiegen. Das Problem der Inselbewohner war nicht, dass sie nicht nachhaltig gelebt hätten, sondern dass sie statisch und unwissend geblieben sind und nicht auf Veränderungen vorbereitet waren. Sie wussten, wie man auf die Insel kommt, aber nicht, wie man sie wieder verlässt, wenn die Katastrophe kommt. Sie blieben in der Isolation stecken und verehrten diese Isolation, deshalb gingen sie unter. Der Fortschritt dagegen, schreibt Deutsch, weiß, dass es immer Probleme geben wird, aber er weiß auch, dass es für jedes Problem eine Lösung gibt. Für das Überleben und den Fortschritt brauchen wir nicht nur Ressourcenmanagement, sondern auch Innovation.

Auf die Coronapandemie reagierten viele Menschen weltweit mit Angst und Panik, Milliarden beteten in Moscheen, Kirchen, Tempeln und zu Hause, dass die Gefahr gebannt würde. Einige erfanden Verschwörungstheorien, andere glaubten ihnen. Viele gingen auf die Straße, um gegen die Einschränkungen zu protestieren und ihrer Wut Luft zu machen. Aber was uns am Ende gerettet hat, waren weder Gefühle noch Gebete. Es war die Wissenschaft. Vor 1000 Jahren wäre ein Drittel der Bevölkerung an einer Pandemie gestorben. Vor 100 Jahren hätte es Jahrzehnte gedauert, den richtigen Impfstoff herzustellen. Diesmal waren es nur Monate. Das nennt man Fortschritt: Wissen anhäufen, aus Fehlern lernen und voranschreiten! Es geht nicht um Erlösung, die als Gesamtpaket von oben kommt, sondern um Lösungen, die wir behutsam in kleinen Schritten finden. Es gibt nur eine Denkweise, die Fortschritt und Überleben auf lange Sicht ermöglicht, und das ist die Suche nach guten Erklärungen mit Kreativität und Kritik, schreibt David Deutsch am Ende seines Buches.[43] Es liegt also an uns, ob wir diesem Prinzip folgen oder uns weiterhin in energiezehrende, emotionale und irrationale Debatten verstricken, die unseren Fortschritt gefährden.

Aus der Glut von Prometheus' Feuer sind in Europa noch einige Kohlen übrig. Der alte Kontinent wäre verloren, wenn aus diesen Glutnestern nicht wieder eine Flamme entstünde. Aber das Feuer entfacht sich nicht von selbst. Es braucht Menschen, die es entzünden, Menschen, die es tragen, und Menschen, die es vor Stürmen schützen.

Kapitel 16

Wehrt euch!

Viele Menschen fragen mich bei Lesungen, was sie tun müssen, um die Freiheit zu verteidigen. Ich sehe mich weder als Vorbild noch als weiser Mann, der Ratschläge geben kann. Ich antworte mit einem Zitat von Karl Kraus: »Ich kann keine Eier legen, aber ich kann erkennen, wenn ein Ei faul ist.« Ich kann wirklich nur Diagnosen stellen und es fällt mir schwer, Medikamente zu verschreiben. Gerade wenn es um die Freiheit geht, kann man keine Empfehlungen geben, die für jeden passen. Dennoch gebe ich den Menschen den Rat, den ich mir selbst gebe:

Geh nicht rechts oder links, sondern geradeaus. Lass dich weder von den einen einschüchtern noch von den anderen verführen. Erhebe deine Stimme und du wirst irgendwann gehört werden. Im Jahr 2001 wollten die deutschen Zeitungen meine Texte nicht veröffentlichen, heute habe ich zwölf Bücher auf dem Markt, die ausnahmslos zu Bestsellern geworden sind. Diese Bücher sind nicht erfolgreich, weil ich der beste Analytiker bin, auch nicht, weil sie oft Islamkritik enthalten, sondern weil die Leserinnen und Leser sofort erkennen, ob jemand aufrichtig schreibt oder nur das schreibt, was ihre Annahmen bestätigt.

Im Jahr 2013 erließen Islamisten eine Fatwa gegen mich, um mich zum Schweigen zu bringen. Danach gründete ich einen YouTube-Kanal in arabischer Sprache, »Hamed.TV«, der inzwischen über 215 000 Abonnenten und mehr als 45 Millionen Aufrufe zählt. 2016 traf ich in Frankfurt Ensaf Haider, die Frau von Raif Badawi, dem saudischen Blogger, der zu dieser Zeit in Saudi-Arabien im Gefängnis saß und eine zehnjährige Haftstrafe verbüßte, nur weil er die Abschaffung der Religionspolizei gefordert hatte. Sie bat mich, mit ihrem Mann zu telefonieren, der ein großer Fan meiner Videos sei. Es würde ihn sehr freuen, sagte sie. Über ein Smartphone, das ein Mitgefangener eingeschmuggelt hatte, rief mich Raif Badawi an, dankte mir für meinen Einsatz für ihn und erzählte mir zu meinem Erstaunen, dass er und seine Mitgefangenen regelmäßig meine Videos anschauten. Die Tatsache, dass meine Gedanken sogar gut bewachte saudische Gefängnisse erreichen konnten, gab mir Hoffnung, dass Veränderung möglich ist.

Auch mein Buch »Der islamische Faschismus«, das Islamisten verbieten wollten, ist inzwischen auf Arabisch, Persisch, Kurdisch und Bengalisch sowie in elf weiteren Sprachen erschienen. Das Buch war ein Bestseller auf der Kairoer Buchmesse und auf der Buchmesse in Sharjah. Viele junge Menschen in der islamischen Welt haben die Nase voll von der offiziellen Darstellung der Religion und sind offener für kritische Ansichten, weil sie letztlich, wie junge Menschen auf der ganzen Welt, nach wirtschaftlicher und politischer Erfüllung suchen und erkennen, dass die politisierte Religion ihnen im Wege steht. Auf den Straßen von Beirut, Dubai, Tunis und Marrakesch werde ich oft erkannt. Junge Menschen, Frauen und Männer, kommen auf mich zu, danken mir für meine Arbeit und machen Selfies mit mir. In diesen Städten bin ich jetzt ohne Polizeischutz unterwegs. Anders ist die Situation in Europa, wo ich trotz Polizeischutz oft von jungen Muslimen auf der Straße angegriffen werde. Wohlstand und westliche Bildung haben es nicht geschafft, diese Menschen zu Demokraten zu machen, die mit Kritik gelassen umgehen können. Schuld daran sind die eigenen Eltern, die ihnen Angst vor der Freiheit und Skepsis gegenüber westlichen Werten eingeimpft haben. Schuld ist aber auch die Identitätspolitik, die diese jungen Menschen ständig als Opfer von Rassismus darstellt und sie nicht dazu auffordert, sich selbst zu kritisieren oder Verantwortung für ihr eigenes Versagen zu übernehmen.

Unterschätze daher niemals die Wirkung von Worten, sowohl

im positiven als auch im negativen Sinne. Worte können wie Naturgewalten wirken. Sie können Menschen inspirieren, sie frustrieren oder gegen andere aufstacheln. Sie können uns befreien oder uns im Saft unseres eigenen Zorns schmoren lassen. Deshalb sage ich: Sei respektvoll, aber lass dir nicht vorschreiben, welche Worte du verwenden sollst und welche nicht. Denke immer daran: Wenn sie dir die Worte wegnehmen, wirst du bald sprachlos sein.

Erkenne den Mechanismus der totalitären Täuschung. Lass dich nicht zu etwas zwingen. Lass dich nicht einschüchtern. Lass dich nicht manipulieren. Lass dich nicht vereinnahmen. Lass dich nicht unterjochen!

Sei kritisch, nicht verurteilend! Hinterfrage, was andere tun und sagen, ohne deine Kritik in Hass zu verwandeln. Wenn du bestimmte Menschen kritisierst, bedeutet das, dass du an einem Dialog mit ihnen interessiert bist, dass du an ihre Rationalität und ihren gesunden Menschenverstand appellierst. Wenn du sie aber verurteilst oder herabwürdigst, willst du sie zerstören oder beseitigen. Wenn sie dasselbe mit dir tun, wird es schließlich zu einem Bürgerkrieg kommen. Hinterfrage dich selbst, deine Meinungen, Motive und Haltungen, ohne dass dies in Verzweiflung oder Selbsthass ausartet. »Zweifel muss nichts weiter sein als Wachsamkeit, sonst kann er gefährlich werden«, wie Georg Christoph Lichtenberg bemerkte.

Bedenke immer: Sprache kann weder Realität noch die Einstellung des Sprechenden ändern, aber Realität und Einstellung ändern die Sprache. Respekt ist ein wichtiges Gebot für ein friedliches Zusammenleben, aber zum Respekt gehört auch Ehrlichkeit gegenüber dem anderen. Du bist nicht islamophob, nur weil du den Islam kritisierst. Du bist kein Antisemit, nur weil du Israel oder die jüdische Gemeinde kritisierst. Du bist nicht homophob, wenn du verlangst, dass dein Kind in der Schule nicht über homosexuelle Vorlieben und Praktiken unterrichtet werden soll.

Du bist nicht transphob, wenn du meinst, dass es nur zwei Geschlechter gibt. Du bist kein Frauenfeind, wenn du auf die biologischen Unterschiede zwischen Männern und Frauen hinweist oder wenn du keine Gendersprache verwendest. Du bist kein Rassist, nur weil es in deinem Freundeskreis keine Menschen mit Migrationshintergrund gibt oder weil du gelegentlich Menschen nach ihrer Herkunft fragst. Du bist kein Islamist, nur weil du ein gläubiger Muslim bist. Du bist keine Islamistin, nur weil du ein Kopftuch trägst. Du bist kein Hamas-Anhänger, nur weil du ein Palästinensertuch trägst und für ein freies Palästina demonstrierst. Du bist kein Klimasünder, nur weil du keine teure Wärmepumpe einbaust oder gerne SUV fährst oder Steak isst. Du bist kein Nazi, nur weil du die AfD wählst oder die Politik der offenen Grenzen in deinem Land kritisierst. Du bist kein Kommunist, nur weil du die Linke wählst oder mehr soziale Gerechtigkeit forderst.

Wer du bist, was du sagst, wen du wählst, was du trägst, das liegt an dir, nicht an den anderen. Allein die Tatsache, dass ich mich und dich an diese Selbstverständlichkeiten erinnern muss, zeigt, dass wir ein ernstes Problem haben.

Wenn du Politiker bist, erinnere dich daran, dass eine Politik, die sich nicht von der Freiheit leiten lässt, am Ende nur den Feinden der Demokratie nützt. Du bist nicht gewählt worden, um die Welt zu verändern, sondern um im Interesse deiner Wähler zu arbeiten und Schaden von ihnen abzuwenden. Du bist unser Diener, nicht unser Mentor oder Erzieher.

Wenn du Journalist bist, sage ich dir: Analysiere, statt zu moralisieren! Informiere mich, aber belehre mich nicht, und verstecke deine ideologischen Ansichten nicht hinter Analysen, die lediglich den Anschein erwecken, objektiv und wissenschaftlich zu sein. Vergiss, was dir dein Lehrer erzählt hat, und entdecke die Welt immer wieder neu, damit du sie mir immer wieder neu erklären kannst. Zeige mir beide Seiten der Geschichte, nicht nur deine oder die der Herrschenden. Ich erwarte von den Medien keine Beruhigung, keine Haltung, keine Unterhaltung. Ich erwarte Berichterstattung, keine Beschwichtigung, keine Panikmache. Du sollst den Mächtigen in Politik und Wirtschaft den Spiegel vorhalten und nicht ihr Steigbügelhalter sein. Wenn du Chefredakteur einer Zeitung bist, will ich die Vielfalt, die deine Zeitung predigt, nicht nur in der Belegschaft deiner Zeitung sehen, sondern auch in den Meinungen und politischen Ansichten in den Artikeln deines Mediums. Ich will nicht vorhersagen können, was deine Zeitung zu einem bestimmten Thema schreiben wird. Wenn du eine Talkshow moderierst, will ich fünf Gäste mit fünf verschiedenen Meinungen in deiner Sendung haben und nicht vier Mainstream-Meinungen, die eine abweichende Meinung niedermachen.

Wenn du eine Feministin bist, finde ich es gut, dass du deinen Unmut über mangelnde Gerechtigkeit zum Ausdruck bringst, aber überlege bitte, ob Männer wirklich die Quelle all deiner Probleme sind oder ob dein Ärger andere Gründe hat. Wenn du die Sprache und das Verhalten jedes Mannes daraufhin abklopfst, ob du dich angegriffen fühlst, werden die Angriffe und Beleidigungen nie aufhören. Wenn du immer den Kontext dessen ignorierst, was ein Mann sagt oder tut, wird er immer wie ein Raubtier erscheinen und du wirst immer wie ein Opfer sein. Aber wollen wir wirklich so miteinander leben? Nur wenn du die wahre persönliche Quelle deiner Wut findest, wird dein Aktivismus Früchte tragen, denn nur dann kannst du mit dem Mann auf Augenhöhe verhandeln. Wenn du ein Transgender-Aktivist, ein Homosexueller, ein Antirassist bist, dann gilt das, was ich oben geschrieben habe, auch für dich. Wir verlieren viel und entfernen uns immer weiter von einer Lösung, wenn wir glauben, dass das Problem nur beim anderen liegt und dass wir die Opfer sind. Wir machen uns gegenseitig kaputt, wenn wir glauben, Menschen ändern zu können, indem wir sie ständig anschreien.

Wenn du ein gläubiger Mensch bist, möchte ich dir sagen:

Glaube ohne Freiheit ist eine freiwillige Unterwerfung, die sich ihrer eigenen Knechtschaft nicht bewusst ist. Wer frei ist zu glauben, ist auch frei zu zweifeln. Wer frei in seinem Glauben ist, hat es nicht nötig, anderen seinen Glauben aufzuzwingen. Dein Gott ist nur die Liste deiner Hoffnungen und Ängste, das Echo deiner Mängel und Unzulänglichkeiten. Jeder von uns braucht diese Liste und dieses Echo. Manche nennen es Liebe, manche nennen es Heimat, manche nennen es Die Grünen. Aber keiner von uns hat das Recht, andere im Namen seines »Gottes« zu kontrollieren, umzuerziehen oder zu bestimmen, was sie zu sagen haben. Glaube an einen Stein, wenn du willst, aber wirf ihn nicht nach mir. Ich respektiere deine Glaubensfreiheit, aber das bedeutet nicht, dass ich alles respektieren muss, woran du glaubst. Genauso hast du das Recht, alles, was ich denke oder schreibe, zu kritisieren und zu persiflieren. Erzähl mir nichts über deine religiösen Gefühle. Reden wir lieber über deine und meine Menschenrechte!

Wenn du ein Migrant bist, lege deine Skepsis gegenüber dieser Gesellschaft ab und suche nicht in jeder Ecke nach Rassismus, denn Rassismus gibt es und wird es immer geben. Du hast die goldene Chance, hier in Frieden und Wohlstand zu leben, um den dich Millionen in deinem Heimatland beneiden. Freiheit, Bildung und harte Arbeit waren die Voraussetzungen für diesen Wohlstand, und diese Gesellschaft bietet dir und deinen Kindern die Möglichkeit, an dieser Freiheit und diesem Wissen teilzuhaben und für den Aufstieg zu arbeiten. Hab keine Angst vor der Freiheit und stehe deinen Kindern nicht im Weg, wenn sie sich entscheiden, anders zu leben als du. Die Freiheit zerstört nicht die Moral und die Familienbande, wie manche in deinem Herkunftsland behaupten. Sie ist die Grundlage einer gefestigten Moral, die nicht aus Angst vorgetäuscht wird, und sie ist die Voraussetzung für ehrliche und starke menschliche Beziehungen innerhalb und außerhalb der Familie. Angst sollst du nicht haben, dass die Freiheit die Moral deiner Tochter verdirbt. Aber fürchte, dass deine Zwänge, deine Überwachung und Kontrolle ihr das Selbstvertrauen rauben und sie zur Lüge zwingen.

Wie moralisch kann ein Mensch sein, der sich selbst nicht respektiert und andere nicht mit seiner Wahrheit und seinen Wünschen konfrontieren kann? Meine eigene Erfahrung hat mich gelehrt, dass moralische Menschen kein Doppelleben führen und keine Angst haben müssen, aus der Gemeinschaft ausgeschlossen zu werden. Freiheit ist keine Gefahr für deine Identität und deinen Glauben, sondern eine Stütze. Erst wenn du deine Identität und deinen Glauben in der Freiheit erprobst, werden sie wirklich lebendig. Erst dann gehören sie wirklich zu dir und sind nicht nur Elemente, die du von deinen Eltern übernommen hast. Erst dann sind sie für dich keine Last und keine Quelle von Loyalitätskonflikten und Schuldgefühlen. Nutze diese Chance und lass deinen Kindern die Freiheit, ihren eigenen Weg zu gehen. Bringe ihnen bei, dass Selbstwertgefühl nicht dadurch entsteht, dass sie sich anderen gegenüber moralisch überlegen fühlen oder ihre Wut und Frustration auf andere projizieren, sondern dadurch, dass sie ihre Ängste und Selbstzweifel überwinden und etwas aus ihren Potenzialen machen.

Wenn du ein Rechter bist, sage ich dir: Veränderung ist unausweichlich. Man kann die Zeit nicht einfrieren. Wenn dein Sicherheitsgefühl davon abhängt, dass die Dinge so bleiben, wie sie sind, dann bist du zu ewiger Frustration und Unsicherheit verdammt. Du hast jedes Recht, die Migrationspolitik deiner Regierung zu kritisieren, aber du hast kein Recht, Einwanderer zu entmenschlichen und zu dämonisieren. Du hast jedes Recht, die linke Identitätspolitik zu kritisieren, aber du hast nicht das Recht, der Gesellschaft eine alternative rechte Identitätspolitik aufzuzwingen. Die Idee von Blut und Boden als Grundlage der Identität ist längst überholt. Du hast das Recht, den Multikulturalismus als linke Staatsdoktrin zu kritisieren, aber du hast nicht das Recht, die

Multikulturalität als gelebte Realität von unseren Straßen zu verbannen. Nicht du bestimmst, wer Staatsbürger ist und wer nicht, sondern das Gesetz. Du bist ein Wähler, genauso wie ich, und deine Herkunft macht deine Stimme nicht gewichtiger als meine. Du hast das Recht, als politische und soziale Kraft zu existieren, aber das gilt auch für die Linke und für die Einwanderer.

Wenn du ein linker Aktivist bist, sage ich dir: Vergiss nicht, dass die Grundwerte, auf denen das linke Ideal beruht, soziale Gerechtigkeit, Meinungsfreiheit, Toleranz, sexuelle Freiheit und Vielfalt sind. Diese Werte gelten nicht exklusiv für bestimmte Gruppen, sondern sind Grundrechte für alle. Diese Werte dürfen nicht als Schlachtrufe im Kulturkampf gegen den politischen Gegner missbraucht werden. Die Rolle der Linken bei der Emanzipation der Frauen, der Liberalisierung und der Inklusion von Minderheiten ist lobenswert, aber wenn dieser Kampf ideologisch wird, schadet er genau den Gruppen, die auf dieses Engagement angewiesen sind. Ich bin auf eurer Seite und fordere mehr Offenheit in der Gesellschaft, aber diese Öffnung sollte nicht mit der Brechstange und gegen den Widerstand der Mehrheit der Gesellschaft erfolgen, sondern in einem langen Prozess der Verständigung und Verhandlung. Um in diesem Prozess zu einem positiven Ergebnis zu kommen, muss man auf die Cancel Culture und die Moralkeule verzichten, mit der man seine Gegner zum Schweigen bringen will. Wir brauchen eine faire Debattenkultur, an der es dank eures Aktivismus und eurer Empörungsindustrie mangelt. Lasst uns über die wichtigen Fragen des Zusammenlebens und der Gestaltung des Wandels streiten, nicht über Sprache, Gesten und Pronomen! Freiheit ist viel zu wichtig, um sie den Rechten zu überlassen. Aber sie ist auch zu tiefgreifend, um sie in kleine linke Kästchen zu zwängen.

Ob Einheimische oder Migranten, ob Hetero- oder Homosexuelle, ob Männer oder Frauen, ob Rechte oder Linke: Besinnt euch alle auf das, was den Westen einst stark gemacht hat: Freiheit, Vernunft, Wissenschaft, Wettbewerb der Ideen, Demokratie, Toleranz und Solidarität mit den Benachteiligten. Und nehmt euch in Acht vor allen, die diese Werte untergraben oder umdeuten wollen: Rechtsextreme, Identitäre Linke, Islamisten und alle anderen Moralapostel. Wir müssen selbstbewusster über die beste Form der Demokratie streiten, ohne die Demokratie selbst infrage zu stellen. Und wir müssen ehrlicher über Werte reden, ohne diese Wertedebatte gegen eine bestimmte Gruppe in der Gesellschaft zu richten. Die Wertedebatte sollte als Angebot an uns alle verstanden werden, als gemeinsamer Nenner für eine bessere Kommunikation und ein besseres Zusammenleben.

Erinnert euch daran, dass der Westen in seiner Geschichte nicht nur Sternstunden kannte, sondern oft auch Gräueltaten begangen, Völker ausgebeutet, Menschen versklavt und Minderheiten und Ureinwohner unterjocht hat. Diese dunklen Flecken in eurer Geschichte sollten nicht als Mittel politischer oder emotionaler Erpressung dienen. Die Geschichte sollte Mentor und Mahner sein, nicht Herrscher über uns. Sie soll uns als Lektion dienen, um unser Verhalten zu verbessern, nicht um uns zu beschämen. Sie soll uns helfen, ehrlich miteinander umzugehen, nicht uns vor anderen zu beugen. Denn wer sich verbeugt, kann dem anderen nicht in die Augen sehen. Und das ist genau das Gegenteil von Respekt.

Wie jede Infrastruktur, die uns umgibt, muss auch die Freiheit gepflegt und verteidigt werden, sonst nutzt sie sich ab und wird unbrauchbar. Die Pflege und Verteidigung der Freiheit ist unser aller Aufgabe. Aufgabe der Politik ist es, für die Rahmenbedingungen zu sorgen: Achtung der freiheitlichen Verfassung, repräsentative Demokratie, unabhängige Justiz, Gleichberechtigung aller Menschen unabhängig von ihrer Herkunft. In Bildungseinrichtungen lernen Schüler und Studenten viel über die Geschichte der Freiheit und über die verschiedenen philosophischen Auffassungen von Freiheit. Sie lernen vielleicht etwas über die Reden von Martin Luther King und Ronald Reagan über die Freiheit. Aber nur selten erfahren sie etwas über den aktuellen Zustand der Freiheit. Das liegt daran, dass Schulen und Universitäten kontroverse Themen meiden, weil sie die Gefühle ihrer Schüler und Studenten nicht verletzen möchten. Manche Diskussion über Islamismus, den Nahostkonflikt, Transgender oder das Kopftuch endet in Tumulten und Beleidigungen.

Aber was ist Bildung, wenn sie uns nicht für Freiheit und Selbstbestimmung begeistert? Und mit Selbstbestimmung meine ich nicht die Anspruchsmentalität, die sich seit Jahren in westlichen Bildungseinrichtungen breitmacht. Was soll man auch von einer jungen Generation erwarten, die diskussionsscheu und nicht bereit ist, sich mit Kritik am eigenen Verhalten und Weltbild auseinanderzusetzen? Wer kann die Freiheit verteidigen, wenn nicht diese Generation? Wie kann sie eine neue Sprache des Respekts entwickeln, wenn sie selbst respektlos mit anderen umgeht, mit denen sie nicht übereinstimmt?

Freiheit braucht auch Verhandlungs- und Vermittlungsräume, in denen Menschen mit unterschiedlichen Meinungen ohne Angst vor Ausgrenzung, Diffamierung oder Bedrohung miteinander streiten können. Medien, politische Stiftungen und zivilgesellschaftliche Vereinigungen sollten diese Räume zur Verfügung stellen und nicht von vornherein festlegen, wer reden darf und wer nicht. Doch diese Räume werden immer enger und nur bestimmte Positionen werden zugelassen. Nichts aber schadet der Demokratie mehr als die Zensur unliebsamer Gedanken. Nichts erstickt die Freiheit mehr als die Angst vor dem Streit. Nichts brauchen wir heute mehr als eine faire Streitkultur.

Aber diese Infrastruktur der Freiheit wäre nichts ohne das Engagement der Bürger und ihre Begeisterung für die Freiheit. Wir sind es, die diese Infrastruktur mit Inhalt und Leben füllen. Freiheit beginnt mit dem Einzelnen, der für seine Rechte eintritt und die Rechte anderer achtet. Und sie endet mit dem Bürger, der auf seine Bürgerrechte verzichtet, sich einschüchtern lässt oder seine politische Ideologie oder Religion über das Grundgesetz stellt. Freiheit hat physische Strukturen, aber auch eine unsichtbare Geisteshaltung. Diese Geisteshaltung ist der Garant dafür, dass die Herrschenden ihre Macht nicht missbrauchen und die Demokratie nicht als Mittel zur Durchsetzung eigener Ziele benutzen. Das freie Individuum ist der Grundstein jeder Demokratie und der Garant dafür, dass die Flamme der Freiheit in einer Gesellschaft nicht erlischt. Der mündige, informierte Bürger, der wachsame Konsument, der freie Wähler, der selbstbewusste Arbeiter, der sachkundige Wissenschaftler, der gut ausgebildete Handwerker, der unvoreingenommene Journalist, der weltoffene Lehrer und der wachsame Polizist sind die unsichtbaren Säulen einer freien und offenen Gesellschaft.

Dennoch brauchen wir eine Balance zwischen den Bedürfnissen des Einzelnen und denen des Kollektivs. Freiheit setzt Eigenverantwortung und Verantwortung für die Gemeinschaft voraus. Wir können nicht als atomisierte Einheiten getrennt voneinander leben. Wir sind aufeinander angewiesen und müssen zusammenarbeiten, auch wenn jeder von uns die Welt anders sieht. Wir brauchen das Kollektiv, um große Projekte zu verwirklichen, um Gesetze zu verabschieden und zu befolgen. Aber das Gemeinwesen muss ein Ort sein, an dem der Einzelne Erfüllung und Freiheit erfährt, damit er sich nicht gegen die Gemeinschaft wendet.

Wir brauchen ein Gleichgewicht zwischen Wettbewerb und Selbstachtung des Einzelnen. Wir müssen aufpassen, dass der Wettbewerb uns nicht gegeneinander aufhetzt und unsere Frustration steigert. Aber wir können den Wettbewerb nicht abschaffen, um alle glücklich zu machen. Wir müssen endlich begreifen, dass gleiche Chancen nicht automatisch gleiche Ergebnisse bedeuten.

Wettbewerb ist ein Instrument der Evolution, um uns zu motivieren, uns zu optimieren. In Wirtschaft, Politik, Kunst, Sport und Bildung hat er die Funktion, die richtigen Menschen an die richtigen Stellen zu bringen. Der Wettbewerb der Ideen und Projekte sorgt für echte Vielfalt in der Gesellschaft. Identitätspolitik hingegen ist ein Instrument, das unseren Kampfgeist in die falsche Richtung lenkt und uns denkfaul und unkreativ macht. Sie zementiert die Vielfalt unveränderlicher Merkmale wie Hautfarbe oder Ethnie, bekämpft aber die Vielfalt von Meinungen und Lebensentwürfen. Nur in Freiheit können all diese gegensätzlichen Lebensstile, Meinungen und Projekte nebeneinander gedeihen und voneinander profitieren. Demokratie bedeutet schließlich nicht Konfliktfreiheit, sondern die Infrastruktur und die Spielregeln dafür zu schaffen, dass diese Konflikte zivilisiert ausgetragen werden können, mit dem Ziel, dass sich die besten Ideen und Konzepte durchsetzen, nicht um einige zu bereichern, sondern um eine bessere Version unserer Gesellschaft zu erreichen.

Schuldgefühle, Lagerdenken, die ideologische Betrachtung von Zukunftsthemen wie Migration, Klimawandel und künstliche Intelligenz sowie Weltuntergangsstimmung schüren die Angst vor jeglicher Innovation. Jedes dieser Themen wird im Zusammenhang mit einem Weltuntergangsszenario diskutiert. Die Menschen haben Angst, dass der Klimawandel unsere Lebensgrundlagen und unsere Freiheit beeinträchtigen wird. Man fürchtet, dass die Migration Europa überfluten, seine Identität für immer verändern wird. Die Menschen haben Angst, dass künstliche Intelligenz uns als Menschen ersetzen und uns unserer Freiheit berauben wird. Hinter diesen Ängsten verbirgt sich ein tiefes Misstrauen gegenüber sich selbst und gegenüber dem Wandel. Dabei spielen auch Schuldgefühle eine Rolle. Denn wer von Schuldgefühlen geplagt wird, misstraut sich selbst und damit auch anderen. Man glaubt nicht mehr an das positive Potenzial, das in einem steckt, und rechnet immer mit dem Schlimmsten. Dies ist auch ein Symptom für posttraumatische Belastungsstörung. Deshalb sind Schuldgefühle gegenüber Migranten, Minderheiten, der Umwelt und Zukunftstechnologien kein geeigneter Weg, um mit diesen Herausforderungen umzugehen. Diese religiös gefärbte Untergangsstimmung hilft uns nicht weiter. Die Menschheit hat sich immer auf Vernunft, Zuversicht, Zusammenarbeit und Innovation verlassen, um den Untergang zu vermeiden.

Ich erinnere mich an eine Geschichte, die ich vor langer Zeit gehört habe: Drei Frösche fallen in einen Topf voller Milch. Einer von ihnen gerät in Panik, zappelt wie ein Epileptiker und ertrinkt in der Milch. Der andere denkt: Hier komme ich nie wieder raus, tut nichts und ertrinkt. Der Dritte denkt bei sich: Ich bin ein Frosch, was kann ich anderes tun, als mit Händen und Füßen zu rudern, und das tut er auch. Langsam verwandelt sich die Milch durch das Rudern in Butter und er springt heraus und überlebt.

Es geht um das Unbekannte, das sich nur dann manifestiert, wenn man anfängt, das zu tun, was man kann, und nicht nur das, was sich durch Erfahrung oder Wissenschaft als richtig erwiesen hat. Es geht nicht um ein Gebot oder eine allgemeingültige Vorstellung von der Erlösung der Welt, sondern darum, aus den persönlichen Fähigkeiten und dem Reichtum der menschlichen Erfahrung zu schöpfen. Es geht um verborgene Potenziale in uns, die nur dann aktiviert werden, wenn sie gebraucht werden. Das ist eigentlich die Komponente, die in einer modernen kapitalistischen Gesellschaft selten berücksichtigt wird. Dieses Vertrauen in das Leben und in sich selbst hat zu Recht in Wissenschaft, Technik und deren Logarithmen kaum Platz, ist aber eine unsichtbare Säule einer funktionierenden Gesellschaft, so wie Solidarität und Gesetzestreue Säulen sind, die weder wissenschaftlich noch rechtlich garantiert werden können. Wissenschaft und Technik haben einerseits unser Leben in vielerlei Hinsicht erleichtert, andererseits aber auch neue Probleme und Herausforderungen wie Umweltverschmutzung, Klimawandel und Massenvernichtungswaffen geschaffen. Aber sie sind weder das eigentliche Problem noch die einzige Lösung. Die Einstellung der Menschen zur Technik, zur Natur und zueinander ist der Schlüssel. KI-Maschinen können Antworten liefern, aber keine Fragen. Und Fragen sind der Schlüssel der westlichen Zivilisation. Notwendigkeit, Zweifel, Fragen und Hinterfragen haben schon immer die Innovation vorangetrieben. Fragen und Hinterfragen waren schon immer der Motor der Aufklärung. Und die Schlüsselfrage unserer Zivilisation ist und bleibt: die Freiheit.

Nachwort

In diesem Buch habe ich meine eigenen Fragen zum Thema Freiheit formuliert. Als Antwort auf meine Fragen habe ich mein eigenes Narrativ der Freiheit geschaffen, das Produkt meiner Erfahrungen in Ägypten, Deutschland, Japan und anderswo auf der Welt. Ein Narrativ besteht oft aus Momentaufnahmen, Erinnerungen, Überzeugungen, persönlichen Beobachtungen und Anekdoten, die man in eine bestimmte Reihenfolge bringt, um sich selbst und die Welt um sich herum besser zu verstehen. Manchmal ist das eigene Narrativ eine Brücke zur Welt, manchmal eine Gefängnismauer. Mein Zugang zum Thema Freiheit war und ist ein sehr persönlicher. Alles begann mit meiner Mutter und ihrem Kopftuch. Ich habe mir erlaubt, eine Erzählung über ihr Leben zu konstruieren, in der sie von einer rebellischen zu einer unfreien Frau wurde, die mit vielen Zwängen zu kämpfen hatte.

Ich habe aus ihrem Leben nur das herausgepickt, was in meine Erzählung von Freiheit und Unterdrückung passt. Eigentlich war ich wütend auf meine Mutter, weil sie nicht für mich da war. Ich war wütend auf sie, weil sie der Grund dafür war, dass ich in den Kindergarten in Kairo gegangen bin, wo ich den größten Schmerz meines Lebens erfahren habe. Ich hasste meine Mutter, weil sie schwach und schweigsam war. Aber ich konnte mir nie eingestehen, dass ich diese schwache Mutter hasste, deshalb habe ich sie lieber zu einer tragischen Figur wie in der griechischen Mythologie gemacht und ihr eine Statue errichtet. Jahrelang fühlte ich mich schuldig, weil ich sie nicht vor dem Missbrauch retten konnte, obwohl es nicht meine Aufgabe als Kind war, meine Eltern zu schützen oder sie glücklich zu machen, sondern umgekehrt. Ich fühlte mich schuldig, weil ich ihren letzten Wunsch nicht erfüllen konnte, obwohl es nicht in meiner Macht stand. Das Narrativ, dass ihr Leiden der Preis für meine Freiheit war, war tief in mir verwurzelt, weil wir kein letztes Gespräch führen und uns nicht in den Armen halten konnten, wie sie es sich gewünscht hatte. Mein Schmerz rührte daher, dass ich wütend auf meine Mutter war und es ihr nie sagen konnte.

An dem Tag, an dem meine Mutter starb, dachte ich an das Wort von Sartre: »Der Mensch ist zur Freiheit verdammt.« Unsere Freiheit zwingt uns, unser ganzes Leben lang Entscheidungen zu treffen. Selbst diejenigen, die glauben, sich nicht entscheiden zu können, oder die ihre Entscheidung in einer wichtigen Frage immer wieder aufschieben, haben ihre Entscheidung bereits getroffen: nichts zu ändern. Indem wir nichts ändern, lassen wir zu, dass andere uns als Objekte behandeln und stellvertretend für uns Entscheidungen treffen. Es ist genau dieser Pakt zwischen Eliten und Massen, der jedes autoritäre System im Inneren zusammenhält. Die menschliche Freiheit verlangt, dass wir uns selbst definieren, dass wir etwas aus uns machen, dass wir ein authentisches Leben führen. Der Mensch ist nichts anderes als das, was er aus sich macht, sagt Sartre. Diese totale Freiheit bedeutet aber auch, dass der Mensch die volle Verantwortung für sich und sein Handeln trägt. Denn das eigene Leben kann nicht durch eine andere, höhere Instanz, etwa einen Gott, entschuldigt werden.

Meine Trauer, meine Selbstzweifel und meine Todesangst waren das Ergebnis meines Handelns und ich habe die Verantwortung dafür übernommen. Ich schreibe weiterhin authentisch und äußere meine Gedanken, weil ich davon überzeugt bin, dass Schweigen nur den Status quo aufrechterhält. Um ein System zu verändern, müssen sowohl diejenigen, die unter seiner Unterdrückung leiden, als auch diejenigen, die sich davon befreit haben, ihr Schweigen brechen. Wahre Freiheit, so wurde mir klar, ist nicht nur die Abwesenheit von Konflikten, sondern die Bereitschaft, sich dem Widerspruch zu stellen, ihn sogar zu suchen. Im Widerspruch gedeiht Erkenntnis, und nur durch Erkenntnis entsteht wahre Freiheit. Um ein System herauszufordern, darf man sich nicht scheuen, es infrage zu stellen, ihm zu widersprechen und sich auf die Suche nach der Wahrheit zu begeben, denn in diesem unerbittlichen Streben liegt der Keim der Veränderung. Dies gilt nicht nur für die islamische Welt, sondern auch für Europa.

Freiheit ist daher nicht vererbbar, sondern muss von Generation zu Generation neu definiert und verteidigt werden. Freiheit ist nicht statisch, sie ist lebendig und muss alles Statische infrage stellen. Religion, Dogmen, Ideologien, starre Identitäten und Clan-Kulturen sind statisch und verlangen von uns Gehorsam und Konformität, um ihre Unbeweglichkeit zu sichern. Deshalb sind sie Feinde der Freiheit. Der Kampf gegen diese statischen Glaubenskulturen ist die Pflicht eines jeden freien Menschen.

Und weil Freiheit nicht statisch ist, gibt es für sie keine Gebrauchsanweisung. Mit Schmerz und Angst zu leben, mit den eigenen Unzulänglichkeiten, den Widersprüchen und den Widersprüchen der Welt umzugehen, ohne depressiv zu werden, das ist (m)eine Art, Freiheit zu leben. Frei in meinen Gedanken zu sein und weiter zu schreiben, auch wenn ich in meiner Bewegung eingeschränkt bin, ist meine Art, Freiheit zu feiern, nicht als Schlagwort, nicht als Reflex, sondern als gelebte Realität.

Ich setzte andere Prioritäten als meine Mutter. Sie hatte akzeptiert, dass ihr Körper von religiösen Autoritäten in Beschlag genommen und ihr Geist durch Disziplin, Schuldgefühle und Konformismus abgestumpft wurde. Vielleicht hat sie später in ihrer freiwilligen Unterwerfung Erfüllung gefunden. Wer bin ich, das zu beurteilen? Sie glaubte fest daran, dass sie nur von der gläubigen Gemeinde zur Wahrheit ermahnt wurde, und folgte diesem Ruf. Dadurch gewann sie den Respekt der Frauen im Dorf und konnte sich besser in die Gemeinschaft einbringen. Ich hatte die

Individualität in mir entdeckt, als ich bereits inmitten einer Clan-Kultur lebte, und sie passte sich der Clan-Kultur an, obwohl sie eine andere Wahl hatte. Sie hat sich mit den Mächtigen verbündet, obwohl sie sich ihnen hätte widersetzen können. Ich glaube, dass die soziale Struktur einer Gesellschaft nichts anderes ist als die Summe der psychologischen Strukturen aller Individuen in der Gemeinschaft, und dass die Beziehungen zwischen den Individuen in der Gemeinschaft die Art und Weise bestimmen, wie die Gesellschaft regiert wird. Ich habe immer andere für die Veränderung meiner Mutter verantwortlich gemacht, um ihr keine Vorwürfe zu machen. Aber erst viel später habe ich gelernt, dass es nichts anderes als Selbstmitleid ist, anderen die Schuld für ihre Veränderung zu geben, und dass Selbstmitleid uns niemals frei macht. Ich fand heraus, dass meine Mutter nicht das Opfer meines Dorfes war, sondern dass ihr Schweigen, ihre Kapitulation und ihre Assimilation die Voraussetzung dafür waren, dass dieses Dorf und seine Gesetze weiter existieren konnten. Aber ich mache ihr keinen Vorwurf. Schließlich tat sie nichts anderes als die meisten Menschen: Sie identifizierte sich mit den Mächtigen, weil sie glaubte, dass ihre Existenz von deren Zustimmung abhing. Ich habe in einem entscheidenden Moment meines Lebens anders gehandelt als meine Mutter, und deshalb denke und lebe ich heute anders als sie. Und wir beide mussten mit den Konsequenzen unseres Handelns leben und auch sterben. Man kann im Kampf für die Freiheit Erfüllung finden oder in einem Straflager in Sibirien enden. Wir können meist nicht wählen, wie wir sterben, aber wir können wählen, wie wir bis zu diesem Tag leben.

Nach Sören Kierkegaard kann das Leben nur vorwärts gelebt und nur rückwärts verstanden werden. Mein Dorf dachte, meine Mutter habe das Richtige getan. Ich dachte, sie hat das Falsche getan. Aber ihr Leben lässt sich nicht auf diese beiden Meinungen reduzieren. Die große menschliche Erfahrung lässt sich nicht in ein Regelwerk pressen. Meine Fixierung auf meine Mutter und ihr Leiden hat auch zu einer Fixierung auf das Kopftuch geführt, wenn ich über Freiheit gesprochen habe. Das hast du, liebe Leserin, sicher gemerkt. Bei jeder Diskussion mit einer ein Kopftuch tragenden Muslimin habe ich darauf bestanden, dass sie den Schleier nicht freiwillig trägt, sondern dass sie die Zwänge so verinnerlicht hat, dass sie nicht mehr weiß, dass es Zwänge sind. Zu einer Kommilitonin an der Universität Augsburg habe ich bei einer Podiumsdiskussion gesagt: »Wer eine Jacke freiwillig anzieht, kann sie auch freiwillig ausziehen. Kannst du jetzt vor uns dein Kopftuch ablegen, um diese Freiwilligkeit zu beweisen?« Sie verneinte und sagte, dass sie sich dann nackt fühlen würde. Ich feierte diese Aussage als Sieg für meine These, dass der Zwang zum Kopftuch immer einen Weg findet, sich als Freiheit zu definieren.

Wir alle tappen fast täglich in die Falle der Konditionierung. Wir bauen Grenzen zu Menschen ab und gleichzeitig neue Mauern zu anderen Menschen auf. Wegen meiner islamkritischen Bücher mögen mich viele Muslime nicht. Immer wieder wurde ich angegriffen, auf der Straße oder bei Veranstaltungen. Durch solche Vorfälle und die massiven Drohungen habe ich ein Misstrauen gegenüber Menschen entwickelt, die irgendwie religiös aussehen, und darauf geachtet, dass sie mir nicht zu nahe kommen. Mit der Zeit habe ich eine regelrechte Paranoia entwickelt, die manchmal auch die Falschen trifft.

Im Jahr 2019 diskutierte ich in einem Gymnasium mit einigen Schülerinnen und Schülern über meine Thesen zur Identität in einer pluralistischen Gesellschaft. Einer der Schüler hieß Emre. Ich nahm an, dass er derjenige sein würde, der meine Thesen am heftigsten kritisieren würde, da sein Name türkisch klang. Während der Diskussion stellte sich jedoch heraus, dass Emre nicht nur meine Thesen teilte, sondern auch derjenige war, der der Schulleitung vorgeschlagen hatte, mich zu diesem Gespräch einzuladen.

Während der Diskussion sah ich auch eine Schülerin mit Kopftuch, die eifrig mitschrieb. Ich erwartete, dass sie sich irgendwann zu Wort melden würde, um sich darüber zu beschweren, dass meine islamkritischen Thesen ihr das Leben schwer machten. Vielleicht würde sie mich sogar für die Diskriminierungserfahrungen verantwortlich machen, denen sie wegen ihres Kopftuchs ausgesetzt sei. Solche Gedanken kommen nicht von ungefähr, solche Vorwürfe habe ich bei Veranstaltungen an Schulen und Universitäten immer wieder gehört. Meine Standardantwort auf diese Vorwürfe habe ich schon im Kopf: Kommen Sie mit Ihrem Kopftuch und laufen Sie mit mir, mit einer blonden deutschen Frau im Minirock und mit einem Juden mit Kippa durch Berlin und schauen Sie, wer von uns allen zuerst angegriffen wird! Aber das Mädchen meldete sich nicht zu Wort. Nach der Veranstaltung kam sie zu mir und sagte: »Danke für den Vortrag. Ich habe heute viel gelernt.« Dann drehte sie sich um und ging.

Auch ich habe an diesem Tag viel gelernt. An diesem Tag fiel eine Mauer zwischen mir und den Frauen, die ein Kopftuch tragen und damit ihre Religionszugehörigkeit zeigen. Ich sehe das immer noch kritisch, aber ich habe mich daran erinnert, dass meine Großmutter, von der ich viel gelernt habe, auch ein Kopftuch getragen hat. Ich habe verstanden, dass ich mir mein Verhältnis zu Millionen von Muslimen nicht mehr von ein paar Fanatikern vermiesen lassen darf. Ich habe auch gelernt, mit unfairer Kritik von religiösen Muslimen toleranter umzugehen. Nur wenn man sein eigenes Gefängnis versteht, lernt man, andere nicht dafür zu verfluchen, dass sie auch in einem Gefängnis sitzen.

Ich habe gelernt, die Frau nicht auf das zu reduzieren, was sie an- oder auszieht. Das Kopftuch bleibt für mich ein Symbol des Patriarchats, aber Frauen, die ein Kopftuch tragen, sind Individuen, die unterschiedliche Absichten und Beweggründe haben, wenn sie es tragen. Es gibt sicherlich politische und familiäre Gründe für das Tragen des Kopftuches, aber es gibt auch persönliche religiös-spirituelle Gründe. Gerade in der Fremde wird dieses Kleidungsstück immer mehr zum Schutzschild einer fragilen Identität. Wer bin ich, um zu erklären, warum sich eine Frau für das Kopftuch entscheidet? Und wer von uns ohne äußeren oder inneren Zwang lebt, der werfe den ersten Stein!

Und doch bereue ich nicht, mit heiligem Furor gegen das Kopftuch geschrieben und einige Videos darüber produziert zu haben. Das Thema Freiheit, das eine Mauer zwischen mir und meiner Mutter errichtet hatte, war eine unsichtbare Brücke zwischen mir und meiner neuen Frau. Während ich arabische Videos über die Situation der Frauen in der islamischen Welt ins Netz stellte, saß meine Frau in einem Dorf in den Bergen des Libanon, sah sich diese Videos an und fand darin ein Echo ihres eigenen Leidens. Sie ist selbst keine Muslimin, gehört aber der drusischen Gemeinschaft an, die sich vor 1000 Jahren vom schiitischen Islam abgespalten hat. Sie wuchs in einer religiösen drusischen Familie auf, in der auch ihre Mutter einen Schleier tragen musste.

Als Teenager träumte meine Frau davon, an der Amerikanischen Universität in Beirut zu studieren, aber da ihr Vater ein Scheich war, war es ihm verboten, seine Töchter zum Studium nach Beirut zu schicken. Stattdessen wurde sie mit 15 Jahren mit einem reichen Geschäftsmann verheiratet. Auch dieser Mann verbot ihr zu studieren, aber sie wollte ihren Traum nicht aufgeben. Nach Jahren der Isolation und des Missbrauchs fasste sie sich ein Herz und ging zum ersten Mal in ihrem Leben allein nach Beirut, um sich dort um einen Studienplatz an der American University zu bewerben. Zu ihrer Überraschung wurde sie angenommen. Sie setzte sich gegen den Widerstand ihrer Familie und ihres Mannes durch und finanzierte ihr Studium durch Nebenjobs. Ihre Schwangerschaft und Mutterschaft sowie die Schikanen ihres Mannes hielten sie nicht davon ab, ihr Studium fortzusetzen und später eine Stelle als Dozentin an derselben Universität anzunehmen.

Als sie meine Videos auf YouTube sah, fand sie ihre Geschichte und die ihrer Mutter darin wieder. Ein unsichtbares Band hatte uns zusammengeführt: die Liebe zur Freiheit. Bei einem meiner Vorträge in Beirut lernte ich sie kennen, später wurden wir Freunde. Ihre Geschichte war für mich Inspiration und Bestätigung, dass sich jeder Mensch mit Mut, Wissen und harter Arbeit aus den Fesseln der Zwänge befreien kann. Unsere Herkunft, unsere Gene, unsere Erziehung und unsere ersten Erfahrungen prägen unser Leben und bestimmen unser Verhalten in den meisten Situationen. Doch wenn wir vor den wichtigsten Entscheidungen unseres Lebens stehen, kommt unser freier Wille ins Spiel. Der freie Wille erkennt in unserer Prägung sowohl die Schwächen als auch die Stärken und aktiviert entweder die eine oder erliegt der anderen Seite. Nur in einem schicksalhaften Moment können wir unser Schicksal in eine andere Richtung lenken. Freiheit kann man üben wie Klavierspielen. Die 88 Tasten und die verschiedenen Töne des Klaviers sind vorher festgelegt. Aber die Melodie, die wir auf dem Klavier spielen, ist unser freier Wille. Das Zusammenspiel zwischen dem, was schon da ist, und dem, was wir wollen, macht unser Schicksal aus. Nur unter starkem Druck wird das verborgene Potenzial in uns aktiviert. Aus der Geschichte meiner Frau habe ich gelernt, dass die Begeisterung für die Freiheit unser Leben grundlegend verändern kann.

Aber auch die Freiheit meiner Frau hatte ihren Preis. Sie musste sich von ihrem Mann scheiden lassen und auf das Sorgerecht für ihre Tochter verzichten. Sie heiratete mich, einen Nichtdrusen, was in ihrer Religion als Verbrechen gilt. Als sie ihre Geschichte in dem auch auf Deutsch erschienenen Roman »Das unsichtbare Band« niederschrieb, erregte das in der drusischen Gemeinschaft großes Aufsehen, denn das Buch brach viele religiöse und soziale Tabus dieser geschlossenen Gemeinschaft. Der Leiter der drusischen Religionsbehörde las den Roman und bestellte meine Frau in das Haus der Gemeinschaft in Beirut, um seinen Unmut auszudrücken. Meine Frau weigerte sich, ihn zu treffen, und sagte, sie würde sich niemals einen Schleier über den Kopf ziehen und sich vor einen Geistlichen setzen, um ihr literarisches Werk zu rechtfertigen. Der Geistliche drohte ihr daraufhin, ihre Eltern aus der Gemeinde auszuschließen und den Gemeindemitgliedern zu verbieten, mit ihnen zu kommunizieren. Das war eine schwierige Zeit für meine Frau, denn sie wollte nicht, dass ihre Eltern für ihre Freiheit bestraft wurden, aber sie wollte sich auch nicht erpressen lassen. Also drohte sie dem Geistlichen, an die Öffentlichkeit zu gehen. Danach war Ruhe, denn die drusische Minderheit will nicht in den Medien auftauchen, die das Buch meiner Frau bereits als mutiges Werk und literarische Sensation gefeiert hatten.

Ich war sehr stolz auf meine Frau, die allein eine Mauer der Angst überwand, um frei zu sein. Sie hatte keine Eltern, die ihre Ausbildung unterstützten, keinen Ehemann, der sie förderte, keine feministische Gruppe, die sie auf ihre Rechte aufmerksam machte. Sie hatte nur den aufrichtigen Wunsch, selbstbestimmt zu leben, und sie war bereit, jeden Preis zu zahlen, um ihren Traum zu verwirklichen. Heute leidet sie darunter, dass sie weit entfernt von ihrer Tochter lebt und ihre Eltern ständig abfällige Kommentare über ihren Roman hören. Doch sie weiß, dass sie die richtige Entscheidung getroffen hat. Und ich bin der glücklichste Mensch der Welt, weil ich mein Leben, meine Gedanken und meine Sorgen mit ihr teilen darf. Für uns beide waren Angst, Bedrohung und die Sorge um unsere Eltern der Preis der Freiheit. Aber die Liebe war der Lohn. Sie war die Erdbeere der Freiheit. Der Lohn der Freiheit ist, dass man am richtigen Ort im Leben landet. Dass man endlich Heimat findet.

Eine wertvolle Lektion habe ich von meiner Frau gelernt. Wir verlieren unsere Freiheit nicht, weil sich die Welt um uns herum verändert, und auch nicht, weil wir von den Mächtigen daran gehindert werden, unser Potenzial zu entfalten. Wir verlieren sie, wenn wir die Mauern unseres Gefängnisses nicht als solche erkennen, wenn wir nicht in der Lage sind, die Muster zu erkennen, in die wir immer wieder fallen: Feigheit, Selbsttäuschung, Rechthaberei, Denkfaulheit, Gereiztheit und Gier. Wir werden unfrei, wenn wir alles so lassen wollen, wie es ist, und gleichzeitig die Zukunft auf unserer Seite erwarten. Wir verlieren unsere Freiheit, wenn wir sie für uns selbst in Anspruch nehmen, sie aber denen verweigern, die anderer Meinung sind als wir. Wir bleiben unfrei, wenn wir nicht bereit sind, für die Freiheit einen Preis zu zahlen. Freiheit ist keine schöne Geschichte, die wir uns ausdenken, um uns von den unangenehmen Seiten des Lebens abzulenken. Sie ist die Voraussetzung dafür, dass wir uns den Schwierigkeiten des Lebens mutig stellen und nicht daran zerbrechen. Sie ist keine Erdbeere, die uns jemand schenkt, sondern ein Baum, den wir selbst pflanzen, gießen und schützen, bis er Früchte trägt. Freiheit ist kein Happy End, sondern ein ständiges Bemühen, umsichtig, verantwortungsbewusst, wachsam und bereit für Veränderungen zu sein. Sie ist unsere Art, dem Leben dafür zu danken, dass wir leben dürfen!

Dank

Vielen Dank an Frank A. Meyer, Salim Baz, Alexander Simon für die langen Gespräche und guten Ratschläge. Besonderer Dank gilt meinem Lektor Stefan Ulrich Meyer für seine hervorragende Arbeit!

Anmerkungen

1 https://library.princeton.edu/special-collections/sites/default/files/Non-Cooperative_Games_Nash.pdf
2 Berlin, Isaiah: Freiheit. Vier Versuche. München 2006, S. 7–18
3 Deleuze, Gilles: Unterhandlungen 1972-1990, Frankfurt am Main 1993, Postskriptum über die Kontrollgesellschaften, S. 254–262
4 https://www.wired.com/story/chinese-government-social-credit-score-privacy-invasion/
5 Die Welt, 03. April 2016
6 The Copenhagen Post, 18. September 2012
7 Tagesspiegel, 14. November 2023
8 FAZ, 28. Januar 2024
9 SZ, 11. April 2024
10 Sahih al-Bukhari, Hadith Nr. 6498
11 https://www.youtube.com/watch?v=sOmiehRLb3U
12 Schröter: S. 13
13 https://www.nachdenkseiten.de/upload/pdf/231027-Glossar_Berichterstattun-gNahostkonflikt.pdf
14 Taz, 15. Februar 2024
15 https://www.nzz.ch/feuilleton/gaza-krieg-westen-will-das-leid-der-palaestinenser-nicht-sehen-ld.1772777
16 Knobloch, Marlene 2023, S. 36
17 Knobloch, S. 63 f
18 Knobloch, S. 58 f
19 Toleranz im geschlossenen Kreis, FAZ 10. November 2020
20 https://www.welt.de/debatte/kommentare/plus219289186/Oeffentlich-Rechtliche-Ausgewogene-Berichterstattung-92-Prozent-der-ARD-Volontaere-waehlen-gruen-rot-rot.html
21 David Deutsch: Der Anfang der Unendlichkeit. Erklärungen, die die Welt verwandeln, S. 108 ff.
22 Deutsch: Der Anfang der Unendlichkeit, S. 444
23 Deutsch: Der Anfang der Unendlichkeit, S. 445
24 Jon Elster: Alexis de Tocqueville, The first Social Scientist, S. 162

25 Jon Elster (Hg.): Tocqueville: The Ancien Régime and the French Revolution, S. XV
26 https://www.stern.de/sport/-nur-zwei-geschlechter----warum-solche-banner-in-fankurven-zu-sehen-sind-34430450.html#:~:text=Beim%20Ausw%C3%A4rtsspiel%20gegen%20Werder%20Bremen,von%2018.000%20Euro%20gegen%20den
27 https://www.timeshighereducation.com/news/us-pushes-integration-indigenous-knowledge-science
28 https://www.theguardian.com/law/2023/jun/30/us-supreme-court-race-conscious-admissions-affirmative-action-grey-area
29 https://www.forbes.com/sites/shaunharper/2023/05/04/presidents-say-their-colleges-will-sustain-diversity-commitments-regardless-of-supreme-court-affirmative-action-ruling/?sh=3a790b53fc0a
30 https://foreignpolicy.com/2023/05/14/egypt-netflix-queen-cleopatra-race-history-heritage-imperialism-afrocentrism/
31 https://monde-diplomatique.de/artikel/!5417081
32 https://eu.statesman.com/story/news/politics/politifact/2024/01/07/politifact-obama-deported-more-people-than-trump-did/72120774007/
33 Harald Jähner: Höhenrausch. Das kurze Leben zwischen den Kriegen, S. 423 f.
34 Jähner: Höhenrausch, S. 405 ff.
35 Jähner: Höhenrausch, S. 408
36 Andreas Reckwitz: Das hybride Subjekt. Eine Theorie der Subjektkulturen von der bürgerlichen Moderne zur Postmoderne, S. 28
37 Friedrich Kießling und Christoph Safferling: Der Streitfall. Wie die Demokratie nach Deutschland kam und wie wir sie neu beleben müssen, S. 217
38 Carolin Amlinger und Oliver Nachtwey: Gekränkte Freiheit. Aspekte des libertären Autoritarismus, S. 350 f.
39 Amlinger und Nachtwey: Gekränkte Freiheit, S. 14
40 Deutsch: Der Anfang der Unendlichkeit, S. 488 ff.
41 Deutsch: Der Anfang der Unendlichkeit, S. 491
42 Deutsch: Der Anfang der Unendlichkeit, S. 490
43 Deutsch: Der Anfang der Unendlichkeit, S. 537

Literatur

Abdel-Samad, Hamed: Integration. Ein Protokoll des Scheiterns, München 2018

Abdel-Samad, Hamed: Aus Liebe zu Deutschland. Ein Warnruf, München 2020

Adorno, Theodor W.: Studien zum autoritären Charakter, Frankfurt/Main 1995

Adorno, Theodor W.: Zur Lehre von der Geschichte und von der Freiheit, Frankfurt/Main 2001

Amlinger, Carolin und Nachtwey, Oliver: Gekränkte Freiheit. Aspekte des libertären Autoritarismus, Berlin 2022

Arendt, Hannah: Elemente und Ursprünge totaler Herrschaft: Antisemitismus, Imperialismus, Totalitarismus, München 1991

Beck, Ulrich: Risikogesellschaft. Auf dem Weg in eine andere Moderne, Frankfurt/Main 1987

Berlin, Isaiah: Freiheit. Vier Versuche, München 2006

Binmore, Ken: Spieltheorie, Ditzingen 2013

Charim, Isolde: Die Qualen des Narzissmus. Über freiwillige Unterwerfung, Wien 2022

Crouch, Colin: Postdemokratie, Frankfurt/Main 2008

Deutsch, David: Der Anfang der Unendlichkeit. Erklärungen, die die Welt verwandeln, Oxford 2021

Ehrenberg, Alain: Das Unbehagen in der Gesellschaft, Berlin 2011

Elster, Jon: Alexis de Tocqueville, The first Social Scientist, Cambridge 2009

Elster, Jon (Hg.): Tocqueville: The Ancien Régime and the French Revolution, Cambridge 2011

Fromm, Erich: Die Furcht vor der Freiheit, München 1990

Gamm, Gerhard und Schürmann, Eva (Hg.): Von Platon bis Derrida. 20 Hauptwerke der Philosophie, Darmstadt 2005

Habermas, Jürgen: Die Moderne. Ein unvollendetes Projekt. Philosophisch-politische Aufsätze 1977–1992, Leipzig 1990

Horkheimer, Max und Adorno, Theodor W.: Dialektik der Aufklärung. Philosophische Fragmente, München 1998

Jähner, Harald: Höhenrausch. Das kurze Leben zwischen den Kriegen, Hamburg 2024

Kießling, Friedrich und Safferling, Christoph: Der Streitfall. Wie die Demokratie nach Deutschland kam und wie wir sie neu beleben müssen, München 2024

Knobloch, Marlene: Serious Shit. Die Welt ist gefährlich – und warum wir das erst jetzt merken, München 2023

De La Boétie, Étienne: Abhandlung über die freiwillige Knechtschaft, Wien 2019

Lyotard, Jean-François: Der Widerstreit, Brill und Fink Verlag, 1989

Marcuse, Herbert: Der eindimensionale Mensch. Studien zur Ideologie der fortgeschrittenen Industriegesellschaft, München 1996

Maté, Gabor: Vom Mythos des Normalen. Wie unsere Gesellschaft uns krank macht und traumatisiert. Neue Wege zur Heilung, München 2023

Mill, John Stuart: Über die Freiheit, Hamburg 2009

Nassehi, Armin: Unbehagen. Theorie der überforderten Gesellschaft, München 2021

Pinker, Steven: Aufklärung jetzt. Für Vernunft, Wissenschaft, Humanismus und Fortschritt. Eine Verteidigung, München 2018

Precht, Richard David und Welzer, Harald: Die vierte Gewalt. Wie Mehrheitsmeinung gemacht wird, auch wenn sie keine ist, Frankfurt/Main 2022

Reckwitz, Andreas: Das hybride Subjekt. Eine Theorie der Subjektkulturen von der bürgerlichen Moderne zur Postmoderne, Berlin 2020

Reckwitz, Andreas: Die Gesellschaft der Singularitäten. Zum Strukturwandel der Moderne, Berlin 2019

Rostalski, Frauke: Die vulnerable Gesellschaft. Die neue Verletzlichkeit als Herausforderung der Freiheit, München 2024

Ruppert, Franz: Seelische Spaltung und innere Heilung. Traumatische Erfahrungen integrieren, Stuttgart 2017

Schröter, Susanne: Der neue Kulturkampf. Wie eine woke Linke Wissenschaft, Kultur und Gesellschaft bedroht, Freiburg 2024

De Spinoza, Baruch: Theologisch-politischer Traktat, Hamburg 2012

Steinhöfel, Joachim: Die digitale Bevormundung. Wie Facebook, X (Twitter) und Google uns vorschreiben wollen, was wir denken, schreiben und sagen dürfen, München 2024

Žižek, Slavoj: Die Tücke des Subjekts, Berlin 2010